汇添富基金·世界资本经典译丛

行为金融学优化投资

迈克尔·M. 庞皮恩
(Michael M. Pompian) 著

陈佶 译

上海财经大学出版社

图书在版编目(CIP)数据

行为金融学优化投资/(美)迈克尔·M.庞皮恩(Michael M. Pompian)著;陈佶译.—上海:上海财经大学出版社,2023.10
(汇添富基金·世界资本经典译丛)
书名原文:Behavioral Finance and Your Portfolio: A Navigation Guide for Building Wealth
ISBN 978-7-5642-4170-4/F·4170

Ⅰ.①行… Ⅱ.①迈… ②陈… Ⅲ.①金融投资-研究 Ⅳ.①F830.59

中国国家版本馆CIP数据核字(2023)第083243号

□ 责任编辑　胡　芸
□ 封面设计　南房间

行为金融学优化投资

迈克尔·M.庞皮恩　著
(Michael M. Pompian)

陈　佶　译

上海财经大学出版社出版发行
(上海市中山北一路369号　邮编200083)
网　　址:http://www.sufep.com
电子邮箱:webmaster@sufep.com
全国新华书店经销
上海叶大印务发展有限公司印刷装订
2023年10月第1版　2023年10月第1次印刷

787mm×1092mm　1/16　16.75 印张(插页:2)　273 千字
定价:86.00元

图字：09-2023-0854 号

Behavioral Finance and Your Portfolio
A Navigation Guide for Building Wealth
Michael M. Pompian

Copyright © 2021 by Michael M. Pompian.

All Rights Reserved. This translation published under license with the original publisher John Wiley & Sons, Inc.

No part of this publication may be reproduced, stored in a retrieval system or transmitted in any form or by any means, electronic, mechanical, photocopying, recording, scanning or otherwise, except as permitted under Sections 107 or 108 of the 1976 United States Copyright Act, without the prior written permission of the Publisher.

Copies of this book sold without a Wiley sticker on the cover are unauthorized and illegal.

本书简体中文字版专有翻译出版权由 John Wiley & Sons, Inc. 公司授予上海财经大学出版社。未经许可，不得以任何手段和形式复制或抄袭本书内容。

本书封底贴有 Wiley 防伪标签，无标签者不得销售。

2023 年中文版专有出版权属上海财经大学出版社

版权所有　翻版必究

总 序

书犹药也,善读之可以医愚。投资行业从不乏聪敏之人,但是增智开慧乃至明心见性才是成长为优秀投资人的不二法门,读书无疑是学习提升的最佳方式。

常有人说投资是终身职业,但我认为投资更需要终身学习。很多人投资入门多年,依然不得其道;终日逡巡于"牛拉车不动,是打车还是打牛"的困境,不得要领。从业多年,我接触过太多这样的投资人士,个中缘由不尽相同,但有一点却非常普遍:或是长期疏于学习,或是踏入"学而不思则罔"的陷阱。

我认为,学习大致有三个层次,亦是三重境界:

第一重是增加知识,拓展基础的能力圈。着眼点是扩大个人对于客观世界的认知积累,这是大多数人的学习常态,这一重固然重要,却不是学习的本质。

第二重是提高逻辑,改进个人的认知框架。达到这一境界,已经可以将刻板知识灵活运用,但仍然仅可解释过去,却无法指向未来。

第三重是强化洞见,思考从个人出发,无视繁复的信息噪声干扰,穿透过去、现在和未来,最终开始正确地指导现实世界。在这一境界,学习已不只是追求知识,更是追求"知识的知识"。这是无数积累之后的茅塞顿开,更是质量互变之际的醍醐灌顶,不断思考感悟尤为重要。

书籍浩如烟海,书中智慧灿若繁星,而若能由自己抽丝剥茧得到"知识的知识",将会终身受益。二十多年前,我还是上海财经大学的一名普通学生,对投资有着浓厚的兴趣,可惜国内的投资业刚刚起步,相关资料远没有今天互联网时代这样发达，彼时财大的图书馆像是一个巨大的宝库，收藏着大量有关投资的英文原版书籍。我一头扎进书丛，如饥似渴地阅读了许多经典，通过这一扇扇大门，我对西方资本市场发展窥斑见豹，其中提炼出的有关投资理念、流程、方法的内容潜移默化地影响并塑造了日后的我。时至今日，常有关心汇添富的朋友问起，为什么根植于国内市场的汇添富，投资原则和方法与外资机构如此类似？我想，这多少应该与我当年的这段经历有关。

今天，我依然非常感恩那段时光，也深深地明白：那些看过的书、走过的路对一个人的人生轨迹会产生多大的影响，特别是在以人才为核心的基金投资行业。今年恰逢中国基金行业二十周年，二十年斗转星移，正是各路英杰风雨兼程、夙兴夜寐才有了今天的局面，汇添富基金是见证者，也有幸参与其中。这些年，我总试图在汇添富重现当年我学生时的氛围，鼓励同事们有空多读书、读好书、好读书。在此，奉上"汇添富基金·世界资本经典译丛"以飨读者，希望大家能够如当年懵懂的我一般幸运：无论外界如何变化，我们都可以不断提升和进化自己。

是以为序。

张　晖

汇添富基金管理股份有限公司总经理

2018 年 12 月

前　言

如果一切顺利，本书将改变你对什么是最优投资组合的看法。书中的内容力图让你理解非理性投资者行为，并帮助个人投资者构建将非理性行为考虑在内的投资组合。在本书中，最优投资组合取决于有效边界（efficient frontier），但后者可能根据个人的需求以及个人投资决策者的偏好而上下移动。通过将行为金融学运用于实际的投资组合，所实现的最优组合可以让投资者操作起来得心应手，从而将自己的投资项目坚定地执行下去，与此同时，实现自己的长期财务目标。

从2009年起，在逐渐摆脱全球金融危机的阴霾之后，股价一路上扬，直至2020年，新冠病毒催生了一轮熊市，这一切让人们再次关注非理性投资者行为。对于市场整体而言是如此，对于个人投资者而言更是如此。本书的目标读者是那些目前虽尚有困惑，但希望能对自身的行为不断做出反思，并对如何创建一个适合自身的投资组合做出切实思考的个人投资者。希望本书能作为指南，帮助投资者构建更优秀的投资组合。提到行为金融学，投资者会立即冒出许多疑问，例如：

- 哪些是会导致投资失败的最常见的投资者偏误？
- 哪些是最根深蒂固的投资者偏误？
- 鉴于自身的行为倾向，我该如何做出最优配置？
- 我该如何将长期投资计划坚持下去？

- 我到底该买个股，还是坚定地持有分散化投资组合？

本书将对上述问题给出答案。而且本书与我之前的著作有所不同，我之前出版的大部分著作是从财务顾问该如何提供建议的角度来写的；换句话说，财务顾问该如何与自己的客户更好地合作。然而，本书是从投资者的观点出发来写的，书中唯一属于财务顾问观点角度的，是书末的案例研究部分。这是有意设计的。我希望作为投资者的读者朋友也能扮演一下顾问的角色，通过这一方式，你能适当运用在书中学到的经验，实现学有所成。

在过去的25年里，人们对于行为金融学这门学科的兴趣并非仅仅崭露头角，而是如火如荼。一些顶尖学者在知名刊物上发表了大量研究论文。本书将回顾一些帮助形成当前行为金融学理论框架的重要人物，并介绍他们所做的工作。然后，本书希望将行为金融学研究提升到一个更高的层次：将行为偏误发展成一种财务顾问和投资者都能理解的常识（定义），并借助案例研究来展示如何在实际操作中对行为金融学进行运用。本书还会对行为金融学的一些最新发展展开探索，有些当前无人问津的知识很可能在25年后尽人皆知。

外界充满挑战

投资者所面临的投资环境从未像现在这样充满挑战。许多投资者曾以为自己在20世纪90年代末找到了天堂，但在2001年和2002年便陷入了流沙陷阱。之后我们在21世纪初拥抱了一场大牛市，却在2008—2009年的大衰退中如坠谷底。不久之前，我们还沉浸在有史以来最长的一轮牛市中，却被突如其来的新冠病毒打入熊市。如同过去一样，面对当今的市场环境，投资者会不断地问自己：

- 到底是资产配置重要，还是该将自己的投资更集中一些？
- 我是否该调整投资标的？
- 我该持有债券吗？
- 对于大学学费和养老金，我该采取相同的投资方式吗？
- 我该持有现金还是满仓？
- 我该如何根据自身的行为偏误来调整投资组合配置？

正因为有了这些疑问，投资者才需要这样一部宝典来帮助他们解决投资中的行为或情绪问题，这样他们就能自发地理解为什么在苦苦坚持长期投资项目时会出现问题。通过运用从本书中学到的经验，读者还能实现财务目标。

本书是如何诞生的？

在20世纪90年代末，我开始对如何将投资组合根据行为偏误进行调整产生兴趣，当时科技股泡沫风头正劲，我想找一本类似本书的著作，但一无所获。我当时并没有想过创作本书，仅仅是对这门学科感兴趣，并开始广泛阅读。直到我的妻子准备换工作，有一天晚上回家后谈起她刚参加了迈尔斯-布里格斯人格类型测验（Myers-Briggs personality type test），我才开始考虑在行为金融学方面写些东西。当时我的思路比较简单：人格类型迥异的投资者不就该采取不同的投资方式吗？但我在这一话题方面找不到任何文献。时间快进到今天，这已经是我的第五本书了，称得上是我研究工作的集大成之作。

我本人作为一名财富管理者，深知理解行为偏误能给投资者带来巨大价值，并发现了一些针对偏误来调整投资项目的方法。读者能在本书中学到这些方法。我希望通过创作这本书，能将我发展并积累的知识发扬光大，让其他财务顾问和投资者也能从这些洞见中获益。当财务顾问或内心充满困惑的投资者想要创建将投资者行为偏误考虑在内的投资组合时，目前应该还没有其他能提供类似指导的书籍。我热切地期望这本书能带来改变。

本书的目标读者

对于那些善于反思、乐于评价自身行为偏误的个人投资者而言，本书是再理想不过了。许多要么选择"单干"、要么仰仗财务顾问只为得到一些不痛不痒的建议的个人投资者，常常会发现无法让投资决策过程摆脱情绪的干扰。情况并非无法改变。通过阅读本书，并将其融入自身的行为之中，个人投资者可以真正学会改正自己的行为，并创建有利于贯彻长期投资计划的组合，进而实现自己的长期财务目标。本书对财务顾问也大有裨益。

书中知识的运用时机

最关键的一点，本书最大的目标是帮助那些想把行为金融学运用于资产配置过程，并为自己创建更优投资组合的投资者。关于开卷有益，有以下一些建议：

- **有机会从头开始创建或重新创建资产配置**。持有大笔现金对任何投资者而言都很棘手。我该在何时让钱去生钱呢？最好能同时甩掉一些包袱，如对特定投资的心理羁绊、税务要求，以及其他纷繁的与当前配置情况纠缠在一起的事情。运用本书中所提供的原则的一大时机，就是当投资者有机会挥舞现钞或者彻底调整现有投资组合的时候。

- **遭受生活的创伤**。投资者有时得在人生的受伤期去做关键的投资决策，例如离婚、有家人去世、失业或其他人生中不得不经历的变故。当经历这样的时刻，通过运用本书中提供的思路，可以更合理地应对此类情形。

- **持有的股票仓位很集中**。当投资者只持有一只股票或其他集中的股票仓位时，情绪会非常紧张。根据我的切身经历，我发现要让人们将集中化投资果断转变为分散化投资难比登天。道理很明显："我了解这家公司，所以我持有这只股票很笃定""抛掉这只股票，我会良心不安""只要我做出抛售举动，同行们就会看不起我""从我爷爷就开始持有这只股票了，所以我也不会抛掉"……理由不胜枚举。所以是时候学一学行为金融学了。财务顾问必须先将投资者身上存在的偏误识别出来，然后和他们一起排解由这些偏误所导致的压力。本书对这种情况再适合不过了。

- **退休**。当投资者步入退休阶段后，行为金融学将变得极其重要。这是因为投资组合的结构可能造成两种截然不同的生活，有的人退休生活过得很潇洒，而有的人会活得拮据窘迫。一旦退休，就需要好好评估规划一番，对于财务顾问来说，这也是从行为金融学的角度强化巩固与客户关系的大好时机。

- **考虑财富的转交和遗产问题**。许多腰缠万贯的投资者想要留下一份遗产。还有比这事更讲感情的吗？很难去坦诚地讨论哪些做法是可能的、哪些做法不切实际，这种事通常会牵涉到犹如一团乱麻般的情感因素。对于这种事，财务顾问常被好言劝告:别去沾手。但是,通过在此类问题的探讨中加入行为金融学知识,并跳出财务顾问的常见观点,重新设定一个目标,那么投资者可能在留遗产的问题上,对应该遵循哪个方向得出一个合理的结论。

● **创建信托**。创建信托时也很容易感情用事,导致被心理偏误所左右。这个时候,心理账户就能起到作用。如果投资者心里想着"这样吧,我把这部分信托资金投资在这个方面,再把那部分开支资金投资在那个方面",他就可能恰好忽视了投资组合管理的整体性。行为金融学的实际应用可以很好地解决此类问题。

当然,还有其他许许多多本书能提供帮助的情形没有被包含在上述列举之中。

本书的安排

第一篇将介绍行为金融学的实际应用。其中两章内容涵盖从个人投资者的角度对行为金融学所做的概览,并介绍在资产配置过程中当将投资者行为考虑在内时,需要了解的行为偏误。第二、第三和第四篇构成了综合性分析,将通过概述、实际应用、对于投资者的意义分析、偏误诊断以及建议来实现。第五篇将探讨四类行为投资者(BITs),借助案例的形式将所有知识融会在一起,以清晰地展示投资者在现实的投资组合构建中,该如何运用行为金融学知识。第六篇为投资组合的运用:行为金融学视角下的主动与被动之争、行为金融学优化投资组合构建,以及行为金融学与市场修正。

第十章　第二种信息处理偏误:锚定偏误/80

第十一章　第三种信息处理偏误:框架偏误/86

第十二章　第四种信息处理偏误:易得性偏误/94

第十三章　第五种信息处理偏误:自我归因偏误/100

第十四章　第六种信息处理偏误:结果偏误/105

第十五章　第七种信息处理偏误:近因偏误/110

第四篇　情绪偏误的定义与示例

第十六章　第一种情绪偏误:损失厌恶偏误/119

第十七章　第二种情绪偏误:过度自信偏误/125

第十八章　第三种情绪偏误:自控力偏误/133

第十九章　第四种情绪偏误:安于现状偏误/139

第二十章　第五种情绪偏误:禀赋偏误/144

第二十一章　第六种情绪偏误:后悔厌恶偏误/149

第二十二章　第七种情绪偏误:亲密性偏误/156

第五篇　行为投资者分类

第二十三章　财务目标的实现不是靠想当然/165

第二十四章　行为投资者类型介绍/173

第二十五章　保守型行为投资者/188

第二十六章　跟风型行为投资者/196

第二十七章　独立型行为投资者/204

第二十八章　积累型行为投资者/211

第二十九章　对每一类行为投资者的资产配置案例研究/219

第六篇 行为金融学视角下的投资组合构建

第三十章 行为金融学视角下的主动与被动之争/237

第三十一章 行为金融学优化投资组合构建/243

第三十二章 行为金融学与市场修正/248

第一篇

了解行为金融学

在第一篇的第一章和第二章中,读者将会了解到什么是行为金融学。这将为后面学习第三章到第二十二章中 20 种认知和情绪方面的偏误打下基础。从第三章到第十五章将分析两类认知偏误:第三章到第八章探讨的是执念认知偏误,第九章到第十五章探讨的是信息处理认知偏误。情绪偏误会在第十六章到第二十二章中进行分析。在学习完这些内容之后,本书将介绍四类行为投资者(BITs)并开展案例研究。

第一章　什么是行为金融学？为何它很重要？

> 懂正统金融学的人很理性，而懂行为金融学的人才算正常。
> ——迈尔·斯塔特曼博士（Meir Statman, PhD），圣塔克拉拉大学

当你翻阅这本书时，你就已经决定为自己构建最佳的投资组合，你的家庭或你所供职的机构需要你对人类行为了如指掌。而最需要了解的人类行为便是你自己！总之，你需要尽可能做出最优秀的财务决策，而这需要你了解当自己和钱扯上关系时会如何表现。在我为个人和家族就投资组合提供咨询逾25年后，而且目前正在经营自己的投资公司，我发现在投资过程中理解并运用行为金融学，是管理投资组合以实现长期财务成功的绝佳方式。虽然在实践过程中可能会反直觉，但除非有人拥有能始终知道市场运行方向的超能力，否则管理投资组合的最佳策略便是选择一个合宜的风险水平并将策略执行下去。以静制动！这是不是意味着不去管它了呢？当然不是。投资者需要留意他们所拥有的资产价值、公司或行业所发生的结构性变化、投资组合的再平衡点，等等。除非个人情况发生变故，否则核心的资产配置架构应保持稳定。那么，为什么在市场震荡时期，投资者开展投资会很难呢？简单来说，因为许多人并不知道情绪和非理性行为是如何慢慢影响投资过程的。这本书就是帮助你了解并诊断自己的行为，从而

构建最佳投资组合，并实现长期投资成功。

行为金融学的核心是试图识别并解释现实中的投资者和市场行为与理论上的投资者行为有什么差别。这与传统（或所谓的标准）金融学不同，后者是基于投资者和市场该如何行动的假设之上。那些想要创建更优投资组合的全球投资者已经开始认识到，他们不能仅仅依靠理论或数学模型去解释个人投资者和市场的表现。正如本章开头所引用的斯塔特曼教授的话，正统金融学将人塑造为"理性的"，而行为金融学基于的是"正常人"。可以理解为"正常人"可能做出非理性的事——但事实就是，当碰到财务问题时，几乎没人能做到完全理性，而本书要分析的就是"正常人"的问题。我们将深入研究非理性市场行为的话题，但是请记住，本书的切入视角是个人投资者行为，并探讨如何创建能有利于投资者长期计划的投资组合。

从根本上来说，行为金融学分析的是个人和集体的决策方式。通过理解投资者和市场是如何行动的，就有可能纠正或适应这些行为以改善经济后果。在许多案例中，对行为金融学知识融会贯通能让投资者表现出众。

我们将从了解行为金融学领域的知名研究者开始本章的内容，然后探讨标准金融学与行为金融学之争。通过这样的学习，我们能对行为金融学到底研究什么有一个大致了解，这有利于我们更准确地将行为金融学知识直接运用于创建最优投资组合的实践中。

为何行为金融学很重要？

市场研究表明，当投资者试图通过频繁进出市场来保护自己的投资组合时，会造成利润受限且损失增加。要形成长远观点很难，但只有这样做才是最有回报的策略，因为将投资战线拉长有助于投资组合的长期升值。有一家位于波士顿的名叫 DALBAR 的企业，每年都会开展一项关于投资者行为与投资收益不佳之间重要关系的研究。该研究将投资者实际获得的收益与指数收益和通胀做对比。DALBAR 计算投资者收益的方法是，观察共同基金总资产在扣除销售、赎回和交易金额后的变动情况。这种计算方法涵盖了已经实现的和尚未实现的资本利得、分红、利息、交易成本、销售费用、佣金、开支以及其他所有成本。最近一份可以看到的研究报告是 2019 年的。[1] 该报告指出,普通投资者在 2018 年初的市场上涨中赚到了一些钱,但在当年下半年的建仓表现都很糟糕。在 2018 年,普通投资者是基金的净赎回者。糟糕的时机把握能力导致当年的损失达到 9.42%,相比之下,标准普尔 500 指数仅损失了 4.38%。图 1.1 展示了 2019 年 DALBAR 报告中的数据。值得一提的是,如果按 30 年计算,每年的差异达到 6%。

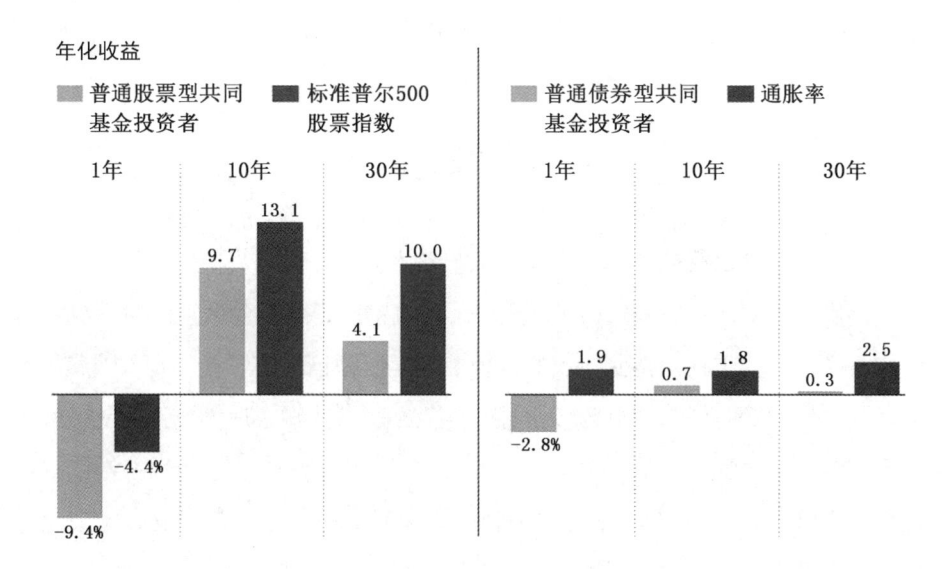

资料来源:DALBAR Report,2019. © 2019,DALBAR,Inc.。

图 1.1　2019 年 DALBAR 报告中的投资者收益

投资者持有特定指数所获得的收益与投资者因对市场波动做出情绪性反应而频繁进出资金所实现的收益之间的差异,被称为"行为金融学缺口"(Behavioral Finance Gap)。图 1.2 展示了这一概念。本书的目的就是帮助你弥合这一缺口,从而让你实现自己的财务目标。请一定记住这个缺口!

---

[1] https://www.dalbar.com/Portals/dalbar/Cache/News/PressReleases/QAIBPressRelease_2019.pdf.

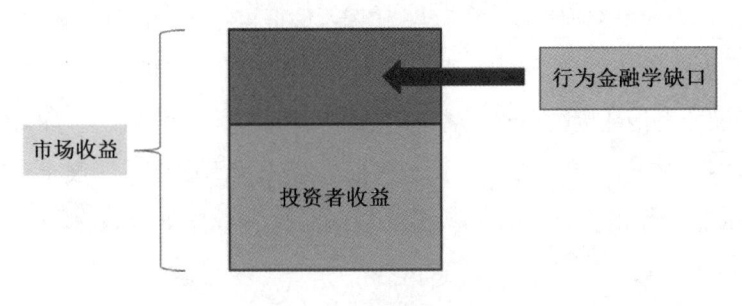

图 1.2　行为金融学缺口

行为金融学概览

行为金融学已经成为一个非常热门的话题,2000年3月科技股泡沫的破灭为其提供了佐证。2008—2009年金融市场的崩溃,让行为金融学同时得到投资者和财务顾问的重视。得到热议的行为金融学话题也带来了各种令人困惑的术语,仅在名称方面,就包括行为科学、投资者心理学、认知心理学、行为经济学、实验经济学以及认知科学等。进一步地说,许多投资者心理学方面的书籍仅仅涉及行为金融学的不同方面,却没能做到对该学科下一个完整的定义。本节将探讨行为金融学领域一些备受赞誉的学者,并简单介绍他们所做的杰出工作,对这门学科做一概览。随后,我们将学习行为金融学两个重要的子话题:微观行为金融学和宏观行为金融学。最后,我们还将考察将行为金融学专门运用于财富管理的方法。

行为金融学的重要人物

在第二章,我们将了解行为金融学的发展历史。本节我们先了解行为金融学的一些重要人物,他们近年来对这门学科做出了非凡的工作。我们将了解的人物中,大多数是活跃的学者,但他们中有许多人也将自己的工作运用于"现实世界",这就特别值得我们的注意。显然名单不太冗长,我们将了解的人物名字包括:罗伯特・席勒教授(Professor Robert Shiller)、理查德・塞勒教授(Professor Richard Thaler)、迈尔・斯塔特曼教授、丹尼尔・卡尼曼教授(Professor Daniel Kahnemann)和丹尼尔・艾瑞里教授(Professor Daniel Ariely)。

第一位要讨论的重要人物是耶鲁大学的罗伯特·席勒教授(见图1.3)。他最为人所熟知的是预测到了两次有史以来最大的泡沫:互联网泡沫和房地产泡沫。每次泡沫发生之际,他都会推出一版《非理性繁荣》(*Irrational Exuberance*),进行相应的描述和预测。可能让人印象最深的事情是,席勒教授是2013年诺贝尔经济学奖的三位获得者之一。2013年的颁奖主题是"资产市场的趋势预测",诺贝尔奖委员会认为席勒在预测资产价格的中期波动方面做出了贡献,对他通过研究所发现的股价波动要比企业分红剧烈得多,以及当股价与分红的比率处于高位时会发生下跌、当处于低位时则会上升印象深刻。席勒教授最新撰写的一本书是《叙事经济学》(*Narrative Economics: How Stories Go Viral and Drive Major Economic Events*)[1],在这本书中,他对故事是如何帮助推动经济事件的——为什么金融恐慌能像传染病病毒一样传播——做出了开创性的分析。

图片来源:Bengt Nyman/Flickr。

图1.3 罗伯特·席勒,耶鲁大学经济学斯特林讲席教授,2013年诺贝尔经济学奖获得者

另一位知名度很高的行为金融学研究者理查德·塞勒教授(见图1.4),是2017年诺贝尔经济学奖获得者,以表彰他在行为经济学领域做出的贡献。塞勒既研究行为经济学和金融学,也研究属于经济学和心理学之间灰色地带的决策心理学。在芝加哥大学商学院,他探索了放松标准经济学所假设的每一个经济

---

[1] Robert Shiller, *Narrative Economics: How Stories Go Viral and Drive Major Economic Events* (Princeton University Press, 2019).

人都是理性且自私的将产生什么后果,而他对在经济中有些机构的表现可能反映出人性的缺点而感到高兴。塞勒和欧文·拉蒙特(Owen Lamont)撰写了一篇题为《市场能自我调节吗？论高科技股股权转让中的不合理定价现象》(Can the Market Add and Subtract? Mispricing in Tech Stock Carve-Outs)[1]的经典论文,探讨了科技股泡沫中所存在的非理性投资者行为这一常见话题。文章讨论的是 3Com 公司在 1999 年将子公司 Palm 分拆出去,文中提出,如果投资者行为是真正理性的,那么 3Com 公司的市场价值在 Palm 公司被分拆出去之后的几个月里都应该保持为正。但实际情况是,在3Com 于 2000 年 3 月向股东发行 Palm 的股票之后,Palm 的股票是以高于原母公司股票标的的价格在交易。"理性世界不该出现这种事,"塞勒写道。他还编写过一本《行为金融学新进展》(Advances in Behavioral Finance),该书于 1993 年出版。

图片来源:Anne Ryan/Chicago Booth。

图 1.4　理查德·塞勒博士,2017 年诺贝尔经济学奖获得者

---

〔1〕 Owen A. Lamont and Richard H. Thaler,"Can the Market Add and Subtract? Mispricing in Tech Stock Carve-Outs",*Journal of Political Economy*,111(2),2003:227—268.

塞勒教授曾与卡斯·R. 桑斯坦(Cass R. Sunstein)合著过一本全球畅销书《助推》(Nudge,2008),该书运用行为经济学的思路尝试解决诸多社会重大问题。2015年,他出版了《"错误"的行为》(Misbehaving)。他还撰写或编写过另外4本书:《准理性经济学》(Quasi-Rational Economics)、《赢家的诅咒》(The Winner's Curse),以及两卷《行为金融学新进展》(Advances in Behavioral Finance)(作为编写者)。他在顶尖期刊如《美国经济评论》(The American Economics Review)、《金融杂志》(The Journal of Finance)和《政治经济学期刊》(The Journal of Political Economy)上发表过多篇论文。

以下内容摘自亚马逊(Amazon.com)对塞勒和桑斯坦所做的一次既有趣又颇具深度的采访。[1]我特别喜欢采访中所提到的"选择架构"概念。

亚马逊:你们所起的书名《助推》有什么特别含义吗?为什么人们有时需要被助推一下?

塞勒和桑斯坦:"助推"指的是任何会影响我们做选择的事。学校自助餐厅可能通过将最健康的食物摆放在第一排,来助推孩子们保持健康饮食。我们认为,机构包括政府,是时候通过借助决策科学来表现得更亲民一些,从而让民众过得更惬意,并且通过友善地朝某些方向助推他们一下,能让其生活质量得到提高。

亚马逊:你们能谈一下迄今为止有哪些助推做得比较成功吗?

塞勒和桑斯坦:有一个例子就是"明天储蓄更多"(Save More Tomorrow)计划。企业向那些不太喜欢储蓄的员工提供一个选项,可以参加一个计划,只要将来他们的收入提高了,储蓄率会自动上调。该计划让有些企业的储蓄率上升了3倍多,目前有数以千计的雇主提供该计划。

亚马逊:那么,什么是"选择架构"?它是如何影响普通人的日常生活的呢?

塞勒和桑斯坦:"选择架构"指的是你做选择时的环境。例如,你走进一家自助餐厅,你最先看到的是什么,是沙拉吧还是汉堡和薯条摊?巧克力蛋糕在哪儿?水果在哪儿?这些东西的摆放位置会影响你选择吃什么,而决定如何摆放食物的人就是自助餐厅的选择架构师。我们所有的选择都会受到选择架构的影响。选择架构涵盖了如果你什么都没做,将会发生什么的规则;什么被告知,什

---

[1] http://www.amazon.com.

么没有被告知;你看到了什么,没有看到什么。医生、雇主、信用卡公司、银行,甚至是父母,都是选择架构师。

我们想要告诉人们,通过仔细设计选择架构,不需要强迫人们做任何事,就可以让其所做的决策得到巨大的改善。例如,我们可以帮助人们去多储蓄并且为退休计划做更好的投资;在选择抵押贷款时做出更好的安排;在水电费账单上节省一些,这样能同时改善环境。好的选择架构甚至能让离婚过程更顺利一些——或者从积极的一面来说,能从结婚起就注定是一场美满的婚姻。

亚马逊:你们曾指出,大多数人在挑选一台新电视或音响上所花的时间要超过用在选择健康计划或退休金投资策略上的。为什么会有那么多人竟然在做重要的长期投资决策时,陷入你们所谓的"自动驾驶模式"?

塞勒和桑斯坦:有三个因素在起作用。第一个,人们尤其在做艰难的决策时,会选择拖延。当选项太多时,就会发生信息过载问题。研究表明,在许多情况中,只要有可能,人们就会一再地推迟做选择[比如先不参加401(k)养老金计划],或者为了图省事而选择一个错误的选项,又或者选择销售员极力推荐的选项。

第二个,我们所处的世界已经变得越来越复杂。30年前,绝大多数抵押贷款是以30年固定利率为基础,互相之间只是稍有不同,很容易对它们进行比较。而现在抵押贷款有几十种形式,就连金融学教授也很难弄明白哪种才是最好的。由于要搞明白这件事的代价很高,无良的抵押贷款经纪人就能轻易地让无辜的贷款人摊上一笔糟糕的交易。

第三个,虽然有人可能觉得孤注一掷能让人打起精神,但实际上这只会让人变得紧张。在这种情况下,有些人的应对方式是把自己缩成一团,心里想着"呃,好吧,我找些其他事做",比如盯着电视发呆,或者想想棒球比赛。可以说,我们一生当中有很多时候是处于"无人驾驶状态",因为要对复杂的决策做权衡并不容易,而且有时会比较痛苦。助推则可以帮助实现即便当我们处于"无人驾驶状态",或者不想去做艰难的选择时,仍能做出有利的决定。

另一位对行为金融学做出卓越贡献的学者是圣塔克拉拉大学利维商学院的迈尔·斯塔特曼博士(见图1.5)。

图片来源：http://www.scu.edu。

图1.5 迈尔·斯塔特曼博士，圣塔克拉拉大学利维商学院金融学格伦·克里梅克讲席教授

斯塔特曼是行为金融学领域许多重要文献的贡献者，其中包括一篇名为《行为金融学：过去的交锋与未来的联手》(Behavioral Finance：Past Battles and Future Engagements)[1]的行为金融学研究的经典论文。他所做的研究提出了一些深刻的问题：什么是会影响投资者的认知错误和情绪问题？什么是投资者期望？财务顾问和计划的赞助者如何能帮到投资者？风险和后悔的本质是什么？投资者应该如何构建组合？战术性资产配置和策略性资产配置有多重要？什么决定了股票收益？情绪会产生何种影响？斯塔特曼教授对上述这些问题都做出了颇有见地的回答。他曾获得威廉·F. 夏普最佳论文奖(William F. Sharp Best Paper Award)、伯恩斯坦·法博齐/雅各布斯·列维杰出论文奖(Bernstein Fabozzi/Jacobs Levy Outstanding Article Award)，两次荣获格雷厄姆和多德卓越奖(Graham and Dodd Awards of Excellence)。

斯塔特曼教授曾出版过一本名为《投资者真正想要的是什么》(What Investors Really Want)[2]的著作。根据他的研究，投资者真正想要的是从投资中获

---

[1] 可以在迈尔·斯塔特曼的个人主页上找到这篇文章，http://lsb.scu.edu/finance/faculty/Statman/Default.htm。

[2] Meir Statman, *What Investors Really Want：Discover What Drives Investor Behavior and Make Smarter Financial Decisions* (New York：McGraw Hill，2011)。

得三种收益:功利性收益、表达性收益和情感性收益。功利性收益指的是最基本的投资收益,即可以靠钱来实现。表达性收益向我们或他人传达了一个投资者的身价、偏好和地位。比如,斯塔特曼认为对冲基金能彰显人的地位,而社会责任基金能展现人的美德。情感性收益则表达了人的感觉。斯塔特曼给出了这样几个例子:保单能让人感到安心,彩票和投机股给人以希望,股票交易则让人感到兴奋。

行为金融学能成为一门独立的专业学科,可能在很大程度上要归功于丹尼尔·卡尼曼(见图1.6)和弗农·史密斯(Vernon Smith)所做出的贡献。他们二人分享了2002年的诺贝尔经济学奖,这也是该奖第一次颁给行为金融学领域。诺贝尔奖委员会称赞卡尼曼"将心理学研究所得出的观点与经济学相结合,特别是关注到了不确定状况下的人的判断和决策问题"。史密斯则是"在实证经济分析,特别是对各种市场机制的研究中,建立了实验室试验这一方法",获得了委员会的认可。[1]

图片来源:白宫。

图1.6 丹尼尔·卡尼曼,2002年诺贝尔经济学奖获得者

卡尼曼教授发现,在不确定条件下,人所做的决策会系统性偏离标准经济学理论的预测。卡尼曼和阿莫斯·特沃斯基(Amos Tversky,于1996年离世)共

---

[1] 诺贝尔奖网址:http://nobelprize.org/economics/laureates/2002。

同建立了前景理论(prospect theory)。不同于标准金融学模型,前景理论能更好地解释所观察到的行为现象,这将在本书后续章节中进行充分探讨。卡尼曼还发现,人在做判断时可能因为图省事而只凭直觉,这会造成系统性偏离概率学基本原理。他所开展的工作促进了新一代研究者借助认知心理学的观点来扩展金融学和经济学模型。

还有一位值得一提的人物是丹尼尔·艾瑞里教授(见图1.7)。艾瑞里教授是杜克大学心理学和行为经济学詹姆斯·B. 杜克(James B. Duke)讲席教授,也是"高级后知中心"(Center for Advanced Hindsight)的创建人之一。他所研究的领域是有关人类非理性行为方式的行为经济学。他曾因为一场爆炸造成的长久伤害而备受煎熬,这使他能以这段切身经历来介绍非理性现象。他从这件事开始研究,有哪些方式能让病人更好地接受无法避免的痛苦治疗。艾瑞里之后致力于研究这样一个问题:我们在生活中的许多方面会不断重复且可预测地做出错误的决定。而他的研究工作可以帮助改变其中的一些行为模式。

图片来源:Yael Zur,for Tel Aviv University Alumni Organization,https://commons.wikimedia.org/wiki/File:Dan_Ariely_January_2019.jpg. CC BY-SA 4.0。

图1.7 丹尼尔·艾瑞里,杜克大学心理学和行为经济学詹姆斯·B. 杜克讲席教授

艾瑞里的作品包括《非理性的你》(*Irrationally Yours*)、《可预测的非理性》(*Predictable Irrational*)、《非理性的积极力量》(*The Upside of Irrationality*)、《不诚实的真相》[*The（Honest）Truth about Dishonesty*],以及电影《欺诈》(*Dishonesty*)和卡牌游戏《非理性游戏》(*Irrational Game*)。这些作品以一种与学术不太沾边的形式呈现出他的研究成果,这有助于更多的人发现行为经济学中激动人心的一面,并借助其中的一些观点来丰富自己的生活。

微观行为金融学与宏观行为金融学的比较

正如我们所了解到的,从个人投资者行为到市场整体情况等现象,行为金融学都会通过建模予以解释。因此,这是一门很难定义的学科。但是,对于阅读本书的实践者和投资者而言,这又是一个很重要的问题,因为我们的目标是发展一种运用行为金融学的共同语言。鉴于本书的这一目标,我采取了一种传统经济学教科书所喜欢使用的方法。我将本书的主题拆分为两个子话题:微观行为金融学和宏观行为金融学。

1. 微观行为金融学考察的是个人投资者的行为或偏误,从而将他们与经典经济理论所假想的理性行动者区分开来。

2. 宏观行为金融学识别并描述有效市场假说存在的异象,并尝试用行为金融学模型予以解释。

行为金融学的这两个子话题分别对应标准金融学与行为金融学交锋过程中的一系列特定问题。就宏观行为金融学而言,争论的焦点是:市场是"有效的"吗,还是会受到行为的影响?就微观行为金融学而言,争论的焦点则是:个人投资者是完全理性的吗?还是说,认知和情绪偏误会影响他们的财务决策?这些问题将会在下一节中进行讨论。不过为了做一铺垫,有一点非常重要,那就是首先理解许多经济学和金融学理论是基于个人的行动都是理性的,并且在决策过程中会考虑所有能得到的信息。在学术研究中,研究者已记录下了成人受试者在做判断时会发生非理性行为和重复犯错的大量情形。

最后,在正式讨论前再澄清一件事。需要指出,在大众媒体所称的"货币心理学"方面已有浩繁的资料。这个话题涉及个人与货币之间的关系——如何花销?有什么感觉?如何使用?在这一领域有许多有参考价值的书籍,但是本书关注的并不是这些话题,而是专注于如何构建更好的投资组合。

标准金融学与行为金融学的交锋

本节将介绍在标准金融学中非常基本但行为金融学提出异议的概念:理性市场和理性经济人。还将呈现行为金融学的支持者质疑每一项原则的基础,并探讨已经存在的支持行为金融学方法的一些证据。

综　述

2004年10月18日周一,《华尔街日报》(Wall Street Journal)上刊登了一篇具有里程碑意义却为许多人所忽视的文章。文章中提到,金融学有效市场学派的代表性学者尤金·法玛(Eugene Fama)承认股票价格可能会变得"有点儿非理性"[1]。读者可以将这件事想象成一位颇有名望的波士顿红袜队狂热球迷竟提议将芬威球场(Fenway Park)改名为马里安诺·李维拉球场(Mariano Rivera Stadium)(以纪念纽约洋基队的传奇投手),就能知道法玛承认这件事有多么不寻常。这一转变让许多行为金融学学者颇为惊讶,但又感到高兴。[法玛在社会科学研究网(Social Science Research Network)上发表的一篇谈到承认这种情况的论文《市场有效性、长期收益和行为金融学》(Market Efficiency, Long-Term Returns, and Behavioral Finance),是网上下载量最大的投资类文献之一。]《华尔街日报》的这篇文章中还有伊博森协会(Ibbotson Associates)的创始人罗杰·伊博森(Roger Ibbotson)的一条精彩评论:"正在发生一场转变。"伊博森观察到,"人们正意识到市场并没有我们想象的那么有效"[2]。

迈尔·斯塔特曼曾给出这样一个颇有见地的观点:"标准金融学是建立在米勒和莫迪利亚尼(Miller and Modigliani)的套利原理,马科维茨(Markowitz)的投资组合原理,夏普、林特纳和布莱克(Sharpe, Lintner and Black)的资本资产定价理论,以及布莱克、斯科尔斯和默顿(Black, Scholes and Merton)的期权定价理论这些支柱之上的知识体系。"[3]标准金融学理论的目标是对金融问题用巧妙的数学方法做出解释,但是在面对现实生活时,往往因为较为严苛的条件而变得复杂。标准金融学处理问题的方式很依赖一套对真实情况过分简化的假定。例如,标准金融学中就蕴含着理性经济人的思想。它规定人始终能做出完全理性的经济决策。从本质上来说,标准金融学是建立在投资者"应该"如何行动的规则之上,而不是描述他们实际上会如何行动的原理之上。行为金融学试图识别

---

〔1〕　Jon E. Hilsenrath, "Belief in Efficient Valuation Yields Ground to Role of Irrational Investors: Mr. Thaler Takes on Mr. Fama", Wall Street Journal, October 18, 2004.
〔2〕　Ibid.
〔3〕　Meir Statman, "Behavioral Finance: Past Battles and Future Engagements", Financial Analysts Journal, 55(6) (November/December 1999): 18—27.

并理解在金融市场上和个人投资者中存在的人类心理学现象。标准金融学的假设是基于理想化的金融行为,而行为金融学的假设则是基于可以观察到的金融行为。

有效市场与非理性市场之争

在20世纪70年代,市场有效性这一标准金融学理论成为大多数学者和许多专家所接受的市场行为解释模型。有效市场假说最早由尤金·法玛在其博士论文中提出,并在20世纪60年代日趋成熟。法玛令人信服地展示了在一个由许多充分掌握信息的投资者所组成的证券市场中,投资会得到正确的定价,并反映出所有能得到的信息。有效市场假说包含三种形式:

1."弱式"有效市场假说认为,证券价格充分反映了所有过去的市场价格和信息,即技术分析几乎或完全没用。

2."半强式"有效市场假说认为,证券价格充分反映了所有能公开获得的信息,即基本面分析没用。

3."强式"有效市场假说认为,证券价格充分反映了所有的信息,即内幕信息没用。

如果一个市场是有效的,那么根本无法通过信息或严密的分析对任一选定的标的实现超额收益。有效市场可以简单定义为:在一个市场中,大量理性的投资者纷纷买卖个股以实现利润最大化。一个关键的假设是,相关信息对所有市场参与者都是可以免费获得的。市场参与者之间的竞争使得在任何时候,市场上任意一笔投资的价格都能反映所有信息的整体影响,既包括已经发生的事件,也包括市场预期未来会发生的事件。总而言之,在一个有效市场中,无论何时,任一证券的价格都等于其内在价值。

有效市场假说争论的核心是,现实世界中负责管理投资的组合经理。有些经理坚守被动型策略,认为市场是完全有效的,根本不可能击败;还有些采取主动型策略,相信正确的策略能持续不断地产生阿尔法(即表现优于选定的基准)。现实情况是,主动型经理要想战胜基准很难。这或许可以解释为什么交易所交易基金(ETF)广受欢迎、为什么风险投资人目前都在支持新兴ETF公司,这些公司中有许多在提供基于常见ETF主题的衍生品种。

有效市场假说的意义影响深远。大多数交易股票和债券的个人投资者以为自己在买入和抛售证券时能赚上一笔。如果市场真的是有效的,而当前价格充分反映了所有相关信息,那么试图让自己的证券交易表现战胜基准就是在赌运气,而不是靠技术。

有关市场有效性的争论确实催生了大量的研究工作,它们试图寻找是不是真有哪个市场是"有效的"。许多研究工作也确实找到了一些证据能够支持有效市场假说。但是,也有研究者记录下了大量持续存在的异象,有悖于有效市场假说。有三种主要的市场异象:基本面异象(fundamental anomalies)、技术异象(technical anomalies)和日历异象(calendar anomalies)。

基本面异象

如果从基本面对股票的价值进行分析后,发现其表现存在不规律性,就称为基本面异象。例如,有很多人并没有意识到价值投资——最受欢迎也是非常有效的投资方法之一——正是基于有效市场假说中所存在的基本面异象。有大量证据表明,投资者会持续高估成长型公司的前景,并低估受人冷落公司的价值。

有一个探讨低市净率(P/B)股票的例子。尤金·法玛和肯尼思·弗伦奇(Kenneth French)对1963—1990年间的低市净率现象做了一项研究。[1] 该研究考察了纽约证券交易所(NYSE)、美国证券交易所(AMEX)和纳斯达克(NASDAQ)的所有上市股票。股票根据账面价值和市值比(book/market)分成10组,每年进行重新排名。账面价值和市值比最低一组的表现(上涨了21.4%)要超过比值最高一组的表现(上涨了8%),并且每一组的表现都比上一年要糟糕,表现也不及比值更高组。法玛和弗伦奇还按照贝塔值将股票分成10组,发现价值股的风险更低,而成长股的风险更高。另一位著名的价值投资者戴维·德雷曼(David Dreman)通过对Compustat数据库中市值最大的1 500只股票开展研究后发现,在1994年之前的25年间,市净率最低的20%的股票(按季度进行调整)表现明显超过整体市场;反过来,整体市场表现要好于市净率最高的20%股票。[2]

低市销率股票也常常会出现属于基本面异象的表现。有大量研究表明,低

---

[1] Eugene Fama and Kenneth French, "The Cross-Section of Expected Stock Returns", *Journal of Finance*, 47(2) (1992):427—465.

[2] 德雷曼价值管理公司(Dreman Value Management)网址:www.dreman.com。

市净率是预测未来价值的一个可靠指标。然而,在《华尔街股市投资经典》(*What Works on Wall Street*)一书中,詹姆斯·P.奥肖内西(James P. O'Shaughnessy)展示了低市销率股票的表现要好于整体市场,也好于高市销率股票。他相信市销率是决定超额收益的唯一因素。[1]

低市盈率(P/E)是另一个可能与超额收益有关的异象因素。有许多研究,包括戴维·德雷曼所做的工作表明,低市盈率股票的表现会优于高市盈率股票和整体市场。[2]

还有许多证据表明,高股息率股票的表现更为优异。道琼斯股息策略推荐投资者购买道琼斯指数中股息率最高的10只股票。

技术异象

另一个投资界激烈争论的话题是,过去的证券价格能否用来预测未来的价格。"技术分析"根据一些技术指标,通过研究过去的证券价格来试图预测出未来的价格。技术分析有时能揭示出有悖于有效市场假说的矛盾现象,即技术异象。常用的技术分析策略靠的是相对强弱指标、移动平均线,以及支撑线和压力线。全面讨论这些策略可能太复杂了,关于技术分析有很多经典书籍可以参考。一般来说,大多数出于研究目的的技术分析交易方法(广义而言,就是弱式有效市场假说)发现,股价会对新发生的股市信息做出快速调整,技术分析派可能没有任何优势。但是,仍有技术分析的支持者继续坚称某些技术分析策略是有用的。

日历异象

"一月效应"(The January Effect)就是一种日历异象。从历史上看,整体股市,尤其是小盘股会在一月份出现非正常的高收益。罗伯特·豪根和菲利普·若里翁(Robert Haugen and Philippe Jorion)两位研究者就这一问题开展了研究,提出"'一月效应'可能是全世界证券市场中最耳熟能详的异象情况了"[3]。尽

---

[1] James P. O'Shaughnessy, *What Works on Wall Street* (New York:McGraw-Hill Professional,2005).

[2] 德雷曼价值管理公司网址:www.dreman.com。

[3] Robert Haugen and Philippe Jorion, "The January Effect: Still There after All These Years", *Financial Analysts Journal*, 52(1) (January-February 1996):27—31.

管"一月效应"盛行了25年,但始终没有消失(根据套利理论,由于交易者会试图提前建仓以从中套利,因此异象应当会消失),所以其非常具有说服力。

之所以会出现"一月效应",是因为投资者会在年末时出于节税目的将亏损股抛掉,然后在下一年初重新买入,从而造成反弹。在临近年末时,发生亏损的个股很可能出于投资亏损节税的目的而被抛售。有些研究者也开始识别出"十二月效应",这是由于许多共同基金报表中的持仓要求,以及投资者提前建仓以抓捕一月份可能出现的上涨所造成的。

还有一种"换月效应"(Turn-of-the-Month Effect)。研究表明,股票在每月的头四天和最后四天比其他时间收益更高。弗兰克·罗素公司(Frank Russell Company)观察了65年间标准普尔500的收益,发现美国大盘股始终能在月度之交产生更高的收益。[1] 有人相信,这种效应是由每月末的现金流(如工资、抵押贷款、信用卡等)引起的。克里斯·亨塞尔和威廉·津巴(Chris Hensel and William Ziemba)发现,在1928—1993年间,月度之交时的收益会持续明显高于平均水平,"标准普尔500在这65年间的总收益几乎都是在月度之交实现的"[2]。该研究表明,投资者平常在购买股票时,如果能将建仓时间安排在月度之交之前,就能有所获益。

有效市场理论和异象市场理论都得到了证据的支持。在现实中,市场既不是完全有效的,也不是完全异象的。市场有效性并不是一个非黑即白的问题,而是根据所观察的市场不同,呈现出一种不断变化的灰色。在严重无效的市场中,技高一筹的投资者可以凭本事比其他人做得更出色。许多人相信,像通用电气(GE)和微软(Microsoft)这样的大盘股,信息非常公开、流动性很好,而小盘股和国际股则差一些,这便为成为股市中的赢家提供了机会。房地产市场之前一直被视为无效市场,但随着房地产投资信托基金(REIT)指数型产品能让投资者直接参与到市场中,该市场也变得透明起来。最后是风险投资市场,由于缺乏流动性和连续定价,而被认为参与者之间的信息不对称造成其缺乏效率。

理性经济人与行为偏误者的对比

理性经济人的概念源自新古典经济学,其简单描述了人类的经济行为,认为

---

[1] 罗素投资集团(Russell Investment Group)网址:www.russell.com/us/education_center。
[2] Chris R. Hensel and William T. Ziemba,"Investment Results from Exploiting Turn-of-the-Month Effects", *Journal of Portfolio Management*, 22(3) (Spring 1996):17—23.

人所做出的经济决策都符合完全自利、充分理性以及充分掌握信息三大原则。与有效市场假说一样，理性经济人也是经济学家在不同程度上会严格遵守的原则。有些经济学家只接受将其作为一种半强式原则，也就是没有将理性经济行为视为理所当然的情况，但即便如此，他们仍会将人身上所表现出来的理性经济特征视为一种很普遍的情况。其他经济学家则支持将理性经济人作为一种弱式原则，即理性特征虽然存在但不明显。上述观点都认可人是"理性的利益最大化者"这一核心假设，即人都是纯粹自利的，并会做出充分理性的经济决策。经济学家之所以喜欢使用理性经济人的概念，主要有两方面原因：

1. 根据理性经济人来开展经济分析相对更容易一些。当然，可能有人会质疑这样得出的简单模型能有多大用处。

2. 理性经济人能让经济学家对其研究成果进行量化，让他们的工作做得更出色，也更容易被别人理解。如果人都是充分理性、充分掌握信息且完全自利的，那么就有可能对其行为实现量化分析。

大多数对理性经济人做出的批评，是通过对其三大基本假设——充分理性、完全自利和充分掌握信息——提出挑战来入手的。

1. 充分理性。当人是充分理性时，就能进行推理并做出有利于自身的判断。但是，理性并不是人类行为唯一的驱动因素。事实上，它甚至可能不是最重要的驱动因素，因为有许多心理学家相信，人的智商实际上屈服于自身的情感。因此，他们提出人的行为更多的是受到主观冲动情绪，如恐惧、喜爱、厌恶、愉悦和痛苦的驱使，而非理性思考的结果。人只有在想去实现或避免上述情绪时，才会调动自己的智慧。

2. 完全自利。许多研究表明，人并非完全自利。否则，也就不会有慈善这件事了，而宗教所赞扬的无私、牺牲以及善待陌生人也不可能像现在这样盛行数个世纪。完全自利还会阻止人们做出像志愿服务、救助穷人或参军这些无私的事，也会让人做不出自我毁灭的举动，如自杀、酗酒以及滥用药物等。

3. 充分掌握信息。有些人可能对某个特定的学科掌握充分的信息。人们可能希望医生或牙医对他们的职业无所不知。然而，对任何人而言，都不可能完全掌握每一门学科的所有知识。就投资界来说，学无止境，即便是最成功的投资者也不可能掌握所有的知识。

有许多经济决策是在信息不充分的情况下做出的。比如，有些经济理论假定人们会根据美联储的货币政策调整自己的消费习惯。显然，有些人很清楚从哪儿能找到美联储的数据，如何去解读，以及如何运用；但更多的人不清楚或不太关心美联储是什么机构。鉴于这种无效性会影响到数以百万的人，所以认为所有的金融参与者都充分掌握信息就不太正确了。

　　重申一下，正如市场有效性一样，人是否理性并不是一个非黑即白的问题。将这个概念理解为会呈现出不同程度的灰色更好，人既不是完全理性的，也不是完全非理性的；他们会表现出不同程度的理性或非理性，在不同的事情上，会表现出不同的智慧。

第二章　行为偏误介绍

> 当你对生活中的任何事做一番思考时，它便没你以为的那么重要了。
>
> ——丹尼尔·卡尼曼

引　言

为了能构建起最佳投资组合，搞明白自己身上的非理性行为——或者能识别出可能对你的投资决策过程造成干扰的其他人身上的偏误——至关重要。有大量研究表明，当人在面对需要耗费大量时间并提出较高认知要求的复杂决策问题时，他们很难设计出理性的方法来开展并分析一系列正确的行动。考虑到有许多消费者还要去解决决策时可能面临的信息过载这一现实问题，上述情况会更为棘手。你最近有没有从卖洗发水的货架旁走过？实在令人眼花缭乱——你会如何挑选呢？这已经是比较容易的一种决策情形了。当牵扯到自己口袋里的钱时，情况会变得更为复杂。就许多意义重大的决策而言，人们并不会去系统性地描述问题、记录下必要的信息，并整合信息以创建决策规则，但这才是开展复杂决策的最佳办法。现实情况恰恰相反，人们通常会遵循一种相当主观的思维路径，根据自己所希望的结果或者人云亦云来决定行动过程。

人们所做的决策,尤其是那种次优选择,都是先将所面对的选项进行简化,特别是只会利用一小部分可以获得的信息,摒弃另一些(通常都很复杂,但其实可能是有用的)信息,然后对数量上更容易管控的选项做一番甄选。人们在找到一种自认为"足够好"的解决办法时会感到心满意足,而不是努力去做出最佳选择。在这样做的过程中,他们可能已经(不知不觉地)发生决策偏误。这些偏误可能会造成非理性行为和有缺陷的决策。在投资领域,这种事频繁发生,许多研究者已经记录下了投资者身上存在的大量偏误。本章将对这些偏误逐一进行介绍,并在后续章节中开展分析。理解这些偏误并且在它们有可能对投资决策过程造成负面影响之前处理好非常重要。

行为偏误的定义

词典里对"偏误"有以下几种不同的定义:第一,一种统计样本,或者由于对某些结果的系统性偏好所造成的检验误差;第二,一种偏好或倾向,尤其会造成无法做出公正的判断;第三,偏好某种观点的倾向或偏见;第四,表现出某种性格或态度,尤其是会做出非常自我甚至有时是非理性的判断。在本书中,我们要关注的是如下几种会导致非理性财务决策的偏误:(1)错误的认知推理;(2)受情绪或情感(最糟糕的是,两种情况同时发生)影响的推理。词典中对偏误所下的第一种定义与错误的认知推理或思维方式相符,而第二至第四种定义与受到情感或情绪影响的有缺陷的推理更符合一些。

从本质上来说,对行为偏误和对人在做判断时出现的系统性偏差下定义的方式是一样的。研究人员已经区分出大量的具体偏误类型,并且在最新的研究中将其中的100多种运用于对个人投资者行为的分析。考虑到还有衍生情况以及有待于从个人金融中挖掘的尚未被了解的偏误,系统性投资者偏误的清单似乎还有很大的探索空间。有许多优秀的研究工作寻求借助合理的框架将所发现的偏误进行分类。有些作者将偏误称为直觉(即经验法则),还有人将其称为信念、判断或偏好。心理学家所考虑的因素包括认知信息处理偷懒或凭直觉判断、记忆偏差、情感和动机因素,以及如家庭教育或社会文化等社会影响。心理学家已经识别出的一些偏误,可以通过马斯洛(Maslow)所发现的人类需求——生理需求、安全需求、社交需求、尊重需求以及自我实现需求——来理解。在满足这些需求的过程中，人们通常都会试图逃避痛苦感并寻求愉悦感。逃避痛苦感的做法会很微妙，比如拒绝承认自己的错误以维护自身的正面形象。帮助逃避痛苦感并产生愉悦感的偏误，可以归类为情绪偏误。心理学家还把其他的偏误归咎于：大脑感知、形成记忆以及做出判断的特定方式；无法完成复杂的数学计算，比如调整概率；对信息的处理和过滤。

这种对偏误的分类方法可以作为一种基本理论，帮助我们了解人为什么以及究竟如何在偏误的影响下开展行动，但是（到目前为止）还没有形成一套可以通用的理论。有关投资行为的通用理论目前来看还遥遥无期，而行为金融学研究依靠的是对人在不同经济决策环境中做出无效决策方面所收集到的大量证据。

为什么理解并识别出行为偏误很重要？

通过理解行为偏误对投资过程所产生的影响，投资者可以显著改善自己的经济情况，并实现所订立的财务目标。正如在第一章中提到的，根据我30多年做客户咨询的职业经验，我发现识别并管控好最容易发生的行为偏误，对实现财务成功至关重要。根据多年的观察，我总结出3种最常见的行为偏误：损失厌恶偏误、确认偏误和近因偏误。巧合的是，嘉信理财（Charles Schwab）在2019年的一项研究中与我总结出的3种最常见的偏误不谋而合，虽然在顺序上稍微有些不同，见图2.1。该图展示了财务顾问观察到的每一种偏误在客户身上出现的频繁程度。如果你时间宝贵，只想了解最常见的偏误，那你可以直接跳到介绍损失厌恶偏误、确认偏误和近因偏误的那几章。

根据我的经验，及时识别出行为偏误可以让投资者避开可能发生的金融灾难。在我30多年的从业生涯中，经历过1987年（也是我入行的第一年）、1998年、2001年、2008—2009年、2018年以及2020年多次经济崩溃（当然未来还会发生）。我将许多客户从悬崖边上劝了回来，让他们不要因为非理性的恐慌行为而在错误的时间抛掉手中的风险资产。实际上，我的许多长期客户现在已经能够适应市场波动，也不会再恐慌了。他们会将市场下跌视作建仓的机会。这种行为修正方面的建议已经帮助投资者实现了他们的财务目标。而在另一些情况中，则需要识别出某种特定的偏误或各种交织在一起的偏误，并适应那些存在偏

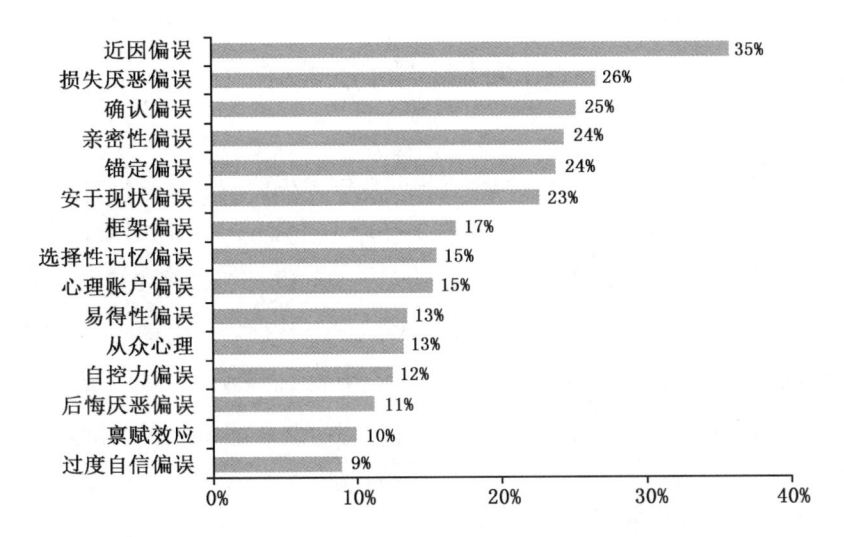

行为偏误类型	百分比
近因偏误	35%
损失厌恶偏误	26%
确认偏误	25%
亲密性偏误	24%
锚定偏误	24%
安于现状偏误	23%
框架偏误	17%
选择性记忆偏误	15%
心理账户偏误	15%
易得性偏误	13%
从众心理	13%
自控力偏误	12%
后悔厌恶偏误	11%
禀赋效应	10%
过度自信偏误	9%

资料来源：嘉信理财。

图 2.1　2019 年嘉信理财研究得出的对客户投资决策影响最明显的行为偏误类型

误的行为，目的是让财务决策从整体上得到改善，构建最合适的投资组合——投资者可以长期持有。弄明白自己是怎么做决策的很重要，这样才能构建最适合自己的投资组合。举个例子，有些投资者赌性很重，想拿自己的资本去搏一搏。这种情况并不少见，我的建议是，可以从投资组合中拿出一小部分去试试看，但仍应将绝大部分财富留在审慎管理的投资组合中。简言之，本书中所探讨的行为偏误知识以及对非理性行为的纠正或适应，可以让读者表现得更出众。

如何识别行为偏误

行为偏误可以通过一系列有针对性的问题识别出来。在本书中，从第三章到第二十二章分别包含了一组可以帮助诊断具体偏误的问题，来明确读者易于发生哪种情况。另外，在对如何构建投资组合给出建议时，也会对容易发生的偏误用案例研究的方式做出解释。在每一次诊断中，那些希望将行为分析融入自己组合管理实践的投资者，需要以最放松的状态去参加诊断"测验"，特别是在刚认识财务顾问的时候。当投资者在诊断非理性行为上能够做到很熟练时，就不需要再大张旗鼓或一本正经了。在你了解自己身上所存在的偏误后，更优秀的投资组合表现也就水到渠成了。

行为偏误的分类

按照最简单的分类方式,认知偏误指的是由于错误的认知推理(认知错误)所造成的偏误,而情绪偏误指的是受到情感或情绪影响的有缺陷的推理偏误。认知偏误源于基本的统计描述、信息处理或记忆偏差,可以被视为错误的推理结果。情绪偏误则是由冲动情绪或直觉造成的,可以被视为由受情绪影响的推理所造成的偏误。不论行为偏误是由哪种原因造成的,都可能导致决策偏离标准金融学所预期的理性情形。在下一节会对认知偏误和情绪偏误进行更详细的区分。

认知偏误和情绪偏误的区分

本书之所以将行为偏误按照认知和情绪进行区分,不仅是因为这样处理简洁直观,而且认知—情绪的划分方式为理解如何在实际操作中有效处理偏误提供了一个有用的框架。我建议读者将投资决策想象成发生在从标准金融学的完全理性决策到完全情绪化决策的光谱上(虽然有点儿抽象)。在此基础上,认知偏误是指基本的统计描述、信息处理或记忆偏差导致决策与标准金融学所预期的理性情形相偏离。情绪偏误则是因态度和情感而自发形成的,也会导致决策与理性情形相偏离。

相比于情绪偏误,由基本的统计描述、信息处理或记忆偏差所造成的认知偏误要更容易纠正。这是为什么呢?因为如果偏误是由不合逻辑的推理造成的,投资者就可以更好地适应自己的行为或纠正行动过程,即便他们并不完全明白当时的投资情况。举个例子,投资者可能搞不懂在创建资产类别相关系数表时所涉及的深奥的数学处理,但他能明白在创建由不相关投资品种所构成的组合时,所用到的数学处理肯定是最合适的。在其他情形中,可以将认知偏误理解为"盲点"或人类大脑中的扭曲。认知偏误并不是由对某种判断方式的情绪或思维倾向造成的,而是出于处理信息时的潜意识心理过程。总之,由于认知偏误是由错误的推理引起的,所以掌握更充分的信息、受到更好的教育以及获得更合理的建议通常都能对其进行纠正。

不同类型的认知偏误之间的差别

本书中我们将学习 13 种认知偏误及其在财务决策中的运用,并对如何纠正这些偏误提出建议。正如前面所提到的,认知偏误是由统计描述、信息处理或记忆偏差造成的——对现象的描述比较宽泛。个人投资者可能希望遵循理性的决策过程,但会因为发生认知偏误而以失败告终。比如,他们可能没有做好对概率的准确调整、赋予合理的权重或做好信息的收集。如果个人投资者在尝试遵循理性决策的过程中,能获得辅助信息或接受相关的指导,那么就可能更容易纠正这种偏误。

为了让读者理解起来更容易,我也将所识别出的认知偏误分为两类。第一类是执念偏误。大体来说,执念可以理解为非理性地或不合逻辑地坚持自己先前所持有的信念这样一种表现。通过统计描述、信息处理或记忆偏差,这种信念被坚持下去并被误以为仍是正确的。

执念偏误

执念偏误与心理学上的认知失调概念密切相关,我会在下一章对其进行探讨。认知失调是指当新冒出来的信息与自己先前所持有的信念或认知不符时,所造成的心理上的不适感。为了消除这种不适感,人们会只注意自己感兴趣的信息(选择性接触),无视或修正与自己当前的信念相冲突的信息(选择性感知),或者只记住并思考能验证当前信念的信息(选择性保留)。这些行为都属于执念偏误。本书会介绍 6 种执念偏误:认知失调偏误、保守性偏误、确认偏误、代表性偏误、控制幻觉偏误和后见之明偏误。

信息处理偏误

第二类是信息处理偏误,描述的是在财务决策中信息是如何被不合逻辑地或非理性地处理或使用的。与执念偏误相反,这一类偏误与记忆偏差或概率分配及调整关系不大,更多的是由于处理信息的方式。本书会介绍 7 种信息处理偏误:心理账户偏误、锚定偏误、框架偏误、易得性偏误、自我归因偏误、结果偏误和近因偏误。

如果人们对各种可能发生的情况始终保持警惕，就不太可能犯认知偏误。遵循如下系统化的步骤有助于减少认知偏误的发生：将问题和目标描述出来；收集、记录并整合信息；记录决策和推理过程；将实际结果与预期结果做比较。

情绪偏误

虽然对情绪并没有广为接受的定义，但人们还是普遍认可它是一种自发形成的精神状态，而不是有意识做出的。情绪与情感、感知，或者对于某些因素、事物及其相互之间的关系（既可以是真实的运行方式，也可以是想象的）的看法有关。情绪会导致身体上的反应，常常是不由自主的。情绪会造成投资者做出次优选择。出现某种情绪的人可能自己并不想这样，他们希望能控制住情绪以及对其出现的反应，但往往无法如愿。

相比于认知偏误，情绪偏误更难纠正，因为它是由冲动或直觉造成的，而不是那种有意识的计算。换句话说，如果偏误表现为某种性格或态度，尤其是做出非常自我甚至有时是非理性的判断，则更难纠正。如果投资者适应了这种偏误，他们就会接受它，并且在做决策时有意识地对其做出调整，而不是想着如何去减少这种偏误的发生。但如果人们在识别出这种偏误后，试图减少甚至消除这种情况，而不是学着去接受它，那么顶多能让这种偏误的影响小一些。就情绪偏误而言，只能在识别出之后去适应它而无法纠正它。

情绪偏误是由冲动、直觉和感觉造成的，可能会导致非常自我或非理性的决策。如果可能，应关注偏误的认知方面，而不是试着去改变自己的情绪反应，这样才更有效。另外，对投资者就决策流程和投资组合理论等开展教育，有助于他们将决策从情绪方面转到认知方面。但如果偏误是情绪型的，那么让投资者去关注决策本身并不会带来积极的结果。投资者可能会出现抵触情绪，不愿意考虑其他情况。这时想一下该问哪些问题，关注并且有可能的话调整决策流程，或许才是最有效的做法。

情绪偏误会导致投资者做出次优决策。由于它涉及的是人的感觉，而不是想些什么或如何思考，因此很少在决策过程中被识别并记录下来。本书会讨论7种情绪偏误：损失厌恶偏误、过度自信偏误、自控力偏误、安于现状偏误、禀赋偏误、后悔厌恶偏误和亲密性偏误。在逐一进行讨论时，对其他一些相关的偏误也会有所涉及。

表2.1概括了在本书接下来的内容中将讨论的20种偏误。

表 2.1　　　　　　　　　对20种行为偏误的分类

情绪偏误	认知偏误：执念偏误	认知偏误：信息处理偏误
禀赋偏误	认知失调偏误	锚定偏误
损失厌恶偏误	保守性偏误	心理账户偏误
后悔厌恶偏误	确认偏误	框架偏误
安于现状偏误	代表性偏误	易得性偏误
过度自信偏误	控制幻觉偏误	自我归因偏误
自控力偏误	后见之明偏误	结果偏误
亲密性偏误		近因偏误

总　结

　　按认知-情绪进行区分，有助于我们在财务决策中明确在何时以及该如何对行为偏误做出调整。不过要提醒一下，不同的偏误可能在某些方面表现得很像，而且一种偏误会看似同时具备认知和情绪方面的特征。财务决策研究者已经识别出大量具体的行为偏误。本书并不考虑对所有已经识别出的偏误逐一进行探讨，而是在认知-情绪框架下对最重要的偏误开展分析，思考可能发生的情形。这一框架对于形成对偏误的认识、实现相关的运用以及采取办法减轻其影响或者适应它们很有用。本书的目标是帮助投资者及其财务顾问对偏误加以重视，进而使财务决策和相应的经济表现获得一定的改善。

第二篇

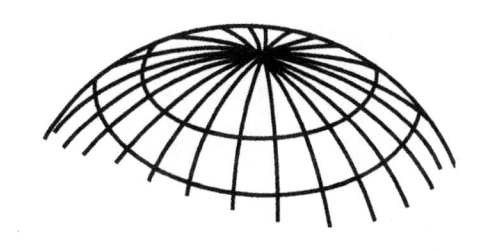

执念偏误的定义与示例

从第三章到第二十二章,将讨论20种认知或情绪类型的行为偏误。从第三章到第十五章,将分析两类认知偏误。本书的第二篇(即接下去的第三章到第八章)关注其中的第一类——执念偏误。第九章到第十五章将探讨第二类——信息处理偏误。情绪偏误会在第十六章到第二十二章进行讨论。

在这20章内容中,会按照相同的体例来探讨每一种偏误,目的是让读者更容易掌握。对每一种偏误,一是根据"认知"或"情绪"进行命名和分类,包括子类型(执念偏误或信息处理偏误)也做同样处理,然后对其进行概述。二是最重要的具体实际应用,在真实场景中展示每一种偏误会如何造成影响,又该怎样应对。实际应用部分会根据内容的不同做出调整,既可能对应用研究开展深入的分析,也可能采取案例研究形式。三是描述对于投资者的意义。四是诊断测验和测验结果分析,以提供一种能帮助读者了解容易发生哪种偏误的工具。五是对管控每一种偏误的影响提出建议,目的是让影响降至最低。

第三章 第一种执念偏误：认知失调偏误

最要紧的是：你必须对自己忠实，正像有了白昼才有黑夜一样；对自己忠实，便不可欺骗他人。

——莎士比亚（Shakespeare），见《哈姆雷特》（*Hamlet*）：波洛尼厄斯（Polonius）对雷欧提斯（Laertes）说的话

偏误描述

偏误名称：认知失调偏误
偏误类型：认知偏误
子类型：执念偏误

概 述

当获得的新信息与已有的认知相冲突时，人们通常会感到精神上的不适——这种心理现象被称为认知失调。在心理学上，认知代表态度、情绪、信念或价值观。认知失调是指当相互冲突的认知交织在一起时，所出现的一种失衡

状态。

"认知失调"这一概念包含了当人们拼命想要协调认知,以缓解精神上的不适时所出现的反应。举个例子,某消费者购买了某个品牌的手机,起初认为这是市面上能买到的最棒的手机。但是,如果消费者又看中了另一款推荐的手机,便会形成一种新的认知,这时就出现了失衡。当消费者试图缓解可能买错手机所造成的不适感时,认知失调便发生了。消费者会极力说服自己买到的手机比后来推荐的那款更好,以逃避最开始的购买行为所造成的精神上的不适。其实,他在坚持自己是对的这一信念。从这个意义上来说,认知失调偏误可以视为这一篇所探讨的所有执念偏误的基础,也是对同一主题从多元视角的切入。

认知失调偏误的例子

抽烟是认知失调的一个经典例子。尽管大家普遍同意吸烟会导致肺癌和心脏病,但其实每一个抽烟的人也希望自己健康长寿。根据认知失调理论,既希望自己长寿,又去做很有可能缩短寿命的事,这就是一种失调。但是,通过否认抽烟会导致肺癌和心脏病这一事实,或者因为吸烟能减轻人的压力或带来其他好处,而把吸烟想得名正言顺,就可以减轻上述矛盾的想法所造成的紧张感。抽烟的人会认为,只有一小部分烟民会生病(反正不是自己),而这种事只会发生在一天抽两包烟的"老烟枪"身上,况且不一定是抽烟害死他们的,所以抽烟没什么大不了。染上烟瘾之后,不仅"老烟枪"会发生认知失调,连刚学会抽烟的人也很容易出现上面第二种想法。

这种认知失调还可以从对自认为的形象造成威胁来予以解释。[1] "我正在增加自己患上肺癌的风险"的想法,与"我是一个能做出优秀决策的聪明而理性的人"的信念是失调的。通常来说,找借口要比改变行动来得容易,所以认知失调理论给出的结论是,人有时喜欢找借口,而非始终能保持理性。

对于投资者的意义

投资者和其他人一样,在做决策这件事上有时很挣扎。他们常常会为在最

---

[1] James Montier, *Behavioral Finance: Insights into Irrational Minds and Markets* (West Sussex, England: John Wiley & Sons, 2002).

重要的投资,尤其是那种最终失败了的投资上所做的决策拼命找借口,而且表现出这种特质的人还有可能在抛掉已无法提供足够回报的资产一事上拖拖拉拉。在上面两种情况中,认知失调的影响都会让投资者无法理性行动,而且在某些情况下,会造成投资者没有按照节税目的及时割肉,并在机会初露头角时重新建仓。进一步来说,可能更重要的是,想维护自尊的心理需求会导致投资者不愿从自己的错误中吸取教训。为了缓解投资者认为无法同时实现两种目标——自我验证和承认曾犯下的错——所造成的失调,他们往往会将自己的失败归咎于运气不佳,而非决策糟糕。显然,那些没能把握住从过去的错误中吸取教训的机会的投资者,很有可能再次犯错,重蹈焦虑、不适、失调再抵赖的覆辙。

选择性感知(为满足某种需求而发生的信息扭曲,进而造成决策偏误)和选择性决策(一种非理性冲动,以达到某种特定结果,目的是验证先前所做的决策)会对投资者造成明显的影响。专栏 3.1 阐释了由认知失调偏误所导致的错误投资的 4 种行为。

专栏 3.1　认知失调偏误:会导致错误投资的行为

1. 认知失调会导致投资者死抱着本该抛掉的亏损证券头寸不放,因为他们想躲避承认自己做了一个糟糕决策所带来的精神上的痛苦。

2. 认知失调会导致投资者继续投资一只自己正在持仓但趋势已出现下降(是平均收益下降)的证券,为的是证明自己之前的决策是对的。这造成了在继续投资这只证券时,并没有客观理性地重新判断这一笔新的投资。针对这种情况,有一句俗语:"好钢没用在刀刃上。"

3. 认知失调会导致投资者做出从众行为;也就是说,投资者一开始会无视与之前决策相冲突的信息(认知失调),直到这种冲突信息越来越多,最终导致投资者纷纷做出与先前决策背道而驰的集体行为。

4. 认知失调会导致投资者相信"这次情况会不一样"。那些在 20 世纪 90 年代末抢购已经涨到天上、价格严重高估的成长股的投资者,曾对如下事实视而不见:购买那些贵得离谱的股票根本实现不了超额回报。现实情况是,许多股价曾涨到天上的公司,现在的市值与峰值相比不值一提。

我会犯认知失调偏误吗？

接下去的测验会先给出一个场景，以揭示会造成人容易犯认知偏误的一些因素。

认知失调偏误测验

场景：假如你最近新买了一辆A品牌B型号的车。你对能买到这辆车很高兴。有一天，你的邻居看到你在路边擦洗自己的爱车，然后聊了几句："哇，这辆车真棒！我知道这个型号的车。但你知道买Y品牌Z型号的车（该型号与A品牌B型号的车很像）免费送导航系统吗？"

你一开始被说蒙了。你之前并不知道这件事，直到听邻居说起才知道买Z型号的车会送导航系统。送你肯定要啊。你可能怀疑，买B型号的车是不是买错了？然后你又开始怀疑自己。在邻居离开后，你回到了自己的房子里。

问题：你接下去最有可能采取哪种行动？

a. 你立即走到自己的书房里，翻阅各种消费杂志，看看到底该不该买这辆B型号的车。

b. 你继续洗车，心里想："如果我能重新再买一次，可能就买Z型号了。但即便现在这辆车没有导航系统，我还是挺满意的。"

c. 你考虑对Z型号的车再做一番了解。然而，思考之后，你决定还是算了。买车是件大事，自己现在已经很开心了——如果发现自己的购买行为出问题了，会让自己很纠结。还是忘了刚才那件事，继续享受自己的爱车吧。

测验结果分析

如果你的答案是"c"，表明你可能存在认知失调。接下来会对如何应对这种偏误给出建议。

投资建议

现在要给出的投资建议主要是预防性的。投资者如果能识别出行动中的认知偏误并防止它造成犯错，就会变得更优秀。特别要注意的是，有3种对认知偏误的常见反应可能对个人财务情况产生负面影响，所以应尽量避免：

1. 修正信念；
2. 修正行动；
3. 修正对相关行动的感知。

首先，修正信念。可能消除行动和信念之间失调的最简单的办法，就是直接改变相关的信念。不过，如果需要改变的原则对你很重要，那这么做就不太可能了。人们骨子里的信念可能坚不可摧，比如不可能天天去调整自己最基本的道德观。

然而，投资者为了消除认知失调，有时会选择从最容易改变的地方下手（尽管在金融学中，修正信念的做法是上述3种应对策略中最罕见的）。举个例子，如果难以做出的行动是"抛掉不太可能回本的亏损投资"，那么投资者会根据"不把这笔投资抛掉也行"的想法，编个理由，为的是消除认知失调，让自己能继续持有这只股票。但是，这种行为显然不利于自己的财富。在这种情况下，先根据节税目的割肉，然后择机建仓，才是最合理的做法。

其次，修正行动。如果你意识到自己需要做出与某种已有的信念相冲突的行为时，就可能对自己要做的决定注入恐惧和焦虑感，为的是不利于自己在将来再做出相同的行为。然而，这种"不利感"往往是投资者不该形成的错误感受。可以训练自己几次，接受做出"被禁止的"行为所产生的痛苦感。

但是，投资者可能很轻易就放大这种"不利感"。例如，在必须割肉的情形中，个人投资者一想到真的要亏钱了，便会焦虑万分。正确的做法仍是先出于节税目的割肉，然后择机建仓。即便是最优秀的投资者在面对这种情况时，也是这么做的。

最后，修正对相关行动的感知。这是一种更难的缓解认知失调的办法，为的是让所有你觉得与信念相冲突的做法都说得过去。例如，虽然你觉得不该去打自己的狗，但它实在不听话，该打，所以你觉得自己这么做也没错。使用这种办法的人会将所有造成当前精神不适的行动放到一种新的境况中，这样行动就不再表现得与某些具体的信念不一致了

投资者可能为继续持有亏损投资找这样的借口："我其实现在不急着用钱，所以我不会抛掉它。"而这只是想要消除认知失调的一种说辞。这种理由通常会导致次优投资结果。

第四章　第二种执念偏误：保守性偏误

要做到毕生都能投资成功，并不需要拥有超常的智商、非凡的商业洞察力或内幕消息。所需要的是一个合理的决策思维框架，并且能让它不被情绪所破坏。

——沃伦·巴菲特（Warren Buffett）

偏误描述

偏误名称：保守性偏误

偏误类型：认知偏误

子类型：执念偏误

概　述

保守性偏误指的是人们坚持先前的看法或预测，不愿意承认新的信息这样一种心理活动。举个例子，假设投资者得到了一些关于某家公司收益情况的坏消息，而这些消息与上个月刚发布的收益预测截然相反。保守性偏误可能导致投资者对新的消息反应不足，对这家公司的印象仍停留在先前发布的收益预测水平，而不是按照最新的消息采取行动，也就是投资者仍固守先前的信念，不愿意承认新的信息。这是上一章所讨论的认知失调的另一种形式。

保守性偏误的例子

詹姆斯·蒙蒂尔(James Montier)是《行为金融学：洞察非理性投资心理和市场》(Behavioral Finance: Insights into Irrational Minds and Markets)[1]一书的作者，并担任 DKW 投资银行伦敦分部的分析师。他在行为金融学领域做出了一些非凡的工作。虽然他主要研究的是整体股票市场，尤其关注证券分析师的行为问题，但下面所介绍的概念也可运用于后续将讨论的个人投资者情形。

在评析保守性与整体证券市场之间的关系时，蒙蒂尔指出："股市会表现出对基本面信息——如股息停发或首次派发，以及盈利报告的发布等——反应不足。例如，在美国，在盈利报告发布后的 60 天里，盈利情况最好的股票仍会比市场整体表现足足高出 2%，即使在报告发布之前的 60 天里，其表现已经超出市场 4%~5%。"

在论及证券分析师的保守问题时，蒙蒂尔写道：

人们喜欢死抱着之前的观点或预测不放。一旦摆明立场，大多数人会发现很难再改变自己的看法。即便要改变，行动也极其缓慢。心理学家将此称为保守性偏误。图 4.1 展现了分析师的预测中所存在的保守问题。我们将营业收益数据和分析师的预测都按照时间趋势用线条画了出来。稍微看一眼就能发现，分析师其实最擅长做的是告诉你刚刚发生的情况。他们把宝都押在了自己的预测上，只有当这种虚假被事实彻底揭穿后，他们才会做出改变。[2]

这是行为中存在保守性偏误的一个明显的证据。蒙蒂尔的研究记录下了证券分析师们的行为，但他所观察到的倾向也完全能套用在个人投资者身上，因为他们也需要预测证券价格，而且会在得到新的信息后，仍坚持之前的预测。

---

[1] James Montier, *Behavioral Finance: Insights into Irrational Minds and Markets* (West Sussex, England: John Wiley & Sons, 2002).

[2] James Montier, "Equity Research" (research report, Dresdner Kleinwort Wasserstein, 2002).

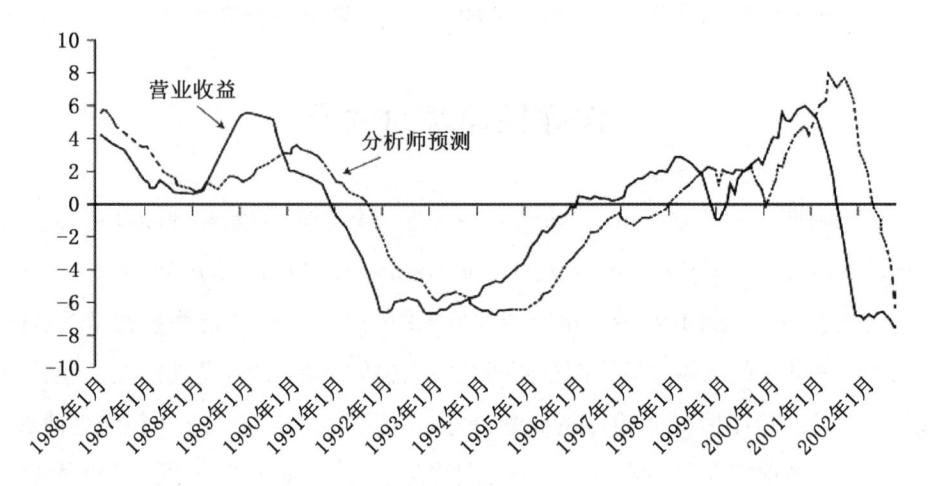

图片来源：Dresdner Kleinwort Wasserstein，2012。

图 4.1　蒙蒂尔所观察到的分析师固守自己之前的预测

对于投资者的意义

投资者也往往更关注预测的结果，而不是实际反映最新情况的新数据。由于投资者会"卡在"先前的信念中，所以有时无法对有关自己投资的更新信息采取理性的行动。专栏4.1列出了由保守性偏误所导致的错误投资的3种行为。

专栏4.1　保守性偏误：会导致错误投资的行为

1. 保守性偏误会导致投资者固守某种看法或预测，即便看到新的信息，也无动于衷。举个例子，假设某个投资者知道有家公司正准备宣布一种新产品，因此购买了该公司的股票。但不久，这家公司告知，在将产品推向市场的过程中碰到了一些问题。此时投资者可能仍坚持对这家公司最初的乐观印象，觉得它很快将迎来大发展，而没有对悲观消息采取行动。

2. 即便存在保守性偏误的投资者对新消息有所反应，往往也很慢。举个例子，如果投资者持有的股票发布了盈利情况不佳的消息，保守型行为投资者的抛售会比别人慢一拍。投资者先前对这只股票的看法，比如公司发展前景不错，可能会在他的脑海中挥之不去而产生很大的影响，造成在该抛掉这只股票时表现得太保守了，出现无谓的亏损。

3. 保守性与难以处理新消息之间关系很大。由于人们在面对复杂数据时会承受精神压力，因此最简单的办法就是直接坚持已有的观点。举个例子，如果一位投资者是由于相信某家公司正蓄势待发而购买了其股票，那么当这家公司宣布了一系列可能影响其成长且难以解释的会计处理上的变化时，他很有可能对这件事不以为然，而不是试着去解读一下。显然，坚持之前的观点，相信这家公司会大展宏图，才是更容易的做法。

我会犯保守性偏误吗？

接下去的诊断测验可以帮助你揭示出关于保守性偏误的一些迹象。

保守性偏误测验

问题1：假如你住在马里兰州的巴尔的摩，你做了这样一个预测："我认为今年冬天会下雪。"又假设到了2月中旬，你发现根本没下过雪。这时，你对这种情况会做出哪种自然反应？

a. 接下去一段时间会下很多场雪，所以我的预测应该还是对的。

b. 接下去一段时间可能下几场雪，不过我的预测或许错了。

c. 我的经验告诉我，之前的预测可能是错误的。整个冬天已经过去得差不多了，所以下雪量加在一起或许也算不上什么。

问题2：当你最近听到对你所做投资的价格可能不利的消息时，你会做出的自然反应是什么？

a. 我会无视这种消息。因为我已经做出这笔投资了，我很肯定这家公司会成功。

b. 我会重新评估当初买这只股票的理由，但我还是可能继续持有，我通常会坚持自己一开始看中的公司。

c. 我会重新评估当初买这只股票的理由，然后根据对所有情况做出的客观思考来决定下一步该怎么做。

问题3：当公布的消息可能对你所持有的证券的价格不利时，你对此反应有多快？

a. 通常我会先等待市场对这一消息怎么看，然后才决定该怎么做。

b. 有时我会先等待市场对这一消息怎么看，但其他时候，我会立即采取行动。

c. 我会立即采取行动。

测验结果分析

对上面任何一道问题选择"a"或"b"的人，都有可能犯保守性偏误。

投资建议

由于保守性偏误是一种认知偏误，因此接受一些建议或信息通常能消除或减轻其影响。特别重要的一点是，投资者首先必须避免死守先前的预测，一定要对新的信息果断做出反应。但也不是说投资者在没有对情况进行仔细分析的情况下，就鲁莽地做出反应；而是当最合理的行动方式明确了以后，就应该毫不犹豫地坚决执行下去。另外，当投资者尝试去解读那些他们难以理解的信息时，应当寻求专业的建议；否则，他们有可能错失良机。

当面对新的信息时，问一问自己：它会如何影响我的投资组合？它真的会打破我对投资组合表现的预测吗？如果投资者能诚实地回答这些问题，那么就能处理好保守性偏误。识别出保守性偏误可以防止投资者做出糟糕的决策，投资者需要对自己可能表现出的守旧倾向以及对值得关注的新趋势反应迟缓，始终保持警惕。

第五章　第三种执念偏误：确认偏误

肯定比否定更能让人感动和激动，这是人类思维中独特而永恒的错误。

——弗朗西斯·培根（Francis Bacon）

偏误描述

偏误名称：确认偏误

偏误类型：认知偏误

子类型：执念偏误

概　述

确认偏误是一种选择性感知，指的是只关注能证明自己信念的观点，轻视一切与信念相矛盾的想法。举一个很典型的例子，人们在购买了一件心心念念的东西（比如电视机）之后，会再去商场里看看一模一样但价格标得更贵的电视机，为的是证明自己买对了。根据第三章讨论过的认知失调，这种行为是我们试图解决因自己可能做错决策而造成的失调所导致的。

还能用另一种方式来描述这个现象，可以将确认偏误理解为我们本能地去相信自己愿意相信的事情。我们会过分看重能带来我们想要的结果的事情，轻视会造成冲突的事情。政治性电视频道就是一个很实际的例子。有些频道会宣传共和党的理念，而另一些频道会宣传民主党的理念。观众几乎不会去看另一个党派的频道所宣扬的观点。我们只会去"听我们想听的"。

确认偏误的例子

我们探讨一下员工喜欢过度集中持有自己公司的股票，来理解什么是确认偏误。对于这种情况，员工可能给出的理由是：公司正在发生值得期待的"大事"。安然（Enron）、世界通信（WorldCom）、雷曼兄弟（Lehman Brothers）和贝尔斯登（Bear Sterns）（在 2008—2009 年金融危机爆发时期）的许多持股者可能当时就在赌这些公司正要迎来一轮强劲发展——要是这些投资者真能洞悉很快将发生在他们身上的"大事"该多好！当员工们纷纷持有自己公司的股票，对公司的股价叫涨声一片、听不到什么反对声音时，一些不祥的迹象就很容易被忽视。接下去将详细回顾一个 20 世纪 90 年代初的案例。在这个故事中，科技巨头 IBM 的经历非常具有警示意义。

在 20 世纪 90 年代初，IBM 的许多员工相信自己公司的 OS/2 操作系统会成为行业标杆。他们并不把那些不利信号当回事，其中就包括微软公司 Windows 操作系统的竞争。IBM 的员工纷纷持有自己公司的股票，满心期待 OS/2 的表现能推动公司迎来一轮大发展。1991 年，IBM 的股价达到了经拆股调整后的峰值 35 美元/股。但在接下来的两年里，IBM 的股价一路下滑至 10 美元。直到 1996 年末才又回到 35 美元。在这 5 年的下跌期间，IBM 的员工对公司股票不离不弃，就像知道会有好事发生，"肯定"能让 IBM 东山再起。甚至有些员工推迟退休。但不幸的是，为了能翻身，IBM 还解雇了一些员工。最终结果是，OS/2 导致许多人的财富蒸发。甚至对有些人来说，这个失败的操作系统造成了他们的失业。这是关于行为中的确认偏误的一个经典案例。

投资者有时会无视自己公司股票的下跌风险，只关注它的上涨潜力。为什么会这样呢？在上面的案例中，确认偏误对 IBM 员工的行为产生了显著影响。这造成他们只接受能支持自己对 IBM 美好愿景的信息，而没有把微软所造成的日益加剧的竞争当回事。这导致 IBM 的员工在公司股价下跌时遭受亏损。只有少数能在 5 年的动荡期里坚持下去的员工,才有机会最终实现盈利——但请记住,历史告诉我们,大多数投资者会在这种情况下出现"恐慌"。

对于投资者的意义

所有玩过扑克牌的人都很清楚确认偏误会造成不利影响。假设你在一场牌局中赢面很大,恰巧手握 3 张 K。这时你的对手加注,你肯定很乐意跟随他。你根本没去管翻开的牌是什么。你手上的牌告诉你"不可能输"。你都没发现对手翻开的是一把红桃同花顺。到了一决胜负的时候,你相当肯定这把会赢。你做了一次豪赌:摊牌。可惜,对手是一把同花顺,你还是输了。

上面以扑克牌举的例子里,很重要的一点是,你只"聆听"了能确认自己观点的信息,也就是手上握着一副好牌,却没有关注到对手的牌。只看自己手上的牌最终可能会赢;但是,你没有想过自己会输——即使在牌局中已经出现这种迹象,即对手可能想拿到红桃。虽然拿玩牌举例有些不妥,但道理很明显:人们只愿意相信自己想相信的东西,并会无视与此格格不入的事。这就是确认偏误的本质。

在金融界,确认偏误的影响几乎每天都能观察到。投资者往往不会承认对自己刚做的投资不利的事,即便这样的事越来越多。一个很经典的例子就是 20 世纪 90 年代末科技股爆发时,在互联网上信息栏里出现的情况。许多聊天室里的人会不断攻击那些对他们刚买进的科技公司发表负面意见的人。他们只愿意去寻找能证明自己观点的信息,而不会从其他投资者那儿收集对自己投资的公司有价值的洞见。

专栏 5.1 对确认偏误会导致的错误投资进行了总结。

专栏 5.1 确认偏误:会导致错误投资的行为

1. 确认偏误会导致投资者只去寻找能验证自己做某项投资时的观点的信息,而不会去了解可能与自己的观点相冲突的信息。这种做法会造成投资者对即将发生的情况——比如股票下跌——一无所知。

2. 当投资者沉浸于预先假定的"图景",比如股价突破 52 周高点,确认偏误往往会造成影响。这类投资者只会利用能验证自己观点的信息。他们可能屏蔽能证明股价突破 52 周高点后不宜投资的信息。

> 3. 确认偏误会导致投资者过度集中持有自己公司的股票。正如 IBM 和其他案例所表明的,有关公司前景的内部传闻并不能作为员工持有公司股票的正当理由。人们会本能地过分看中能证明他们所在公司有前途的事。
>
> 4. 确认偏误会导致投资者固守分散度不够的投资组合。投资者有时会沉迷于某只股票——并不一定是自己所在公司的股票。随着多年的加仓,这类投资者可能对某只股票仓位很重,最终造成投资组合的不平衡。他们只会一根筋地寻找能证明自己的投资会赚钱的信息,而根本不会听任何对此不利的消息。

我会犯确认偏误吗?

下面的问题是设计用来识别由确认偏误所导致的认知偏差。做该项测验时,选择最能代表自己反应的答案。

确认偏误测验

问题1:假如你在做了一番仔细的研究之后,投资了某只证券。现在,你正参加一场新闻发布会,会上说你所投资的公司的主要产品线可能出现了问题。然而,幻灯片上的第二幅图描述了一种该公司可能在今年晚些时候发布的全新产品。你会采取哪种自然的行动?

a. 我特别关注所宣布的新产品,并将做进一步研究。

b. 我特别关注公司产品线出现的问题,并将做进一步研究。

问题2:假如你在做了一番仔细的研究之后,投资了某只证券。之后这笔投资升值了,但不是由于你所预期的原因。(比如,你听到传言说这家公司将发布新产品,于是就买了这只股票;但之后是靠旧的产品线才让公司焕发第二春,并最终推动股价上涨。)你会采取哪种自然的行动?

a. 反正公司表现不错,我也无所谓。我买的股票能赚钱就行。这证明买这只股票是一笔好投资。

b. 尽管我心里很高兴,但我对这笔投资还是有些担心的。我得做些研究来验证这次建仓背后的逻辑。

问题 3：假如你决定投资一只全球新兴市场债券型基金。你在开展了仔细的研究之后，确定这笔投资能很好地对冲美元。在你做出这笔投资 3 个月后，你发现美元相对于这只债券型基金所包含的货币并没有贬值太多，不过这笔投资表现得似乎还不错。现在的情况与你所预期的不一样。你会有哪种反应？

a. 我就"随便它了"。投资表现好的原因并不重要，重要的是我做了一笔好投资。

b. 我会做些研究，试图搞明白为什么这只基金表现得这么好。这能帮助我决定是否应该继续投资这只基金。

测验结果分析

问题 1：选择答案"a"的人，说明他们更会去研究新的产品线，而不是有关旧的产品线的复杂问题，可能容易犯确认偏误。他们避开了可能可以验证——但重要的是，也有可能是推翻——先前投资这家公司的决策的信息。

问题 2：选"a"的人比选"b"的人更有可能犯确认偏误。选"a"的理由是只需要考虑公司近期的表现，但这也意味着他们不会去寻找可能与先前对这笔（假想）投资的看法相冲突的信息。"b"是更为经济理性的选项。

问题 3：同前面一样，选"a"说明容易犯确认偏误。在这道题中，"随便它了"意味着随便找一个借口，仅仅因为当前的情况恰好验证了先前的观点（"我做了一笔好投资"）。选"b"就需要再做些研究，这对存在确认偏误的人来说没什么吸引力，因为进一步研究可能挖掘出与先前的信念（"我做了一笔好投资"）相矛盾的信息。

投资建议

下述建议分别与专栏 5.1 中所列的 4 种问题相对应。

常见的确认偏误行为。要克服确认偏误，首先要做的第一步是识别出是否存在这种偏误。然后下决心去寻找与自己先前的投资决策相冲突——而不仅仅是验证——的信息，以进行有意识的弥补。但一定要记住，即便存在冲突的证据，也不一定意味着先前的投资没做对。相反，挖掘出所有可以获得的信息更有利于做出信息上更充分的决策。即便是计算得很周密的决策也有可能不尽如人意，但是，如果投资者能考虑到所有选项和情形，那么他们犯错的可能性就会小得多。

选择偏误。如果投资决策是根据一些已有的因素做出的——比如股价突破了52周高点的趋势，建议对决策从其他几种角度进行交叉验证。例如，对公司、行业或板块开展基本面研究，这样做通常能提供其他的信息维度。这有助于确保投资决策不是盲目地遵循一些先入为主的概念，而忽视了实践中应该考虑的东西。

公司股票。对不建议过度集中持有公司股票有很多理由。为了防止犯确认偏误，员工应当密切关注对自己公司发布不利消息的新闻发布会，并对所有竞争公司开展研究。不过很容易对关于自己公司的不利消息变得麻木，请记住："无风不起浪。"购买自己公司股票的员工，要当心警示信号或风险的爆发。

过度集中。公司股票并非唯一能让人过分沉迷的投资标的。对任何股票重仓的人都一定要记住，得找到一些对这只股票不利的数据。对于那些投资组合的集中度很高的投资者而言，尤其如此。

第六章　第四种执念偏误：代表性偏误

没有现成的模式可以套用，也不要去追逐新的管理风尚。到底哪种方式才能真正实现团队目标，要因地制宜。

——科林·鲍威尔（Colin Powell）

偏误描述

偏误名称：代表性偏误
偏误类型：认知偏误
子类型：执念偏误

概　述

在向生活经历学习时，人们会本能地按照客观情况与主观想法进行区分。当人们碰到一种与先前建立起来的分类法不相容的新现象时，会通过一种比较牵强的方式，将新现象硬塞进某一类别中，进而构建起自己对新事物的认知基础。通过将（往往）从相关或相似经验中形成的洞见捏合在一起，这样一种感知结构为处理新信息打开了方便之门。人的这种本能性的快速反应，成为安身立命的法宝。不过有时候，新的外部刺激会与人们已经归类好的因素很像——或者说，具有代表性。但实际上，它们之间根本没有可比性。在这种情况下，下意识的归类会造成假象，导致人们对新情况产生误解，而且我们今后在与其打交道时，这种偏见会始终挥散不去。

同样，人们会按照已有的想法，去赋予某种情况发生的概率，即使得出的结论从统计学角度看，根本站不住脚。举个例子，"赌徒谬误"指的就是人们普遍认为在赌博时很讲运势这一情况。然而，是主观的心理活动，而不是数学规律，才造成人们的这种感觉。从统计学来看，运势这种东西纯属无稽之谈。人们还喜欢相信研究者所称的"小数定律"，即认为小样本能准确代表整体样本。但是，没有哪种科学理论可以支持或验证这种"定律"。

代表性偏误的例子

本节将通过分析两个小案例，来展现投资者容易犯的几种代表性偏误。

第一个小案例：基本比率谬误

假设投资人乔治正在考虑扩大自己的投资组合。他在当地一家咖啡馆从自己的朋友彼得那儿听到了一个投资机会。谈话过程如下：

乔治：嗨，彼得。我的投资组合现在真的碰上麻烦了。我想找找有没有什么不错的长期投资机会。你有何建议？

彼得：好的，乔治，你有没有听说上周刚有一家叫 PharmaGrowth（PG）的医药公司首次公开发行（IPO）了？PG 现在可是一家炙手可热的新公司啊，应该是个不错的投资机会。PG 的董事长兼 CEO 之前是一家在科技股爆发时期表现不俗的互联网公司的掌门人，她现在又让 PG 大展拳脚了。

乔治：我没听说过这事儿。你再跟我具体讲讲。

彼得：行，这家公司是在网上推销一种用于治疗常见胃病的仿制药。它对消化和胃健康方面提供在线咨询，已经有几家华尔街公司将它家的股票评为"买入"级了。

乔治：哇，听起来真是个不错的投资机会！

彼得：是呀，我已经买入了。我相信它能让我赚上一笔。

乔治：那我也买吧。

乔治随即掏出手机，拨通了经纪人的电话，对 PG 下单了 100 股。

案例分析

在这个案例中，乔治觉得炙手可热的 IPO 就一定代表一笔不错的长期投资，这就是代表性偏误中的一种——基本比率谬误。许多投资者像乔治一样，相信在前期大肆炒作的 IPO 会成为一笔优秀的长期投资。但实际上，有大量的研究表明，IPO 最终转化成优秀长期投资的比例非常低。这种在投资者身上很常见的错觉，可能是他们在 IPO 热炒之后的几天里常常能赚上一笔造成的。然而，随着时间的推移，这类股票会偏离 IPO 时的价格，往往再也回不到最初的水平。

由于乔治并没有考虑到 PG 这只股票在长期很有可能是亏损而非盈利，所以说他忽视了统计概率。在许多投资情形中会发生这个问题。要搞清楚投资者是如何犯基本概率谬误的，有一种比较简单的办法。举个例子，把 A（比如一个叫西蒙的腼腆内向的人）归为 B 组（集邮爱好者）而非 C 组（开宝马的人）的概率有多大？要回答这个问题，许多人会专门评估 A（西蒙）能在多大程度上"代表" B 或 C？人们可能认为西蒙的腼腆似乎更能代表集邮爱好者，而非开宝马的人。但这种思维方式忽视了基本概率：从统计学上讲，开宝马比集邮的人要多得多。

同样，对乔治这位我们假想的投资者，也可以提出如下很现实的问题：A 公司（PG 这家在 IPO 时风光了一把的公司）归为 B 组（能成为优秀长期投资的股票）而非 C 组（无法作为长期投资的股票）的概率有多大？大多数投资者解答这个问题的办法依旧是，试图明确 A 所表现出来的特征在多大程度上代表了 B 或 C。乔治做出的判断是，PG 反映出优秀而非失败长期投资的特征。然而，得出这一结论的投资者忽视了这样一个基本概率事实：在 IPO 之后，失败的概率要比成功的概率大得多。

第二个小案例：样本量谬误

假设乔治第二周又去了那家他很喜欢的咖啡馆，这一次他碰到了自己的保龄球球友杰克。杰克对自己的股票经纪人赞不绝口，经纪人的公司聘请了一位分析师，这个人最近推荐的多只股票都大涨。谈话过程如下：

乔治：嗨，杰克，你好啊！

杰克：嗨，乔治。最近我可真不赖，在股市里狠狠赚了一笔。

乔治：真的吗？你有啥诀窍？

杰克：是这样，我的经纪人听取了公司里分析师的建议，买中了几只大牛股。

乔治：哇，那你买到了几只牛股呢？

杰克：我的经纪人在过去一个多月里，帮我买进了3只大牛股。每只股票到目前涨幅都超过了10%。

乔治：那可真棒。我的经纪人好像每给我推荐一只好股票，就会搭上一只烂股票。看来我得找你的经纪人聊聊了，她可干得强多了！

案例分析

上面的谈话属于代表性偏误中的另一种——样本量谬误。杰克对自己经纪人/分析师的成功率的描述，造成乔治做出了误判。虽然乔治颇为心动，但他的评价是根据一个很小的样本做出的；杰克所谈到的最近选中了几只牛股，说到底还得看后续的发展。乔治之所以会得出杰克的经纪人干得很棒这一结论，是因为杰克对经纪人和分析师表现的描述，似乎能代表这对成功组合所取得的成就。然而，乔治把杰克的话看得太重了，如果他能再多问几个问题，就会发现自己所得出的结论还考虑得不够充分。实际上，杰克很赞赏的分析师恰巧研究的是目前最火的行业，这位分析师所推荐的每一只股票都沾了板块行情的光。另外，杰克并没有提及自己的经纪人和分析师组合去年连着推荐了3只亏损股。因此，杰克和乔治各自的经纪人的能力只能说是不分伯仲。乔治的推理过程犯的就是代表性偏误中的样本量谬误。

对于投资者的意义

上面两种代表性偏误都会导致投资上的惨败。专栏6.1列举了几种存在基本概率谬误和样本量谬误的行为，都会损害投资者的组合。随后会从四个方面给出建议。

> **专栏6.1 代表性偏误的不利影响**
>
> **投资者犯样本量谬误会造成的不利影响举例**
>
> 1. 投资者在检查货币经理的投资记录时,很容易犯下财务方面的错误。他们会仔细研究过去几个季度甚至几年的表现,然后根据并不充分的统计数据,得出结论认为基金的表现应归功于货币经理优秀的资产配置和证券挑选能力。
>
> 2. 投资者在调查股票分析师的表现时,也会犯下类似的错误。例如,他们会关注某位分析师过去仅有的几次正确推荐,然后根据这一有限的样本,对该分析师的水平做出错误的判断。
>
> **投资者犯基本概率谬误会造成的不利影响举例**
>
> 1. A企业(假设叫ABC,是一家有着75年历史的钢铁厂,但目前在生产经营方面发生了一点困难)归为B组(有可能实现反弹的价值股)而非C组(破产企业)的概率有多大?为了回答这个问题,大多数投资者会试着去判断A在多大程度上能代表B或C。在这个案例中,如果一些报刊的头条正刊登近期破产的钢铁厂,那么就会造成ABC钢铁厂看起来更能代表C,进而有些投资者会认为最好抛掉它家的股票。然而,他们忽视了这样一个基本概率事实:能渡过难关或被收购的钢铁厂要远多于破产的。
>
> 2. AAA级市政债券A(由一个地处内陆、下属县存在种族隔离的城市发行)归为B组(风险级市政债券)而非C组(安全级市政债券)的概率有多大?为了回答这个问题,大多数投资者会再次试着去评估A在多大程度上能代表B或C。在这个案例中,债券A所表现出来的特征似乎更能代表B组(风险级债券),因为其下属的县让人觉得"不安全"。然而,该结论忽视了一个基本概率事实:从历史上看,AAA级债券违约的概率几乎为零。

我会犯代表性偏误吗?

下面的测验会帮助你确定自己是否容易犯基本概率谬误和样本量谬误。

代表性偏误——基本概率谬误测验

问题1：杰克以前在读大学时是校棒球队队员。从大学毕业后，他做了一名物理老师。杰克有两个儿子，都很有运动天赋。以下哪种情况更有可能发生？

a. 杰克在当地的一支少年棒球联合会球队执教。

b. 杰克在当地的一支少年棒球联合会球队执教，并且是当地垒球队的队员。

问题2：请看图6.1中的两组掷硬币结果。假设用到的硬币没有问题。请问你觉得哪一组结果更有可能发生？

图6.1　对样本量谬误的诊断：你觉得哪一组掷硬币结果更有可能发生？

测验结果分析

问题1：如果读者觉得"b"这个答案可能性更大，那么就有可能犯代表性偏误中的基本概率谬误。虽然杰克有可能既执教少年棒球队又是垒球队队员，但更有可能的情况是他只执教少年棒球队。

问题2：大多数人会觉得第一组结果更有可能，仅仅因为它表现得更"随机"。但实际上，这两组结果出现的可能性是一样的，因为每次掷硬币，正反面出现的概率都是五五开。因此，选择第一组结果的人有可能会犯代表性偏误中的样本量谬误（即所谓的赌徒谬误，或称小数定律）。如果一枚没有问题的硬币连着掷出6次正面，那么再掷一次，正面的概率仍是50%。然而，许多人觉得在掷硬币游戏中，正反面出现的次数应该差不多，如果连着掷出几次正面，那么意味着掷出反面也快了。这就是一种代表性偏误。当对小样本运用大数定律时，就会造成这种有偏估计。

投资建议

在样本量谬误和基本概率谬误中,投资者都忽略了从统计上最应考虑的信息,而只关心自己所认为的情形。代表性偏误是一种很常见的情况,接下去的建议试图解决投资者最容易犯的两种此类谬误:一种是基本概率谬误,另一种是样本量谬误。

对基本概率谬误的建议

在前面的内容中,已经展示了一种能有效解决基本概率谬误的方法。当你感觉自己可能要犯此类错误时,可以先停下来做一番分析:"A这个人(比如腼腆内向的西蒙)归为B组(集邮爱好者)而非C组(开宝马的人)的概率有多大?"

回想一下这个案例有助于你弄清楚自己是否对某种情形做出了误判。可能有必要再反思一下,多做一些研究以确定自己是否真的犯错了(比如,"集邮爱好者真的比开宝马的人还多吗?")。但最关键的是,这种思维方式要能帮助你做出更好的投资决策。

对样本量谬误的建议

在前面关于样本量谬误的案例(乔治和杰克)中,投资者可能仅仅根据基金过去3年的表现,就认定某位共同基金经理的水平很高。但如果我们把投资经理的考察数量扩大到几千人,那么仅仅研究过去3年的投资记录,就既可以说是反映了某个经理的运气,也可以说成体现了他的水平,是不是这样?我们来看一看这样一份研究。2016年,晨星(Morningstar)出版了一份对美国共同基金长期表现开展研究后得出的结论。[1] 这份研究在评估基金表现时,依据的是晨星对回溯期和持有期的几种专门的分类方法,所得出的结论也与同行大相径庭。这份研究还深入挖掘了回报率差异背后的原因。研究发现:有证据表明,基金的表现在短期内存在联动性。以股票型基金为例,其表现可归因于动力股敞口水平的不同,而非基金经理能力方面的差异。从长期来看,基金过去和未来的表现

---

[1] 参见晨星网站:www.morningstar.com。

之间并没有多大关系。对于任何一种基金,在大多数情况下,从表现最好的1/5中挑出一只未来能长期上涨的基金的概率,与从表现最差的1/5中挑出一只这样的基金的概率没有实质性差别。但曾经表现最好的基金的"存活率"要比表现最差的高。两者的差异会随着各自表现的时间跨度以及持有期限的拉长而加剧。总之,这份研究明确提出,长期投资者不能仅仅根据过去的表现来挑选基金,而是应该将对表现的分析同其他定量和定性因素——如基金的管理费、对投资的管控和管理团队的水平,以及资产管理公司的管理做法——结合起来。这种更全面的研究方式能够提高投资者的成功概率。

第七章 第五种执念偏误：控制幻觉偏误

可以说我并没有掌控事态，坦白而言，是事态掌控了我。

——亚伯拉罕·林肯（Abraham Lincoln）

偏误描述

偏误名称：控制幻觉偏误

偏误类型：认知偏误

子类型：执念偏误

概 述

控制幻觉偏误也是一种行为失调，指的是人们相信自己能控制或至少能影响事情的结果，但实际上根本做不到。在拉斯韦加斯的赌场里能看到这种心理学谬误五花八门的形式。有些赌场的庄家信誓旦旦地宣称，他们能掌控一对骰子掷出的随机结果。比如，在"掷双骰子"的赌场游戏中，有许多研究表明，当人们想要得到更大的点数或者在"关键"局里，就会掷得更用力。有些人在连着猜对几次掷硬币的结果后,会真的觉得自己"赌运不错";还有人说,如果被分心了,会导致自己在这种实际是统计随机的事情中的掌控力变弱。

控制幻觉偏误的例子

当出现控制幻觉偏误时,人们会觉得自己能对所处的环境施加更强的控制力,但实际并非如此。美国犹他州盐湖城威斯敏斯特学院的两位研究员安德莉亚·布赖因霍尔特和琳内特·达尔林普尔(Andrea Breinholt and Lynnette Dalrymple)对这种现象做出了优秀的研究。她们的一项题为"控制幻觉:运气发挥的作用"[1]的研究工作,揭示了人们常常会产生毫无根据的控制幻觉。

布赖因霍尔特和达尔林普尔通过观察两种常见的心理冲动——控制欲和相信自己是个幸运儿(将其作为控制变量)的交互影响,来研究受试者是否会犯控制幻觉偏误。有281名本科生参加了这项研究,在试验开始前,所有人要根据"控制欲"和"幸运儿"两种情况进行自我评价。受试者随后会参加一场网上模拟的赌博测试。他们被随机分入高参与度组和低参与度组,并且被随机分配一组降序结果和随机结果。

所有的受试者会用一副标准扑克牌里的4张牌,来玩14局"赌红黑"游戏。每一张牌在电脑屏幕上发出时都显示的是背面,受试者需要对手里的牌和电脑里的牌颜色是否一致进行下注。每位受试者一开始有50枚筹码。在每一局中,他们能下0~5枚筹码,猜对的人可以赢得相同数量的筹码;反之,猜错的人会被自动扣除相同数量的筹码。每一局输赢的概率都被调整为五五开。

被随机分配进高参与度组的受试者可以自己"洗牌"和"出牌"。在每一局中,他们还可以选择牌的颜色并决定下注的数量。在高参与度组的受试者选好牌的颜色后,电脑再翻牌。这样的过程重复14局。高参与度组的设计目的是让受试者充分感受到自己对赌局的掌控力。

在低参与度组中,电脑负责洗牌和出牌。受试者只能控制下注的数量,由电脑随机选牌来决定每局的结果。

---

[1] Andrea Breinholt and Lynnette A. Dalrymple, "The Illusion of Control: What's Luck Got to Do with It?" *The Myriad: Westminster College Undergraduate Academic Journal* (Summer 2004).

降序结果的设计目的是让受试者充分产生控制幻觉,能赢下前7局中的大多数。[1] 图7.1展示了一种降序结果的情况。

| 赢 | 赢 | 输 | 赢 | 赢 | 赢 | 输 | 输 | 赢 | 输 | 输 | 输 | 赢 | 输 |

资料来源:Andrea Breinholt and Lynnette A. Dalrymple,"The Illusion of Control: What's Luck Got to Do with It?" *The Myriad*:*Westminster College Undergraduate Academic Journal*(Summer 2004)。

图7.1 在"控制幻觉:运气发挥的作用"测试中,降序结果的一种分布

在随机结果组中,14局的输赢情况分布得更为均匀,目的是让受试者无法产生控制幻觉。

最后的结果是,高参与度组的受试者在每一局的下注数量都要高于低参与度组。另外,在低参与度组中,下注数量与分布结构特征(DFC)之间并不存在显著的函数关系;换句话说,被分配到降序结果的受试者与被分配到随机结果的受试者的下注数量,平均来说差不多。而高参与度组的情况则相反,DFC明显的受试者比DFC不明显的受试者下注更多。这一发现为通常所认为的控制幻觉现象提供了佐证。

这项研究清楚地揭示了行为中的控制幻觉偏误。投资者非常容易犯这种错误。

对于投资者的意义

专栏7.1罗列了4种由控制幻觉偏误所导致的错误投资行为。

> **专栏7.1 控制幻觉偏误:会导致错误投资的行为**
>
> 1.控制幻觉偏误会导致投资者在交易时很鲁莽。研究者发现,特别是线上交易者会觉得自己能掌控交易结果,但实际并非如此。最终造成的结果是,过度交易导致回报降低。

---

[1] Andrea Breinholt and Lynnette A. Dalrymple,"The Illusion of Control:What's Luck Got to Do with It?" *The Myriad*:*Westminster College Undergraduate Academic Journal*(Summer 2004)。

> 2. 控制幻觉偏误会导致投资者紧守着分散度不够的投资组合不放。研究者发现,投资者之所以会持有集中度很高的头寸,是因为他们很看重那些他们觉得能掌控其命运的公司。然而,所谓的"掌控"毫无根据,分散度不够会对投资者的组合造成损害。
>
> 3. 控制幻觉偏误会导致投资者使用限价订单或其他类似的手段,为的是感受一种虚妄的投资控制力。事实上,采用这些手段往往会造成投资机会溜走。更糟糕的是,他们会针对突然出现的套利价格,做出不必要的错误购买决定。
>
> 4. 通常来讲,控制幻觉偏误会导致投资者过度自信。(本书第十八章将详细探讨此类偏误会造成的严重问题以及相应的补救办法。)尤其是那些商业成功人士或者在自身专业领域颇有建树的人,会觉得自己做投资也肯定是一把好手。他们以为自己度个假就能顺带把事情搞定,但做投资完全是另一回事。

我会犯控制幻觉偏误吗?

下面的诊断测验能帮助你明确自己是否会犯控制幻觉偏误。

控制幻觉偏误测验

问题1:当你玩那种用掷骰子来拼运气的游戏——比如双陆棋、大富翁或掷双骰子时,你是否觉得亲自摇骰子的赢面更大?

a. 我感觉自己摇骰子,赢面更大。

b. 谁来摇骰子,对我来说无所谓。

问题2:当你的投资组合的收益上升时,你觉得主要应该归功于什么?

a. 我对于投资结果的充分掌控。

b. 既有我对投资的掌控,也有一些运气成分。

c. 纯粹靠运气。

问题3:打牌时,你是否觉得如果某一局是由自己来发牌,往往赢面更大?

a. 由我来发牌时,赢面更大。

b. 谁来发牌,对我来说无所谓。

　　问题4:你去买彩票时,如果彩票号码是你自己选的,而不是靠电脑随机选择,你是否觉得自己中奖的机会更大?

　　a. 我觉得自己选的号码,中奖概率更大。

　　b. 号码如何选,我觉得都差不多。

测验结果分析

　　问题1:那些觉得自己摇骰子比让别人摇骰子赢面更大的人,更有可能犯控制幻觉偏误。

　　问题2:那些觉得自己能掌控投资结果的人,有可能犯控制幻觉偏误。

　　问题3:这道题与问题1类似。那些觉得由自己来发牌时更能掌控结果的人,有可能犯控制幻觉偏误。

　　问题4:选"a"的人,表明他们觉得自己选号码比接受随机号码的中奖概率更高,有可能犯控制幻觉偏误。

投资建议

　　投资者可以根据下面4条建议来消除控制幻觉偏误对财务方面的不利影响。

　　1. 要明白投资成功是一个概率问题。想摆脱控制幻觉偏误,首先要做的就是跳出迷津,看清楚美国和全球资本活动有多么复杂。即便是最聪明的投资者也无法完全掌控自己的投资结果。

　　2. 要识别出并避开会触发控制幻觉偏误的情况。比如有一个村民每天晚上6点会吹喇叭,这样就没有大象来侵扰。那么吹喇叭真的能把大象赶走吗?可以根据这样的思路来分析投资,是否仅仅因为你刻意购买了某只股票,就能掌控它的走势或投资结果了呢?理性来说,有些事情之间的联系很明显是人们主观臆造的,而不是真有什么因果关系。不要让自己按照从逻辑上就能察觉出的主观想法,去做财务决策。

　　3. 了解一下对立观点。当你考虑做一笔新的投资时,先花点儿时间了解一下所有反对你做这笔投资的观点。问一问自己:为什么我要做这笔投资?有哪些会造成下跌的风险？我什么时候该抛掉？哪个环节可能会出问题？这些关键问题可以帮助你在做决策之前，先过一遍其背后的逻辑。

4. 做好记录。一旦你决定开展投资，避免犯控制幻觉偏误的一个办法就是坚持做记录，包括清晰地记录下每一笔投资背后的想法。另外，要记录下每一笔投资的一些重要特点，并着重分析你所明确的特点对于投资成功有何帮助。

如果你很想验证这4种习惯是否奏效，只需要看看大名鼎鼎的前富达麦哲伦基金（Fidelity Magellan Fund）经理彼得·林奇（Peter Lynch）就可以了。林奇是一位很认真的记录者，他在每一次投资机会中都会记录下自己对不同公司的看法。当我刚离开校园在波士顿[1]做分析师时，曾有幸拜访过富达的几位同行，并且在林奇先生的办公室见到了他。当时眼前的一幕让我倍感震撼。林奇有一间档案室，里面堆满了记录着密密麻麻信息的笔记本。他的办公室里遍地都是研究资料。他还希望自己的手下能和自己一样认真。每当有分析师要做推荐时，林奇都会要求他们交一份书面报告，上面要列明详细内容以及背后的思路。广大投资者都应该努力向这一标准看齐。

〔1〕 富达投资集团的总部位于波士顿。——译者注

第八章　第六种执念偏误：后见之明偏误

后见之明真奇妙。

——大卫·贝克汉姆（David Beckham）

偏误描述

偏误名称：后见之明偏误
偏误类型：认知偏误
子类型：执念偏误

概　述

简单来说，后见之明偏误就是心里涌动着这样的想法："我本来就知道。"这可能是执念偏误被叫得最多的一个名字。存在后见之明偏误的人会在某件事发生之后，觉得这件事能猜得到——但其实做不到。之所以会出现这种情况，是因为人们觉得自己能从纷繁复杂的各种可能情形中，轻而易举地捕捉到真实结果。因此，人们高估了自己预测的准确性。但这显然不是说人们无法做出准确的预测，而是说会马后炮地认为自己做的预测是对的。在有关投资——接下去会进行探讨——以及如政治、医学等不同领域的试验中，都发现了后见之明偏误。无法预测的事态会让人觉得很苦恼，被搞得措手不及实在令人尴尬。此外，人们会夸大记忆中对未来所做预测的准确程度，这是因为他们能理解实际发生的情况是怎么一回事，但这却造成了偏误。为了缓解事情的不可预测性所造成的不适感，人们会将业已发生的事想象成可以预见其必然发生。这种想法往往是由记忆的重构性所导致的。当人们在反思时，他们的记忆并不完全准确，此时他们会用自己愿意相信的情况来"弥合中间的沟堑"。一旦采取这种方式，人们可能就无法从过去的事情中学到经验。

后见之明偏误的例子

有许多人在投资领域观察到了后见之明偏误现象。他们看到人们会自欺欺人地以为自己原本就猜到了某些金融赌局的结果，但事实上，他们只是在事情发生之后才得出了如此通透的洞见。可能最典型的例子就是投资者对1998—2003年美国股市表现所做出的普遍反应。在1998年和1999年，没有人将高歌猛进的股指视为一个昙花一现的"泡沫"的征兆（即使他们有过这种担忧，也没有采取行动）。人们觉得回报率高于平均水平是再正常不过的事，但其实只需要随便看一下历史上的商业周期趋势就能发现这种情况不对劲。最终，20世纪90年代的这轮牛市戛然而止。但更令人痛惜的是，有些不明真相的投资者甚至还沉迷在自己的幻想之中："这次情况会不一样！"2006年的情形也如出一辙，当时我刚出版了第一本有关行为金融学的书，大多数人觉得住房会变成一种"不安全的投资"的想法简直匪夷所思，但一场将载入史册的金融危机正在酝酿之中。时至今日，大多数人才终于承认房贷泡沫、互联网股票泡沫以及那些遥远记忆中接连发生的崩盘，但终将又会将其遗忘。实际上，现在与大多数投资者聊天时，你能感觉到好像他们都预测到了房价的崩盘。2010年左右那场繁荣的覆灭似乎是"再明显不过"的事了，他们的说法是："当时我们就处在泡沫之中，难道这还看不出来吗？"犯后见之明偏误会导致很严重的后果，因为这会造成投资者对自己的预测能力盲目自信。如果未来依靠这种"能力"去做决策，结果会很糟糕。

对于投资者的意义

后见之明偏误对于投资者最大的意义可能是,能让他们在做决策时产生不合理的安全感。当投资者做出冒险行为或者将投资组合置于风险之下时,就能观察到这种偏误。专栏 8.1 罗列了一些由后见之明偏误所导致的错误投资的常见行为。

专栏 8.1　后见之明偏误:会导致错误投资的行为

1. 当一笔投资升值时,存在后见之明偏误的投资者会重新组织自己的记忆,描绘出一幅上涨图景,就好像自己已经预测到了这一切。假以时日,这种想法会促使投资者去冒险,因为他们形成了后见之明偏误,开始相信自己在预测方面具有超能力,但事实上并非如此。科技股泡沫的破灭就是这种偏误所造成影响的一个例子。

2. 存在后见之明偏误的投资者还会"改写历史",既不能直视,也不愿意梳理之前错误的预测,为的只是缓解窘迫感。这种自欺欺人的做法在某些方面与认知失调很像,会造成投资者无法从自己的错误中学到经验。在 20 世纪 80 年代早期发生过一个这种偏误的经典案例,当时能源股的收益占到标普 500 总体收益的 20% 以上,许多投资者对这场盛宴趋之若鹜。但到了 20 世纪 90 年代,能源股泡沫破灭了,这批人都亏得血本无归。但现在他们中的多数人由于后见之明偏误的原因,不愿意承认当时所做的判断中充斥着投机狂热。

3. 存在后见之明偏误的投资者会在基金表现不佳时,将问题都推到自己的货币经理头上。回顾证券市场的走势,这类投资者会觉得一切都是可以预测到的。所以,值得信赖的经理又怎么会被市场弄得措手不及呢?但现实情况是,即便是能正确实施自己策略的顶尖经理,也不可能纵横每一种市场周期。举个例子,在 20 世纪 90 年代末,小盘股价值基金经理曾广受批评。然而,这些人的管理能力其实并不差,只不过他们的投资风格在当时的情况下无法一展身手罢了。

> 4. 反过来,当基金表现优异时,后见之明偏误会导致投资者把货币经理想得太好了。后见之明偏误会造成他们没有看出基金的表现是由于货币经理的策略刚好踏准了市场节奏,或者只不过是运气不错。回想一下在20世纪90年代末,对积极成长型科技基金经理夸得有多厉害吧。

我会犯后见之明偏误吗?

下面的问题是设计用来诊断后见之明偏误会导致的认知偏差。在测验时,请选择最能体现自己反应的选项。

后见之明偏误测验

问题1:假设你做了一笔投资,然后上涨了,并且假设你做这笔投资的理由与推动其上涨的动力不是一回事。你可能会出现哪种自然反应?

a. 我不会去关心它表现优异的原因。只要能上涨,就意味着我投资做得不错,这能让我下一次做投资时更加充满自信。

b. 即使这只股票上涨了,我还是会关心一下自己觉得重要的因素这次没有发挥影响的原因。对于此类情形,我通常会反思购买股票的原因,并且会试图弄明白为什么这次买对了。归根结底,我觉得自己下一次做投资时还是谨慎些为好。

问题2:假设你做了一笔投资,然后下跌了。你对这种情况会出现哪种自然反应?

a. 通常来说,我不会觉得自己错了——如果一笔投资没有实现收益,很可能仅仅是由于运气不好。我会抛掉这只股票重新再买一只,而不是好好分析一下出错的细节。

b. 我会调查一下,弄清楚为什么这笔投资失败了。实际上,我对找出问题所在很感兴趣。我很看重投资决策背后的逻辑,所以我得留意一下发生这种情况的原因。

问题3:假设你正为自己的投资组合考察新的货币经理。你的财务顾问为你推荐了一位大盘股价值基金经理。为了考察这位经理的能力,你会采取哪种办法?

a. 我主要会看一下这位经理的投资记录,并与一些相关基准指数进行比较。我不太关心这位经理采取的是哪种策略,他所取得的成绩才是最重要的。如果回报水平能打动我,我就会选择他;如果查到的历史记录并不出挑,那就不考虑了。

b. 我会看一下回报水平,这当然很重要,但我还会再看一下这位经理所采用的策略,并试图搞清楚在我做调查的这段时间里,这位经理都做了些什么。如果对方是一名价值投资经理,那我会查一下比如2002年时他的表现——当时他也有可能蒙受了损失,但具体损失了多少呢?他投资了哪些公司?如果这位货币经理的策略很好,那更有可能打动我。

测验结果分析

问题1、2和3:由于人们几乎不会察觉出自己存在后见之明偏误,所以这种情况很难检验。做完上面测验的人很少会承认:"是呀,我就常常会说'我本来就知道'。"即使人们能够客观理性地诊断出自己会犯后见之明偏误,也不太可能大大方方承认。上面的诊断测验其实是为了找出能够揭示后见之明偏误的一些证据。在每一题中,选"a"这种理由的人要当心自己可能会犯后见之明偏误。

投资建议

同其他大多数偏误一样,要想克服后见之明偏误,需要投资者理解并承认自己身上有这种毛病。下面的一些建议可以帮助你更好地纠正后见之明偏误:

1. "改写历史"——对收益的预测。后见之明偏误会导致投资者觉得有些不错的投资结果是之前就可以预测到的。但想一下2008—2009年信贷泡沫的破灭,信贷膨胀所导致的危机曾让投资者的财富灰飞烟灭。许多投资者当时就说过这样的话:"我就知道那只股票会涨,我跟你说过的。"这对于高估自己的预测能力这种缺点是一条警示录。

2. "改写历史"——对亏损的预测。投资者需要认识到有很多人不愿意对糟糕的投资决策进行反思。然而,搞明白为什么投资会出错,对于洞悉市场、实现成功至关重要。无论结果是好还是坏,投资者都要认真检查自己的投资决策。

做一番自查能帮助你避免再犯同样的投资错误。

3. 不要将糟糕的表现都归咎到货币经理头上。投资者要明白,市场运行自有其规律,在某些时期,投资经理所参与的资产类别的表现相比其他的会差一些。但投资者要相信,真正优秀的货币经理无论市场环境如何,都会将自己完善而有效的投资风格坚持下去。他所要做的工作,就是将自己已经明确的投资策略开展下去。因此,他的学识素养很重要。在 21 世纪初,有许多成长型经理的表现不佳,但当时大批股票的价值处在下跌周期,所以这并不能证明成长型经理的能力不行。投资"优质股"(安全的大盘股)的经理也曾面临这种情况。

4. 不要因为表现不错就把货币经理想得太好。根据与上一条相同的逻辑,投资者不能因为货币经理所参与的资产类别恰好踏准了市场节奏,就被他所描绘的前景给迷住了。有大量投资经理虽然搭上了市场周期的顺风车,但仍旧没有达到基准水平。遇到这类经理就要避开。再提醒一次,货币经理的学识素养很重要。一旦投资者明白了经理在决定基金表现时所发挥的作用,后见之明偏误自然就能消除。

第三篇

信息处理偏误的定义与示例

在第三章到第二十二章,会对20种认知或情绪方面的行为偏误进行讨论。第三章到第十五章会先对两种认知偏误进行探讨。前面第三章到第八章中已经介绍了第一种认知偏误——执念偏误。而本书的第三篇(即接下去要学习的第九章到第十五章)关注的是第二种认知偏误——信息处理偏误。情绪偏误会留到第十六章到第二十二章进行讨论。

每一章会按照相同的体例来探讨一种偏误,目的是让读者更容易掌握。对每一种偏误,一是根据"认知"或"情绪"进行命名和分类,包括子类型(执念偏误或信息处理偏误)也做同样处理,然后对其进行概述。二是最重要的具体实际应用,在真实场景中展示每一种偏误会如何造成影响,又该怎样应对。实际应用部分会根据内容的不同做出调整,既可能对应用研究开展深入的分析,也可能采取案例研究形式。三是描述对于投资者的意义。四是诊断测验和测验结果分析,以提供一种能帮助读者了解容易发生哪种偏误的工具。五是对管控每一种偏误的影响提出建议,目的是让影响降至最低。

第九章 第一种信息处理偏误：心理账户偏误

娱乐业的存在独一份，而有好几个行业做的事与会计很像。
——戴维·莱特曼(David Letterman)，知名电视节目主持人

偏误描述

偏误名称：心理账户偏误
偏误类型：认知偏误
子类型：信息处理偏误

概 述

"心理账户"(mental accounting)的概念最早由芝加哥大学教授理查德·塞勒提出，描述的是人们会将自己的财产归入多个不可互相替代(不可互换)的心理账户，进而对经济活动进行编码、分类和评估。[1] 一个完全理性的人不可能

---

[1] Richard H. Thaler,"Towards a Positive Theory of Consumer Choice", *Journal of Economic Behavior and Organization*, 1(1980):39—60.

出现这种心理活动,因为它会导致人们从心理上对各笔财产进行归类,例如某笔财产的获得方式(通过工作、继承、赌博或意外之财等),或者打算对一笔钱怎么用(是用于休闲娱乐,还是购买必需品等),进而非理性地采取不同的处理方式。不管钱是怎么来的,或者你打算怎么去花它,钱本身没有差别。

在对心理账户的分析中,框架效应概念很重要。所谓框架效应,就是人们会根据所面临的周遭环境而改变对钱和投资的看法。塞勒对此做了一项试验[1],他向一组受试者每人提供30美元,并要求其做一个选择:要么把这笔钱存起来,且没有任何附加条件;要么赌一次掷硬币,赢了可以再得到9美元,输了则要从原先的30美元里扣掉9美元。结果有70%的人选择赌一把,因为他们觉得这30美元是一笔"意外之财"——好运降临到了自己头上,既不用辛辛苦苦地攒起来,也不用靠做苦工来赚辛苦钱。所以,为什么不拿这笔钱去找点儿乐子呢?说到底,这些受试者有什么输不起的呢?

第二组受试者面对的是一组稍微调整过的选择顺序。他们被直接询问:是否愿意赌一次掷硬币,赢的人得到39美元,而输的人只能得到21美元?或者,直接把30美元存起来,放弃掷硬币的机会。与第一组受试者相比,一个重要的区别就是,第二组受试者在一开始并没有先直接拿到30美元,这似乎让他们有些意外;也就是说,在试验刚开始,受试者要想最终拿到这笔钱,就必须先做一次选择。正如你所猜到的,第二组受试者的反应与第一组完全不同,只有34%的人选择了赌一把,即使他们所面对的经济结果与第一组其实完全一样。有时,人们创建心理账户是为了给那些似乎很有吸引力的行动找一个借口,但实际上,这么做并不聪明。又有时,人们也能从心理账户上获益,举个例子,将某笔钱作为退休金存起来,可以防止有些家庭将这笔钱过早地花掉。在本章接下去的内容中,将对这些概念进行深入的探讨。

实际应用

麻省理工学院(MIT)的市场营销学教授德雷森·普雷莱茨和邓肯·希梅斯特(Drazen Prelec and Duncan Simester)通过设计一个巧妙的试验,揭示了生活

---

[1] Richard H. Thaler, "Towards a Positive Theory of Consumer Choice", *Journal of Economic Behavior and Organization*, 1(1980):39—60.

中的心理账户偏误。[1] 在 20 世纪 80 年代，波士顿凯尔特人队迎来了一个属于拉里·伯德(Larry Bird)的辉煌时代,普雷莱茨和希梅斯特当时组织了一次对该队某场比赛的球票的密封拍卖。其中有一半的拍卖参与者被告知,无论谁赢得这次拍卖,都需要在 24 小时内以现金形式完成票价的支付。还有一半人则被告知,赢得竞标的人可以用信用卡支付。随后,普雷莱茨和希梅斯特对两组人的平均出价进行了比较。正如他们所预料的,用信用卡支付组的平均出价差不多是现金支付组的两倍。

这一试验揭示了人们在做财务决策时,会将钱归入不同的"账户"中。在这场球票拍卖中,参与者觉得现金比信用卡更值钱,但其实无论采取哪种支付方式,这笔钱最终都要从他们自己的口袋里掏出。人们可能将钞票归入"现金"(只能用现金支付)账户,同时将其他资金归入"信用卡"(只能用信用卡支付)账户。根据前文提到过的生命周期理论,现金可能更能代表"流动资产",而信用卡则可能代表了"未来收入",是两个相互独立的账户。显然,这种行为反映了之前分析过的另一种偏误:控制幻觉偏误。

对于投资者的意义

心理账户偏误是一种有着多种表现形式且根深蒂固的偏误,会给投资者造成形形色色的问题。所有问题的根源都是投资者根据资产类别,将资产放到一个个单独的"桶"里,而没有考虑不同资产类别之间可能存在相关性。特沃斯基和卡尼曼认为,人们很难处理好投资中的这种相关性,这造成了他们以一种金字塔形的层状结构去构建投资组合。每一层都有一个具体的投资目标,且相互之间都是独立的。举个例子,如果目标是守住财富,投资者就会瞄准低风险投资,比如去持有现金和投资货币市场基金,并主要依靠债券和派息股来赚取收益。而要想获得更高的回报,投资者就需要考虑风险更高的投资工具,比如新兴市场股票和打新股。要想降低风险,将不存在相关性的多种资产组合到一起是一个重要的思路,但在上面提到的金字塔形投资结构中,这一点常常被忽视。这就造成了此类投资组合中的不同头寸会出现相互牵制,最终得到的是一个次优甚至无效的结果。很多时候,人们都没有做到从某笔投资对组合的整体收益及风险

---

[1] Drazen Prelec and Duncan Simester, "Always Leave Home without It: A Further Investigation of the Credit Card Effect on Willingness to Pay", *Marketing Letters*, 12(1):5—12.

的影响的角度开展评估,而只看该笔投资所处的资产层级的近期表现。这种很常见的疏忽现象,正是由于心理账户偏误造成的。

专栏9.1罗列了由心理账户偏误造成的5种错误投资行为。但请留意,其中的内容并无法穷尽浩繁复杂的心理账户现象。在本章接下去的内容中,将对这5种很容易犯的错误逐一提供建议。

> **专栏9.1 心理账户偏误:会导致错误投资的行为**
>
> 1. 心理账户偏误会导致人们将自己的投资想象成可以放进独立的账户(或者说"桶")里。举个例子,大学奖学金和退休金可能就分属两种账户。然而,按照财务目标所设想出的不同账户,会造成投资者忽视分属不同账户的头寸之间的相互牵制或相关性。这会导致投资组合的整体表现只能实现次优。
>
> 2. 心理账户偏误会导致投资者对收入和资本升值的回报,做出非理性的区分。许多人会觉得有必要做好保本(即本金),而愿意把利息给花掉。这就造成有些投资者只看重收益流,而在这一过程中,不知不觉就损失了本金。举个例子,可以想象一下,一只回报率很高的债券型基金或者一只派息率很高的优先股,时常会因为利率的波动而造成本金的损失。心理账户会使得这类投资工具看起来颇具吸引力,但从长期来看,可能无法让投资者取得收益。
>
> 3. 当牵涉到自己所在公司的股票时,心理账户偏误也会导致投资者对财产区别对待。研究表明,当员工所参与的公司养老金计划中并不提供自家公司的股票这一选项时,他们在配置权益类品种和固定收益类品种时会更加均衡。而当有自己公司的股票这一选项时,员工往往会配置一些这类股票,余下的资金则会在权益类和固定收益类之间进行均衡配置。因此,当存在自己公司的股票这一选项时,对权益类的整体配置会过高,从而造成投资者的组合分散度不够。这时就出现了次优情况,因为投资者并未充分看清自己的投资组合所蕴含的风险。
>
> 4. 心理账户偏误会和锚定偏误一样,导致投资者出现"赌场盈利效应"(house money effect),即随着财富的增加而愿意去冒更大的风险。投资者之所以会以非理性的方式去做出实际上是理性的行为,是因为他们对不同来源的资金区别对待。存在偏误的财务决策当然会让投资组合内含隐患。(在本章的案例研究分析中,我们将学习有关"赌场盈利效应"的几个经典研究。)

> 5. 心理账户偏误会导致投资者不愿意抛掉曾带来丰厚回报,但随着时间推移已出现亏损的投资。在20世纪90年代的那轮牛市中,投资者对将获利留在账面上的做法习以为常,但当市场发生修正、大多数投资者的净值出现缩水时,他们仍不愿意在利润越来越少的情况下抛掉原来的头寸。时至今日,仍有许多人对当时没有获利了结而后悔不已。如果对90年代那轮牛市中的一些投资死扛下去的话,最终结果都是一文不值。

我会犯心理账户偏误吗?

下面的问题是设计用来诊断心理账户会导致的认知偏误。在测验时,请选择最能体现自己反应的选项。

心理账户偏误测验

问题1(第一小问):假设你打算在一家仓储式零售商店里购买一台平板电视,你所选中的型号标价750美元,正要掏钱时,你忽然注意到一张废弃的广告宣传单上印着相同的电视——但标价720美元。你拿起宣传单仔细看了看,发现活动仍然有效。但要享受到这笔折扣,你需要驾车约10分钟去另一家电子用品商店。你会开车去另一家商店,以享受更低的价格吗?

a. 会

b. 不会

问题1(第二小问):现在假设你还是在那家仓储式零售商店里,这次你要购买一张红木桌。红木桌售价4 000美元,你觉得可以接受。就在你排队付款时,你和一位去过另一家商店的顾客聊了会儿,她告诉你,她在另一家距此处约10分钟车程的家具店里也看到过相同的桌子,但只卖3 970美元。你会开车去另一家商店,以享受更低的价格吗?

a. 会

b. 不会

问题2(第一小问):假设你买了一张自己很喜欢的音乐家的音乐会门票。你欢欢喜喜地赶到音乐会门口,但突然尴尬地发现自己把门票放在另一件衣服的口袋里了。你之前买这张门票时花了 100 美元，而现在还有些类似的座位仍按这一价格在售卖。为了看这场演出，你有多大可能再花 100 美元买一张票呢？

a. 100％

b. 50％

c. 0％

问题 2（第二小问）：假设你没有提前购买音乐会的门票，准备到门口时再花 100 美元买张票。当你来到售票窗口时，突然一惊，你发现自己在乘地铁来看音乐会的路上丢了 100 美元。你旁边就有一台 ATM 机，所以你还是能取了现钞后买票。你有多大可能取了现钞后，再花 100 美元买票去看这场演出呢？

a. 100％

b. 50％

c. 0％

问题 3（第一小问）：假设你请了半天假去购买一台新的乘骑式割草机。你家有一个大院子，用你现在的手推式割草机除草实在太费时间了。你之前已经看中了 A300 型割草机，它能满足你对功能上所有的需要，价格是 2 000 美元。而你刚交了好运，昨晚在当地的一家扶轮社玩宾戈游戏赢了 500 美元。当你来到售卖割草机的商店时，你发现它还卖 A305 型割草机，这台机器有一些新的实用功能，外观也更好看。升级款售价 2 250 美元。考虑到你昨晚刚赢了钱，你有多大可能购买 A305 型割草机满足一下自己呢？

a. 100％

b. 50％

c. 0％

问题 3（第二小问）：假设在购买割草机这件事上，你的预算和需求同上一问题中的情况一样，你还是请了半天假去购买功能更简单但已够用的 A300 型。然而，假设你并没有在宾戈游戏中交上好运，而是在一件夹克的口袋里发现了一张 500 美元的支票。你想起这笔钱是妈妈去年给你的礼物，"是用来应付不时之需的"。你显然已经忘记之前把它放在夹克里了，现在才突然想起来。当你来到售卖割草机的商店时，又一次注意到了售价为 2 250 美元的 A305 型，它有着吸引人的新式除草功能。考虑到你刚发现了那张支票，你有多大可能购买 A305 型割草机呢？

a. 100%

b. 50%

c. 0%

测验结果分析

问题1(第一和第二小问):大多数人可能为了在电视机上省30美元而驱车10分钟,但不会为了在红木桌上省30美元而费这个精力。虽然在这两种情况下都能省30美元,但心理账户偏误绝不会让你这么看待问题。所以说,在第一小问中选择驱车10分钟省30美元而不愿意在第二小问中费这个精力的人,有可能犯心理账户偏误。

问题2(第一和第二小问):大多数人在第一小问中选择"不会",而在第二小问中选择"会",其实这两种情况是一样的:起初丢了100美元,还得再花100美元买票。心理账户偏误会导致人们觉得在第一种情况下,为了看这场音乐会总共花了200美元——买了2张票,每张100美元。相反,在第二种情况下,大多数人会觉得丢掉100美元和再花100美元买票,这两件事关系不大。从心理上讲,这两笔钱会分别记录在两个相互独立的账户中;也就是说,不会像在第一小问中那样记录下一笔高达200美元的亏损。事实上,在这两种情况下,为了看这场音乐会你都花了200美元。如果你愿意在第二小问中再花100美元买票,而不愿意在第一小问中这么干,那么就有可能犯了心理账户偏误。

问题3(第一和第二小问):大多数人会在第一小问中选择"会",而在第二小问中选择"不会"。人们愿意把从宾戈游戏中赢来的钱花掉,而不愿意把妈妈给的支票用在购买升级款割草机上。之所以出现这种情况,是因为大多数人在心里开设了账户。在这道问题中,心理账户会让人们对不同来源的钱赋予不同的价值。然而,钱本身其实是一样的。如果对第一小问和第二小问选择了两种不同的答案,就可能犯了心理账户偏误。

投资建议

下面的建议分别对应专栏9.1中所提到的5种错误投资行为。

需要指出的是,心理账户偏误是一种很常见的现象,几乎每个人都会以这样或那样的方式犯这类错误。但请记住，对投资者来说，心理账户有时是一种有益而非有害的认知机制。作为本章的结尾，这一节还会专门讨论心理账户有用的方面。

不同心理账户（"桶"）之间的相关性。要防止投资者按照分开的心理账户去看待他们的财产的最有效方法，就是要让他们看清被归入不同心理账户的投资事实上是如何联系在一起，并对组合的表现造成影响的。对高度相关的害处以及充分分散的益处开展一次透彻的讨论，应该能够有效克服此类问题。考虑到心理账户偏误也是一种认知偏误，因此进行一定的学习通常能消除这种错误。

将总收益放在第一位。要防止心理账户造成总收益的减少，最好的办法就是提醒自己，无论如何都要在配置过程中将总收益放在第一位。时常关注一下全球化配置的投资组合的最新表现——不要只看某一方面，比如本金或收益——就是一种可行的办法。随着投资者越来越重视总收益，他们可能会意识到心理账户活动过于频繁所存在的危害，进而偏误能自己消除。

公司股票和分散化。在五花八门的行为偏误中，投资者如何做好公司股票的分散是一个会反复出现的话题。心理账户也会产生这个问题。在本章之前的例子中，有些投资组合中的公司股票的比例过高，对此，投资者要明白更为均衡和分散配置的组合所具备的优势。任何股票的集中度过高都不是好事，但有时会突然发生各种行为偏误，导致投资者觉得只有配置了自己公司的股票才能安心，但这么做是非理性的。

赌场盈利效应。正如先前案例研究中所揭示的，赌场盈利效应是心理账户的一种表现，会导致人们随着财富的增加而愿意去冒更大的风险。这种偏误可能是本章讨论过的所有情形中危害最大的，但是进行一定的学习可以帮助投资者克服这一问题。投资风险警示以及对钱的无差异性的提示，可以消除赌场盈利效应。它会导致投资者随着财富的增加，边际效应递减。可以想一想，这种感受会令投资者觉得钱越来越没有价值。他们会认为现在是拿"捡来的"钱而不是自己的钱来玩一把。请记住，对许多人来说，赌博赢来的钱或者捡来的钱好像都能随便花。当投资者身上出现赌场盈利效应时，一定要记住这样一个道理：钱都是一样的——不管你把钱归到哪个心理账户中。

不愿意抛掉曾带来过丰厚回报的投资。在2000年到2001年科技股泡沫破灭的那段时间里，心理账户偏误现象随处可见。任何一个还记得这件事的投资者，都应该多多少少对这种偏误免疫。然而，可惜的是，有许多人容易犯健忘症。如果某家公司目前来看前景黯淡，但仍有机会对它获利了结的话，那么投资者就应当及时平仓。可能某笔投资过去曾让你大赚一笔，但仍要清醒地认识到，当前的运行趋势才是最重要的。有句话说得好："赚钱这件事儿可不会让你受伤。"

第十章 第二种信息处理偏误：锚定偏误

> 为了驶达港口,我们必须扬帆起航,有时是顺风,有时是逆风。但我们绝不能随波逐流,抑或抛锚停泊。
>
> ——奥利弗·温德尔·霍姆斯(Oliver Wendell Holmes)

偏误描述

偏误名称:锚定偏误

偏误类型:认知偏误

子类型:信息处理偏误

概述

当人们在没有任何提示的情况下进行估值时,通常会先随便设定一个初始值——一个"锚"——然后再根据新的信息和分析,对这个值进行上下调整。在对这个锚完成仔细调整和重估后,就会得到最终估值。有大量研究表明,不论最初的锚是如何选定的,人们之后都无法对其做出充分的调整,这就造成最终估值是有偏的。这个例子表明，人们往往更擅长估计相对值而不是绝对值。

假如有人问你，加拿大的人口有没有 2 000 万？你的回答要么是有 2 000 万，要么是不到 2 000 万。如果接着让你对加拿大的人口猜一个绝对值，那么你的估值很有可能在 2 000 万上下，因为你先前的回答会让你犯锚定偏误。

锚定偏误的例子

本章将通过探讨一个小案例并给出相应的阐释，以展现投资者可能犯的锚定偏误。

小案例：锚定偏误

假设爱丽丝买了 ABC 公司的股票。她是一个相当机敏的投资者，最近刚挖掘出了一些有关 ABC 公司的新消息。她现在的任务是对这些信息做出评估，以决定是对 ABC 股票加仓、减仓还是保持不动。爱丽丝在两年前以每股 12 美元买进了 ABC 股票，目前的价格是 15 美元。几个月以前，在 ABC 公司出人意料地宣布盈利高于预期之后，股价曾蹿升至 20 美元，当时爱丽丝考虑过逢高出货，但最终没有这么做。不幸的是，之后 ABC 公司的高管被指控存在会计造假行为，公司股价也随即下跌至 15 美元。目前，爱丽丝觉得虽然股价与高点时相比跌去了 25%，但她还是愿意再等等，待 ABC 股价回到前期的 20 美元高点时再抛掉。

爱丽丝学过会计，在做了一些研究之后，她得出结论认为，ABC 公司的会计处理方式确实存在造假，但并不是很严重。不过爱丽丝没法断定问题到底有多大，而且她明白持有 ABC 股票存在风险，但 ABC 公司确实是一家有前途的好公司。爱丽丝现在必须做出决定，一方面，她很肯定 ABC 公司存在会计方面的问题，而且她没法确定问题会发展到什么程度；另一方面，公司业务仍在稳步开展，爱丽丝想等到股价收复那跌去的 25%。接下去她该怎么做？

案例分析

大多数投资者碰到过类似的情形。他们买进了一只股票，之后这只股票先是上涨，然后出现下跌。投资者的内心会变得很纠结，此时必须对情况做出判断，决定到底该不该继续持有这只股票。理性的投资者会先考察一下公司的财务状况，对业务的基本面做出客观的评价，然后决定是加仓、持有还是抛掉。相反，有些非理性的投资者——即便也辛辛苦苦地做了上面这样的理性分析——还是会发生认知偏误干扰自己的判断。比如，案例中的爱丽丝可能非理性地不顾自己的研究结果，坚持以20美元为"锚"，拒绝抛售ABC股票，除非它又重新回到这一价位。这种反应就是一种非理性的行为偏误，应尽量避免。

对于投资者的意义

形形色色的投资者行为都表明很容易犯锚定偏误。专栏10.1中罗列了一些投资者和财务顾问都应当警惕的重要事例。

专栏10.1 锚定偏误：会导致错误投资的行为

1. 投资者对整体市场的预测，很容易受到当前点位的影响。举个例子，如果道琼斯工业平均指数（DJIA）目前的点位是10 500点，那么投资者对指数未来水平的预测范围有可能比历史波动区间要窄。比如，存在锚定偏误的投资者可能预测DJIA到年末收官时将处在10 000~11 000点，这与根据历史标准差所做的（理性）分析得出的绝对估值明显不同。

2. 投资者（和证券分析师）即便得到了有关某家公司的新消息，仍会死守着最初的估值不放。举个例子，假设一位投资者很肯定明年某家公司每股的预估收益为2美元，而之后这家公司出了点问题，那么他有可能不会对2美元这个数值做出充分的调整以反映这种动荡，因为他将2美元作为"锚"了。但这种现象并不仅限于向下调整的情形——同样也会发生在公司突然发布利好消息的时候。（在本章结尾，我们将学习一种利用这种思维的行为金融学投资策略，它在选择投资时很有用。）

3. 投资者会根据当前的收益水平，对某一类资产的上涨或下跌幅度做出预测。举个例子，假设道琼斯工业平均指数去年的收益率为10%，那么投资者就会根据这个水平对明年的情况开展预测。

4. 投资者对某些国家或企业的经济状况会犯锚定偏误。举个例子，在20世纪80年代，日本曾是世界经济增长的重要引擎，有许多投资者相信，它在接下去的几十年里仍将表现得如此强劲。但令他们失望的是，从20世纪80年代末起，日本的经济连续多年停滞不前。同样，IBM的股票曾连续几十年作为龙头股，有些投资者坚信IBM会永远是一只龙头股。但令他们失望的是，IBM并没能做到这一点。

我会犯锚定偏误吗？

本节将给出一个虚拟的决策问题，并讨论对这个问题的各种反应为什么以及如何反映是否会犯锚定偏误。

锚定偏误测验

场景：假设你决定卖掉自己的房子，换一套小一点的联排别墅，这套别墅你已经关注了好几年。其实你并不急着卖房子，但是相关的房产税每个月都在吞噬你的现金流，这让你觉得越快甩掉这个包袱越好。你的房产中介已经和你认识多年了，对你的房子标价 90 万美元——你听后大吃一惊。你在 15 年前买这套房子时只花了 25 万美元，90 万美元这个数字简直令人难以置信。你将房子在市场上挂牌，等了好几个月，却一直没有人来询问。有一天，你的房产中介打来电话，建议和你立刻见个面。等他赶到后，他告诉你 TechGrowth 这家 8 年前迁到镇上并在 IPO 时很风光的公司，刚根据《美国破产法》第十一章申请了破产。现在，有 7 500 人失去了工作。你的中介这一周都在和他的同事开会，他们一致认为当地的房产价格会整体下跌 10%。中介告诉你，你现在必须根据这一最新消息来重新决定自己这套房子的挂牌价格。你告诉他得考虑一下，然后尽快给他一个答复。

问题：假设你的房子无论是在质量上还是在销路上都处于平均水平。你最有可能采取如下哪种行动？

a. 你决定仍按 90 万美元的价格将房子在市场上挂牌销售。
b. 你决定降价 5%，标价 85.5 万美元。
c. 你决定降价 10%，标价 81 万美元。
d. 你决定降价至 80 万美元，因为你想要确保会有人来询价。

测验结果分析

倾向于选前两种答案的人，可能犯锚定偏误。请记住，这个地方的房产价格下跌了 10%。如果你想要卖掉自己的房子，那么显然必须降价 10%。然而，以 90 万美元这个数字为锚的话，会造成你不愿意对价格做出充分的调整。锚定偏误会削弱人们对新信息的反应能力,从而对投资活动产生严重的影响,对此应进行全面探讨。

投资建议

在探讨解决锚定偏误的具体策略之前,先指出一点很重要,而且可能让人眼前一亮,那就是实际上锚定偏误可以为我们所用。举个例子,在谈判时,锚定偏误可以成为一种有效的武器。有许多谈判专家建议,谈判的参与者在一开始可以把条件开得苛刻一些,他们认为谈判对手一旦以此为锚,就会受到影响,即便价格锚点定得很苛刻。如果谈判一方在一开始给出了一个价格或条件,那么另一方之后的还价就有可能反映出这个锚点。所以在谈判时,最好一开始开出的条件要比自己真正的心理价位苛刻一些(不过得注意尺度)。当向别人开出一组选项时,先描述自己最希望对方选择的选项。反之,如果是对方先开价,那么不该认为这一价格与可能的最终价格很接近。

从投资的角度来看,保持警惕是避免犯锚定偏误的最佳方式。投资者应当问一问自己:"我对情况所做的分析合理吗?还是说我接受了一个锚定价格?"在对市场或某只证券的方向或规模进行预测时,也可以问一问自己:"我的预测合理吗?还是说我以去年的数据表现为锚了?"毫无疑问,在采取这种做法之后,就能够根除在资产出售或配置中可能发生的锚定偏误。

最后,在考虑证券分析师所做的推荐时,应当开展深入的研究,并问一问自己:"这位分析师是否以过去的某种预测为锚,还是说他对公司业务的基本面情况所发生的变化做出了客观理性的应对?"投资专家也会受到锚定偏误的影响。事实上,有一种投资策略可以利用这种现象,我们将在下文中讨论。

进一步探讨:利用锚定偏误的投资策略

理解了锚定偏误的运作机制之后,事实上就可以将其作为一种成功的投资策略的基本原理。有些财务专家会利用从证券分析师身上所观察到的锚定偏误现象,即后者对不同股票的收益的上调(或下调),然后相应地进行买入(或抛售)。从行为金融学的角度来看,这种策略正是利用了证券分析师由于锚定偏

第十章
第二种信息处理偏误：锚定偏误

误,而对收益波动——可能在上涨过程中,也可能在下跌过程中——的幅度出现低估这样一种倾向。

正如前文所提到的,分析师是根据他们最初的预测来对收益情况做出上调或下调,而对这种现象可以加以利用。如果分析师参照的是之前所预估的收益,那么当收益上升时,投资者就有机会赚上一笔,因为分析师有可能低估了收益上涨的幅度。反之,如果分析师参照的仍是之前所预估的收益,那么当收益下跌时,投资者就有可能发生亏损。对于这种情况,最好是在收益第一次出现下跌时便立即抛售,因为分析师有可能低估了收益下跌的幅度。

总之,我们已经认识到需要当心犯锚定偏误,它会对我们的投资组合造成不利影响。同时,在某些情况下,比如谈判以及上面所探讨的投资策略,锚定偏误也可以为我们所用。

第十一章　第三种信息处理偏误：框架偏误

你最好把比萨切成四块，因为我还没有饿到能吃下六块的地步。

——约吉·贝拉（Yogi Berra）

偏误描述

偏误名称：框架偏误

偏误类型：认知偏误

子类型：信息处理偏误

概　述

框架偏误是指决策者会根据选项的不同描述方式（框架），对各种情况做出不同的反应。这种偏误会在许多情况中发生，包括文字类问题的不同表述方式、数据在图表中的不同呈现方式，以及图形的不同阐释方式。举个例子，请看图11.1，你觉得哪条线更长？

第十一章
第三种信息处理偏误:框架偏误

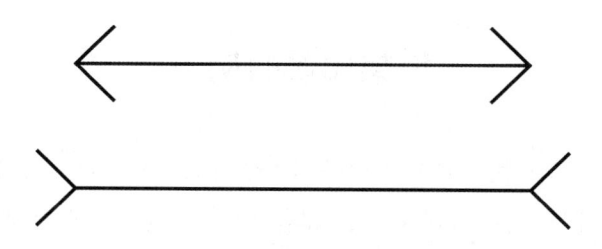

图 11.1　哪条线更长?

框架偏误会造成人们出现视觉上的幻觉,导致人们坚持认为下面那条线更长。图 11.2 对前面那幅图进行了复制,但这次在两端添加了垂线帮助判断。请再看一下哪条线更长?

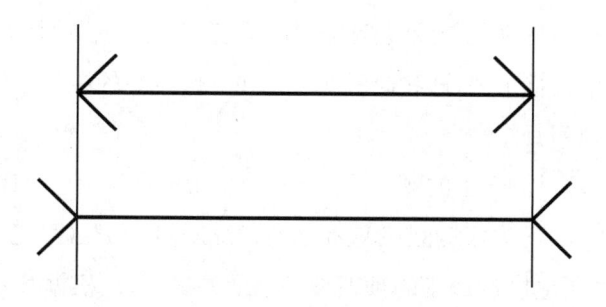

图 11.2　哪条线更长?

随着造成框架效应的"箭头"暗示被消除,显而易见,上下两条线其实一样长。

我们每天都会经历框架偏误,可以观察一下零售商是如何对他们的产品进行标价的。比如,有许多杂货店会对商品按打包的方式进行标价:"2 个卖 2 美元"或"3 个卖 7 美元"。

但是,这种打包做法并不意味着商家一定提供了折扣。标价"3 个卖 7 美元"的商品,可能按单个 2.33 美元的价格卖给你吗? 不太会碰到这种事。购物时会发生一种很基本的理性选择问题("我到底该买多少只橘子呢?"),精明的商家会试图设计一种能让自己获利的顾客购买方案。他们的定价策略会暗示顾客"橘子别一只只买,要买就 3 只一起买"。这其实就是利用了顾客身上的框架偏误。这种现象对投资的影响会在本章接下去的内容中进行探讨。

框架偏误的例子

投资者在决策过程中非常喜欢搭建一个框架。根据在上一节中给出的定义,我们现在可以运用新学到的框架偏误知识,去思考一个典型的投资者风险容忍度测试。它展现了框架偏误是如何在实践中发挥作用的,以及财务顾问应该如何对这种现象保持警惕。

假设一位投资者为了确定自己属于哪种"风险类别"而完成了一次风险容忍度测试。由于风险类别的测试结果将决定对受试者的投资组合采取哪种投资方式,因此投资者所选择的答案是高度相关的。在理想的情况下,问题的表述方式和结构设置——这些都是与投资者的实际风险容忍度无关的因素——不会对测试结果造成影响。接下去,让我们考察一下在一份典型的风险容忍度测试问卷中可能出现的题目。

首先,假定测试问卷上的题目是针对一个虚拟的证券组合 ABC。ABC 的存续期已超过 10 年,历史年均回报率为 10%、标准差为 15%(回忆一下学过的知识,标准差是对一笔投资每年的预期波动幅度的量化)。根据基本的统计学知识,ABC 的收益有 67% 会落在平均(或者说年均)收益的一个标准差之内。类似地,有 95% 的收益会落在平均收益的两个标准差之内,有 99.7% 的收益会落在平均收益的三个标准差之内。所以,如果 ABC 的平均收益是 10%、标准差是 15%,那么该证券组合所产生的收益中有 2/3 会落在 10%±15% 之内;换句话说,有 67% 的时间,ABC 的收益有可能处于 −5%~25% 这个区间里。相应地,ABC 的收益中有 95% 会处于 −20%~40% 这个区间里,有 99.7% 会处于 −35%~55% 这个区间里。

现在,想一想如下两个问题中的一个(而不是两个同时)出现在投资者风险容忍度测试问卷上。两个问题针对的都是 ABC 证券组合,试图在给定平均回报率、波动率等条件下,测量投资者对 ABC 组合的安全感。不过,这两个问题对情景的设定截然不同。你可以比较问题 1 和问题 2,试着想象一下,一个可能犯一些常见行为偏误的普通投资者会对每种情景做何反应?你是否认为大多数投资者的回答在两种情景中是一样的?

表 11.1　　　　　　证券组合选择：哪一种证券组合看上去最好？

证券组合编号	按照95%的概率,盈利/亏损区间	长期收益
XYZ	2%～4%	3%
DEF	−6%～18%	6%
ABC	−20%～40%	10%

1. 根据表 11.1，哪一种证券组合看上去最适合？请记住你自己的风险容忍度以及你对长期收益的要求。

a. XYZ 组合

b. DEF 组合

c. ABC 组合

2. 假设你持有的是 ABC 组合，去年它亏损了 15%，不过它前几年的表现都很不错。这种亏损情况与去年类似基金的表现差不多。你对此会做何反应？

a. 将 ABC 组合中的所有股票全部抛掉

b. 会先抛掉一些 ABC 组合中的股票，但不是全部

c. 继续持有 ABC 组合中的股票

d. 对 ABC 组合追加投资

可能有人对两道问题选择了相似的答案。不过，最有可能的情况是，许多投资者根据不同的框架而选择了不同的答案。具体而言，就是答题者有可能在问题 1 中并不考虑 ABC 组合，而在问题 2 中决定继续持有 ABC 组合。

在问题 1 中，"按照 95% 的概率，盈利/亏损区间"（见表 11.1）指的是平均收益加减两个标准差的区间。在 ABC 组合所有的收益中，有 95% 会落在 10%±30% 的区间内；它的标准差是 15%。

在问题 2 中，ABC 组合的收益出现了在 2/3 的概率下可以想见的最糟糕的情况：它的收益比均值低了一个标准差。不过，由于问题 2 探讨的是两个标准差而不是一个标准差，因此读者不太会想到 ABC 组合的价值有 1/3 的概率会损失超过 5%（落在 95% 而不是 67% 概率下的盈利/亏损区间内）。

正如杂货店所采取的方法（打包定价），巧妙地强制规定了橘子的起卖数量一样，问题 1 也诱导人们从直觉上去思考，如果 ABC 组合的收益没有落在 67% 的置信区间内，就会发生非常罕见的严重亏损。框架的设定对此发挥了重要的

作用:对问题1和问题2的回答不一致会造成测试问卷的设计前后矛盾,进而对投资者的风险容忍度做出误判(根据这样的测试结果所构建的配置方案是有缺陷的)。投资者需要对框架效应会如何影响不同投资选择的结果保持高度警惕。

对于投资者的意义

投资者对于风险的容忍度会受到测试问题/场景的描述方式——是正面的还是负面的——的影响。举个例子,请回忆一下,"有25%的庄稼能活下来"和"有75%的庄稼会死掉"在主观感受上的区别。框架效应中的乐观主义和悲观主义也会影响投资决策。举个例子,假设史密斯夫人想在A组合或B组合中选择一种进行投资,并且假定A组合和B组合在所有方面都是一样的。史密斯夫人了解到,A组合有70%的概率能帮助她实现财务目标,而B组合有30%的概率会导致她无法实现财务目标。如果史密斯夫人与大多数人一样,那么她就会选择A组合,因为对它的预期表现的描述更诱人。

另外要记住的一点是,框架偏误和损失厌恶偏误会同时造成影响。当人们遭受损失时,会认为这是进行冒险的好时机;而当人们获利时,则可能害怕采取要承担额外风险的行动。举个例子,如果一位投资者刚刚发生了净亏损,那么他有可能拿自己的投资去冒险;但是,如果投资者获利了,那么他更有可能选择稳妥的操作。

专栏11.1介绍了4种由框架偏误所导致的错误投资行为。

专栏11.1　框架偏误:会导致错误投资的行为

1. 根据提问方式的不同,框架偏误会导致投资者对关于风险容忍度问题的回答要么过于保守,要么过于激进。举个例子,如果问题是用"收益"类字眼来表述,那么更有可能得到风险厌恶型回答;如果问题是用"亏损"类字眼来表述,那么更有可能得到冒险型回答。

2. 投资或资产配置建议是用乐观的还是悲观的方式来表述,会影响人们的投资意愿。用乐观的字眼表述的问题更有可能得到肯定的回答;相比于用悲观的字眼描述的选项,用乐观的字眼描述的选项更有可能得到答题者的青睐。语言描述通常不是刻意的、不存在相关性,因此不应该影响到投资者的判断;但是,事实并非如此。

3. 框架偏误有一个子类型叫"狭窄框架偏误"(narrow framing)，它会导致长期投资者被某个行业或某只股票的短期价格波动蒙蔽双眼。这种现象会与短视性损失厌恶(myopic loss aversion；见第十七章)同时发生：所造成的风险是，由于投资者只关注短期市场波动，因此可能导致过度交易。事实证明，这种交易行为不是投资者的最佳做法。

4. 可以用框架偏误和损失厌恶偏误来共同解释过度风险厌恶行为。遭受净亏损的投资者更有可能选择进行风险投资，而获得净收益的投资者则更倾向于风险不大的投资选项。

我会犯框架偏误吗？

下面的问题是设计用来诊断由框架偏误导致的认知偏差。不过，本节包含了两个小测验而不是一个，每个小测验都设计了两个并列的问题。如果描述方式改变了，你会对相同的情况做出不同的回答吗？请回答接下来的问题，并找出原因。

框架偏误小测验 1

问题1：假设你有机会投资一只叫 MicroTrend 的共同基金。在过去的 10 年里，MicroTrend 的年均回报率为 6%、标准差为 10%。如果 MicroTrend 继续保持这种表现，那么可以预期将来所有的收益中有 2/3 会落在 −4%～16% 的区间内。你会放心投资 MicroTrend 这只基金吗？

a. 放心

b. 比较放心

c. 不放心

问题2：假设你有机会投资一只叫 MicroTrend 的共同基金。在过去的 10 年里，MicroTrend 的年均回报率为 6%、标准差为 10%。如果 MicroTrend 继续保持这种表现，那么可以预期将来所有的收益中有 95% 会落在 −14%～26% 的区间内。你会放心投资 MicroTrend 这只基金吗？

a. 放心

b. 比较放心

c. 不放心

框架偏误小测验 2

问题 1：假设你要退休了。为了能过得舒服点，你每年需要 5 万美元；但在保证基本生活条件的情况下，4 万美元也够；如果迫不得已，甚至最低 3 万美元也能过下去。进一步假设不会发生通货膨胀。现在想象一下你需要对两个投资选项做出选择：选项 1 能确保你每年有 4 万美元的收入——这能让你过上不用提心吊胆的生活；选项 2 让你有 50% 的概率每年得到 5 万美元，还有 50% 的概率每年得到 3 万美元。你会选择哪一种？

a. 选项 1

b. 选项 2

问题 2：假设你要退休了。为了能过得舒服点，你每年需要 5 万美元；但在保证基本生活条件的情况下，4 万美元也够；如果迫不得已，甚至最低 3 万美元也能过下去。进一步假设不会发生通货膨胀。现在想象一下你需要对两个投资选项做出选择：选项 1 能确保你每年有足够的收入以满足基本生活需要，但肯定不会让你过得很舒服。选项 2 让你有机会过上更好的生活：有 50% 的概率，你只能获得所能接受的最低收入标准；但还有 50% 的概率，你能得到 5 万美元的收入，可以过上自己渴望的舒适生活。你会选择哪一种？

a. 选项 1

b. 选项 2

测验结果分析

小测验 1：如果你对第一问和第二问的回答不一样，就有可能犯框架偏误。尤其需要指出的是，容易犯框架偏误的投资者会在问题 2 中选择更具风险性的策略。

小测验 2：对这道测验题的解释不能太刻板，因为对生活方式的偏好并不是泾渭分明的。不过，存在框架偏误的人可能在问题 1 中选择可以确保的收入，而在问题 2 中选择更具风险性的策略。这是因为问题 1 是以一种相对正面的语言风格表述出来的，关注的是选项 1 中所确保的"安全的"生活状态。然而，问题 2

的表述方式就不太正面了,它让你觉得没有一种投资选项能让你达到可靠而舒适的生活水平。当框架偏误和损失厌恶偏误交织在一起时,就特别有可能造成这种反应结果。

投资建议

金融市场并不仅仅反映金融活动情况。投资者的信念、观点和需求会对大多数金融工具和指数产生巨大的影响。有时,问题本身的表述方式也很重要,因为框架效应决定了参照点并设定了预期。每一位投资者都有自己的财务目标,并期望所创建的投资计划能服务于这些目标。在评估投资者风险容忍度的过程中,框架效应会造成显著的影响。最后,问题的表述方式决定了能否准确提取到信息。

本节对专栏 11.1 中所罗列的每一种错误投资行为提供建议。

狭窄框架偏误。存在狭窄框架偏误的投资者可能眼里只有某只股票或某个行业短期价格波动,或者只关心特定资产类别,而对其他资产类别视而不见。投资者心中要有大局观:整体财富积累以及长期财务目标。投资者应当努力构建平衡的资产配置,并关注确保这样的资产配置能帮助实现自己的财务目标。

框架偏误和损失厌恶偏误。正遭受惨重损失的投资者会去冒险,而那些对近期收益很满意的投资者则会谨慎操作。投资者不应该以前期实现的盈利或亏损为参照,去做接下来的决策。财务顾问的问题应尽量避免引致有偏误的回答。最后,将重点放在教育、分散化和正确的投资组合管理方法上,这有助于消除上述偏误。

根据表述不正确的问题而随意做出的投资选择。风险容忍度测试对于评估投资者的目标和选择正确的投资方式至关重要。因此,投资者需要非常熟悉问题的文字表达形式,并能理解——保持警惕——选项以某种特定方式表述时,会引发的偏误。请记住,清晰的沟通能确保成功的投资者与顾问关系。

正面和负面的表述。我们已经看到了正面和负面的表述所能产生的巨大影响。对于投资者的意义是,要以尽可能中性和统一的方式去阐述事实和选项。这样做能降低偏误性回答发生的概率,进而帮助投资者实现自己的财务目标。

第十二章　第四种信息处理偏误:易得性偏误

> 具有讽刺意味的是,在信息最丰富的时候发生了最严重的股票泡沫。我始终觉得这是一件好事,但可能并非如此。
>
> ——詹姆斯·J. 克莱默(James J. Cramer),CNBC 财经新闻分析师

偏误描述

偏误名称:易得性偏误
偏误类型:认知偏误
子类型:信息处理偏误

概　述

易得性偏误是一种经验法则或心理捷径,会导致人们根据某种结果在他们的人生经历中出现的普遍程度或熟悉程度,去评估这种结果的发生概率。表现出这种偏误的人会认为,容易回想起来的情况要比那些很难想象或难以理解的预测更有可能发生。

有一个经典例子揭示了大多数人身上存在这种偏误：人们猜测鲨鱼袭击造成的死亡人数要比飞机零部件从天上掉落造成的死亡人数多。然而，匪夷所思的是，后者造成的死亡人数其实是前者的30倍。可能人们觉得鲨鱼袭击事件更常见，因为鲨鱼能唤起人们内心深深的恐惧，又或者鲨鱼袭击获得了媒体的大量报道。结果造成大多数人觉得，相比飞机零部件掉落所造成的死亡，鲨鱼袭击致死更常见。总之，易得性经验法则会造成人们根据信息是否容易获得，而不是完整、客观或真实的信息，去对某种情况发生的可能性或频率做出判断。

易得性偏误的例子

易得性偏误分为4种类型，每一种都对个人金融具有特殊的意义。现在让我们来研究一下。

1. **检索性**。大多数投资者如果被问到如何鉴别"最好的"共同基金公司，很有可能选择那些大量投放广告的基金公司，比如富达基金或嘉信理财。除了在公关方面维持高投入，这些公司还会在广告上特意凸显实现优异表现的基金，造成这种印象更"容易"被回想起来。其实，那些管理着当今最优异的共同基金的公司并不经常打广告。忽视了这类基金，而只关心广告满天飞的基金的投资者，就表现出了检索性/易得性偏误。

2. **分类性**。尽管情况一直在变化，但大多数美国人如果被问到世界范围内哪个国家投资前景最好时，还是会说自己的国家：美国。为什么？因为当调动起关于"好的投资机会"方面储存的所有记忆和知识时，大多数美国人最容易想到的国家就是美国。然而，出于这种原因而忽视国外投资前景机会是非理性的。事实上，全球股市有超过50%的市值是在美国以外的地区。在考虑到哪儿去投资时，那些过分"爱国"的人，常常会犯易得性偏误。

3. **经验狭隘性**。假设一家快速发展的高科技公司的员工被问道："哪一个行业能带来最成功的投资？"由于该员工可能每天都与在科技行业发家致富的人打交道，所以他会高估技术密集型行业中成功企业的相对比例。就像从大学校园出来的NBA球星会对大学篮球运动员转为职业运动员之后的前景过于乐观一样，上述高科技公司的员工也会表现出经验狭隘性易得性偏误。

4. **共鸣性**。人们往往更喜欢他们觉得符合自己性格的投资。一个频繁去折扣店、剪打折券并总是想着讨价还价的节俭人士,会表现出喜欢价值投资的天生倾向。同时,这种投资者可能不太关心将价值资产与更多的成长型投资进行均衡配置的做法,因为他们不喜欢花钱购买优质成长股。在这类投资者的头脑中,对价值的概念更熟悉,而对成长的概念就不是这样了。他们的投资组合会由于共鸣性易得性偏误,而只能实现次优表现。

专题探讨:哪个政党最适合股市

经济理论以及华尔街上大多数人的政治倾向表明,股市在共和党总统时期比在民主党总统时期表现得更好。你同意这种说法吗?这就是一种典型的易得性偏误。然而,长期分析表明,实际上投资者在共和党总统时期获得的回报比在民主党总统时期好不了多少。许多投资者认为,共和党人的亲商特点能刺激经济增长和资本市场。但事实上,从战后时期来看,平均而言,共和党总统时期的经济增长和股市收益率连平均水平都达不到。法国外贸银行投资管理公司(Natixis Investment Managers)发现,自1976年起,民主党总统时期平均年化收益率为14.3%,而共和党总统时期为10.8%。如果对不同政党执政时期的市场表现进行复合计算,那么在民主党时期连续持有的投资组合的表现要远远优于在共和党时期连续持有的组合的表现:卡特、克林顿、奥巴马几位民主党总统带来的平均年化收益率为14.9%;相比之下,里根、老布什、小布什、特朗普几位共和党总统带来的收益率为4.9%。[1]

对于投资者的意义

专栏12.1根据前面所探讨的4种易得性偏误类型,总结了其对于投资者的重要意义。在所有的例子中,投资者都是由于相关投资信息的不易得,或者他们仅仅根据容易获得的信息做投资决策,在研究工作上偷懒,而错过了潜在的投资赚钱机会。

---

[1] https://www.ft.com/content/38829e98-5180-11ea-a1ef-da1721a0541e.

> **专栏 12.1　易得性偏误：会导致错误投资的行为**
>
> 1. 检索性。投资者会根据他们容易获得的信息（广告、财务顾问或朋友的建议等）来选择投资项目，而不愿意开展专业研究或尽职调查去验证所选择的投资是不是一个好项目。
>
> 2. 分类性。投资者会根据他们记忆中容易查到的分类表来选择投资。在他们的头脑中，其他类别由于不太容易想起，因此会被忽视。举个例子，美国投资者可能忽视一些存在投资赚钱机会的国家，因为这些国家在他们的记忆中属于不太容易被想起的类别。
>
> 3. 经验狭隘性。投资者会选择符合他们狭隘的生活经验的投资，比如他们所从事的行业、生活的地区，或者与他们有交集的人。举个例子，那些从事科技行业的投资者，可能相信只有投资科技股才能赚钱。
>
> 4. 共鸣性。投资者会选择与自己的性格相符，或具备与自己的行为方式相匹配的特征的投资。反过来说，由于投资者无法理解或掌握某些投资的特征，因此会错过一些潜在的投资良机。举个例子，节约的人可能不会去买高价股（高市盈率倍数），因而会错过持有这些股票所带来的赚钱机会。

我会犯易得性偏误吗？

下面的简单测验能帮助诊断出投资者是否会犯易得性偏误。

易得性偏误测验

问题 1：假设你有一笔钱可以用来投资，你从一位股市消息灵通的邻居那儿听说了一只牛股的内幕消息。他推荐你购买 Mycrolite 公司的股票，这家公司发明了一种新型木炭烤架火机油。你对这件事会做何反应？

a. 我可能买一些这家公司的股票，因为我的这位邻居在这种事上通常都是对的。

b. 我可能会考虑一下，回家后先开展进一步的研究再做决定。

问题 2：假设你准备购买一家名叫 Generics Plus 的仿制药生产企业的股票。你的朋友玛丽安发给你一份关于这家公司的报道，你看了之后很中意这家企业的情况,计划购买100股。就在你采取行动之前,你听到了一则很火的财经新闻,是关于另一家仿制药生产企业GN Pharmeceuticals的,新闻报道说这家企业刚公布盈利大幅增加,股价上涨了10%。你对这件事会做何反应?

a. 我可能把这个消息视为对仿制药是一个热门投资领域的佐证,要抓紧购买Generics Plus的股票。

b. 我会暂停购买Generics Plus的股票,先对GN做一番研究。

c. 我会购买GN的股票而不是Generics Plus的,因为显然GN是一只热门股,我也要分一杯羹。

问题3:在美国,以下哪种情况会夺走更多人的生命?

a. 闪电

b. 龙卷风

测验结果分析

问题1:选择"a"的人有可能犯易得性偏误。

问题2:选择"c"的人有可能犯易得性偏误。

问题3:选择"b"的人有可能犯易得性偏误。相较于龙卷风,每年有更多的美国人死于闪电。不过媒体关注、演习以及其他报道会让人觉得龙卷风更易致人死亡,也就是更"容易获得"。[1]

投资建议

一般来说,为了克服易得性偏误,投资者需要在做投资决策前先仔细研究和思考一番。如果发生了易得性偏误,那么关注长期结果、拒绝随波逐流是最好的应对方法。要警惕每个人都存在心理上过分看重近期发生的新闻事件的天性;要拒绝向这种天性妥协。有句老话叫"期待比现实更美好",它能帮助你有效克服易得性偏误所造成的冲动。

在选择投资项目时,考虑一下易得性经验法则的影响很重要。例如,在做投

---

〔1〕 Paul Slovic, Baruch Fischoff, and Sarah Lichtenstein, "Fact versus Fiction: Understanding Public Fears", in Daniel Kahneman, Paul Slovic, and Amos Tversky, eds., *Judgment under Uncertainty: Heuristics and Biases* (New York: Cambridge University Press, 1982), pp. 463—491.

资前,先停下来想一想,你是如何决定对某笔投资开展研究的。你是否常常关注在《华尔街日报》上看到的公司,或者像《我为钱狂》(Mad Money)一类大众财经新闻节目里提到的投资?宾夕法尼亚大学沃顿商学院的乔纳森·S. 哈特利和马修·奥尔森(Jonathan S. Hartley and Matthew Olson)在一篇题为《吉姆·克莱默的〈我为钱狂〉慈善信托表现与因素归因》[1]中,对吉姆·克莱默的选股情况进行了分析。他们对吉姆·克莱默的 Action Alerts PLUS 证券组合在 2001—2016 年的完整历史表现开展了研究,其中就包括许多在《我为钱狂》电视节目中推荐的股票。分别从证券组合创建伊始以及《我为钱狂》节目从 2005 年首播时(当时证券组合被转变为一只慈善信托)算起,克莱默的组合表现不如标普 500 全收益指数和一篮子股息不做再投资的标普 500 股票的表现(都按照总体收益和夏普比率测算)。

要记住,人们会将多年前发生的事当作久远的历史。举个例子,如果你上周收到一张超速罚单,那么你有可能在接下来的几个月里减慢车速。不过随着时间的流逝,你又有可能回到之前的驾驶习惯。同样地,无论当前市场环境是好还是坏,易得性偏误都会导致投资者做出过度反应。21 世纪第一个十年末发生的房地产泡沫就完美地阐释了这种现象。投资者在狂欢中及时行乐,将最基本的风险问题抛到脑后。而当市场出现自我修正时,也是这一批人惶惶不安,紧紧盯着让他们备受煎熬的短期暴跌。

另一个重要的问题是,投资者所得到的许多信息是不准确且不充分的,通过口口相传形成。更有甚者,有些信息早已过时,或让人根本看不懂。易得性偏误会导致人们在媒体报道的嘈杂声中,误以为这种信息是准确的。许多投资者由于被海量信息压得喘不过气来,而没有意识到自己其实在这方面缺乏训练、经验和目标,无法过滤或解读此类信息,最终造成投资者常常以为自己所得到的信息都是准确的,但事实并非如此。由于易得性偏误也是一种认知偏误,所以可以通过信息的更新来消除。

---

[1] https://static1.squarespace.com/static/568f03c8841abaff89043b9d/t/5734f6e2c2ea51b32cf53885/146308886850/HartleyOlson2016+Jim+Cramer+Charitable+Trust+Performance+and+Factor+Attribution.pdf.

第十三章　第五种信息处理偏误：自我归因偏误

正面我赢，反面只不过是运气不好。

——艾伦·兰格和简·罗斯(Ellen Langer and Jane Roth,1975)

偏误描述

偏误名称：自我归因偏误

偏误类型：认知偏误

子类型：信息处理偏误

概　述

自我归因偏误(或称自利归因偏误)是指人们喜欢将取得的成功归功于天生的方面，比如天赋或远见，而常常将失败归咎于外界影响，比如运气不好。举个例子，学生在考试中取得好成绩，可能归功于自己的聪明才智或认真学习，而那些成绩不佳的则可能归咎于打分不公平。类似地，如果运动员在比赛中取得胜利，他们往往会认为自己只不过是将高超的技巧正常发挥了；但如果输掉比赛，则可能控诉裁判员判罚不公。

自我归因偏误的例子

宾夕法尼亚州伯利恒市摩拉维亚学院(Moravian College)的心理学教授丹娜·邓恩(Dana Dunn)博士在自我归因偏误研究领域做了一些出色的研究。她通过观察发现,她的学生往往无法识别出自己行为中存在的自我归因偏误。为了揭示这一现象,她开展了一项试验,让学生们拿出一张纸,然后在纸的中间画一条线。接着她告诉学生将其中的一半标为"优点"、另一半标为"缺点",然后将他们自己的优点和缺点分别列出来。她发现学生都是优点比缺点列得多。[1]

邓恩的研究结果表明,她的学生会犯自我归因偏误。投资者也不能逃脱这种现象。华尔街有句老话:"别被牛市冲昏头脑",说的就是这种情况。存在自我归因偏误的投资者在所做的投资上涨后,会自然而然地归功于自己的商业投资洞察力。反过来,在所做的投资下跌后,他们肯定会归咎于运气不好或其他一些原因,但绝不是他们的错。一般而言,人们相信自己的优点是一些能让他们取得成功的品德,而自己的缺点是一些会导致他们失败的特征。存在自我归因偏误的投资者会认为,投资成功往往可归功于自己的天生特质,而投资失败则是由于外部原因。

对于投资者的意义

非理性地为成功和失败找借口,主要会以两种方式损害投资者:第一,无法认识到自己所犯错误的投资者,最终也就不能从这些错误中吸取教训;第二,那些将结果的如愿实现都归功于自己的投资者,会变得对自身的市场洞察力过于自信。专栏13.1罗列了由自我归因偏误所导致错误投资的行为。

---

[1] Dana S. Dunn, "Demonstrating a Self-Serving Bias", *Teaching of Psychology*, 16 (1989):21—22.

> **专栏13.1　自我归因偏误：会导致错误投资的行为**
>
> 1. 存在自我归因偏误的投资者在一段时期（如一个季度或一年）的投资成功之后，会相信所取得的成功都是靠自己的聪明才智，而非自己不可控制的因素。这种情况会导致投资者过度冒险，因为他们对自己的行动变得过于自信。
>
> 2. 自我归因偏误往往会导致投资者过度交易、不够谨慎。由于投资者相信投资（交易）成功是归功于自己的技巧而非运气，所以他们会过度交易，造成"对财富的损害"。
>
> 3. 自我归因偏误会导致投资者"只听他们想听的"；也就是说，当投资者听到能佐证他们所做的某项投资决策的消息时，会觉得自己"很聪明"。这会导致投资者买入或持有某笔本该抛掉的投资。
>
> 4. 自我归因偏误会导致投资者持有分散度不够的投资组合，对那些将企业表现归功于自己所做贡献的投资者——如企业高管、董事会成员等——而言，尤其如此。通常，股票的表现不是靠某个人的能力，而是由诸多因素决定的，包括运气。因此，持有一个集中度过高的证券组合往往是因为发生了自我归因偏误，应避免这种情况。

我会犯自我归因偏误吗？

下面的诊断测验能帮助读者识别自己是否会犯自我归因偏误。

自我归因偏误测验

问题1： 假设你做了一项投资，结果不错，但上涨的理由并不是你所想的那样。你对自己做了这项投资感觉很好。下面哪一项最能准确描述你的感受？

a. 我在挑选出好的投资方面独具慧眼。

b. 即便投资不是因为我所认为的理由而上涨，但这还是一笔不错的投资。

c. 事实上，即便我赚钱了，还是有点儿不安，因为我所认为的投资上涨理由并没有兑现；我只不过是运气不错罢了。

问题2： 如果你的投资组合收益上涨了，你认为主要是什么原因带来了这种变化?

a. 靠自己的投资技巧。

b. 既靠投资技巧,也讲点运气。

c. 靠的是运气。

问题3:在你做了一笔成功的投资之后,你是否可能将盈利立即进行再投资,而不是将其留在账面上,直到自己确定找到了另一笔好投资?

a. 当我出售一笔盈利的投资之后,通常会立即进行再投资,因为我可能正处于状态火热时期。

b. 在进行下一笔新投资之前,我通常会先等一等,直到真正找到中意的投资。

c. 介于选项a和b之间。

问题4:相比于其他投资者,你是不是一个优秀的投资者?

a. 不及平均水平。

b. 达到平均水平。

c. 超过平均水平。

测验结果分析

问题1:那些觉得自己在挑选出好的投资方面独具慧眼的人,可能犯自我归因偏误。因为在这种情况下,投资成功并不是因为能力有多优秀,而是运气好。

问题2:将投资成功归功于技巧的人,会犯自我归因偏误。

问题3:那些不对下一次行动仔细规划、只想着乘胜追击的投资者,往往会将取得的成功归功于自己对市场的洞察力。因此,他们可能犯自我归因偏误。

问题4:认为自己的能力"超过平均水平"的投资者,可能犯自我归因偏误。

投资建议

再回忆一下华尔街的那句老话,可能可以对自我归因偏误的危害提供最好的警示:"别被牛市冲昏头脑。"

通常,在财务决策取得成功时,投资者喜欢为自己的精明沾沾自喜。但当情况不佳时,他们可能通过归咎于他人或其他事来宽慰自己。在许多情形中,上述两种说法都不对。投资成功由诸多因素决定，但处于牛市是最重要的；而股价下跌的原因是随机而复杂的。有时，造成失败的原因远非投资者所能控制，比如财务造假或经营不善。

投资者最应该做的一件事是：尽可能客观地看待投资的输赢。然而，大多数人不愿花时间分析一下各种因素的复杂影响，以帮助自己实现盈利或解决会造成损失的可能错误。事后分析是所有投资者都拥有的最佳学习方法之一。但可以理解的是，反思自己以前犯过的错误会造成非理性的恐惧感。其实最严重的错误是继续狂妄自大，最终只会重复相同的错！

财务顾问和个人投资者应该对每一笔投资都开展事后分析：你在哪几笔上赢钱了？又在哪几笔上亏钱了？而且你得从心理上将优秀的赢钱决策与糟糕的亏损决策区分开来。接下来，再分析一下赢钱的决策，试着识别出究竟哪里做对了：你是不是在正确的时机买入了股票？市场整体是否处于上升周期？同样，你也要分析一下自己归为糟糕的决策：哪里出错了？你是否买进了盈利状况不佳的股票？你买进这只股票时，它是否正处于近期高点附近，或者已开始下跌？你股票买对了吗？是不是在该抛的时候没有及时抛掉？市场整体是否正处于修正阶段？

在分析造成亏损的决策时，要找一下自己可能在不知不觉中陷入的状态或犯下的常见错误。记录下你所发现的情况，试着想一条规则或提示记住它们，例如："未来我可不能再做 X 这种事了"，或者"未来我得把 Y 这件事做好"。记住这些规则能帮助你克服已经养成的坏习惯，也能让你多使用对自己有利的策略。

请记住：保持谦逊，从过去的错误中吸取教训，是让自己成为更聪明、更优秀和更成功的投资者的最佳方法！

第十四章　第六种信息处理偏误:结果偏误

> 用同样的方式反复做一件事,还盼着出现不同的结果,那就是疯了。
>
> ——阿尔伯特·爱因斯坦(Albert Einstein)

偏误描述

偏误名称:结果偏误

偏误类型:认知偏误

子类型:信息处理偏误

概　述

结果偏误是指人们会根据过去事件的结果(如过去5年的收益),而不是通过观察产生结果的过程(如共同基金经理在过去5年里所开展的投资过程),来决定做某件事。投资者可能觉得,"这位经理经历了辉煌的5年,我要把钱投给她",而不是去搞明白这么高的收益是如何产生的,或者为什么其他经理在过去5年里产生不了这么高的收益。

结果偏误的例子

宾夕法尼亚大学的乔纳森·巴伦和约翰·C. 赫尔歇(Jonathan Baron and John C. Hershey)对结果偏误开展了几项试验。[1] 受试者被告知其他人在不确定条件下所做的决策及相应的结果,有些是医生或病人做的医疗决策,还有些是赌徒做的决策。受试者要对决策背后的思维水平和决策者的能力做出评价,并考虑是否愿意让决策者代表他们开展行动。受试者知道决策者能获得所有相关信息。得到的结果越理想,受试者对决策者的思维水平评价就越高(例如,认为决策者的能力很强,或愿意授权决策者代表自己做决策)。在赌博情形中,赌徒没有选择的选项的结果越糟糕,受试者对赌徒的打分就越高。但在被问及这一情况时,受试者都觉得在做评价时,并没有考虑这方面结果。然而,事实证明他们还是做了考虑。在一定程度上,结果偏误对受试者所做评价的影响,可以从选择的选项和没有选择的选项两方面的结果加以解释。

巴伦和赫尔歇的研究结果表明,受试者存在结果偏误。投资者也不能逃脱这种现象。举个例子,当存在结果偏误的投资者投资共同基金时,他们这样做的理由可能是只看了过去类似投资决策经历所带来的结果——比如某位基金经理的投资记录,或者某一特定资产类别的表现——而没有去关注收益是如何产生的,或者为什么要投资这一资产类别。相反,不存在结果偏误的投资者在做投资时,可能不会去投资上面提到的基金经理或资产类别(当然也有可能这么做,但是出于完全不同的理由),因为他们看出基金经理为了达到预期的收益水平而过度冒险,或者某一资产类别被高估了,不该去考虑。存在结果偏误的投资者不会关注过程,而只看结果——这很危险。

对于投资者的意义

专栏14.1列出了由结果偏误所导致的几种错误投资行为。

---

[1] Jonathan Baron and John C. Hershey, "Outcome Bias in Decision Evaluation", *Journal of Personality and Social Psychology*, 54(1988):569—579. (原书中标注此论文发表于2008年,经查,应发表于1988年。——译者注)

专栏 14.1　结果偏误：会导致错误投资的行为

1. 投资者可能投资了本不该投资的基金，因为他们只关注了之前行动的结果，比如基金经理的表现记录，而没有看到实现这一结果的过程。如果是靠冒险性策略才实现这种表现，就有可能导致投资者承受过度风险。

2. 投资者可能错过投资他们本该投资的基金，也是因为他们只关注了之前行动的结果，比如基金经理的表现记录，而没有看到实现这一结果的过程。投资者可能因为某位基金经理糟糕的投资结果而唯恐避之不及，却忽视了这位经理所做决策背后优秀的过程。

3. 投资者可能根据近期的表现对被高估的资产进行投资，比如黄金或房价表现强劲，而没有注意到这种资产类别的估值或过去的价格走势，因此会让自己承受这种资产类别价格已处在顶峰的风险，进而"对个人财富造成损害"。

我会犯结果偏误吗？

本节所包含的诊断测验可以帮助读者识别出自己是否会犯结果偏误。在之后的建议环节，读者将看到如何对测验的回答做出评价的指导，以及关于控制结果偏误的建议。

问题1：你正考虑投资美国小盘股。在开展投资之前，你决定先研究一位共同基金经理的投资记录，她在过去的5年里，平均每年的表现都比标的指数——罗素2000——高出600个基点。你在投资之前是否可能先找些信息，了解一下她用的是什么策略，以及为了实现这一成绩，你要承担哪种风险（如果你认为这位基金经理在做法上太过冒险，可能不进行这笔投资）？

　　a. 根本不可能
　　b. 不可能
　　c. 有可能
　　d. 非常有可能

问题2：你正考虑投资新兴市场股票。在开展投资之前，你决定先研究一位共同基金经理的投资记录，他在过去的5年里，平均每年的表现都比标的指数——MSCI EM 指数——低 300 个基点。你在投资之前是否可能先找些信息，了解一下他用的是什么策略，以及为了实现盈利，你要承担哪种风险（如果你能搞清楚为什么这位经理表现不佳，还是有可能把钱投给他）？

a. 根本不可能

b. 不可能

c. 有可能

d. 非常有可能

测验结果分析

让我们先分析一下上面的诊断测验背后的逻辑。首先介绍针对这两道问题不同的评价方法，然后探讨一些整体性策略，以帮助读者免受结果偏误会持续造成的财务方面的损害。

问题 1：通常，投资者在考察共同基金的投资记录时，会看一下过去 3～5 年的优异表现，然后就决定投资。如果收益是通过承担过度冒险或采取单一策略实现的，那么进行投资就是错的。举个例子，以罗素 2000 为标的的基金经理所取得的成绩，可能是通过将证券组合全压在 15 只股票上，其中有 2 只中了大奖，但还有 4 笔投资出现了严重亏损。她可能靠的是运气而不是能力，但从投资记录上体现不出来。另外想一下，什么是年化标准差？如果证券组合的年化标准差明显高于指数的年化标准差，那就是一个危险信号。投资者不仅要关注结果，还要关注过程。

问题 2：同样，在问题 2 中，新兴市场基金经理可能有意识地决定避开某个国家或一些国家，但没想到它们之后表现得很好。（顺便提一下指数化策略——你永远不用担心自己错过的子战略突然表现良好，因为指数化策略把所有东西都包含进去了。）假设你现在看好中国和印度会脱颖而出，而这位基金经理恰好配置了这两个市场，那么你就应该投资这位基金经理，即便他一时表现不佳。你不仅要看结果，还要看形成这种结果的过程。

投资建议

投资中最基本的错误之一是只关注投资结果，而不管形成结果的过程。一个很重要的概念是,为了实现收益是不是要冒很大的风险,如果为了实现收益要冒很大的风险,那就不是一件好事。在分析投资经理的表现时,弄明白他们是如何创造收益的很关键,尤其是当他们的表现优于标的指数时。基金中建立了多少个头寸,规模与标的指数相比如何？组合中有多少股票实现了收益？标的指数的跟踪误差和 R^2 是多少？有时你会发现,即便基金经理的策略很好,也会因为运气不佳而表现糟糕。有许多研究表明,那些在 10 年里投资表现优异的基金经理,也会有一两年甚至连续 3 年的蛰伏期,然后又重振雄风。投资者最应该做的一件事是,仔细钻研一下那些精心设计的策略的细节内容,搞明白收益是怎么来的。事前和事后分析是投资者所拥有的最佳学习工具之一。

第十五章　第七种信息处理偏误：近因偏误

当下永远不是我们的目标；过去和当下只不过是我们的手段，只有未来才是我们的目标。

——布莱斯·帕斯卡尔（Blaise Pascal，1623—1662），法国数学家和哲学家

偏误描述

偏误名称：近因偏误

偏误类型：认知偏误

子类型：信息处理偏误

概　述

近因偏误是一种认知倾向，会导致人们直接想起或关注近期发生的事件和观察到的情况，而不是那些很久以前发生的事。举个例子，假设一名游轮乘客在航行期间从观光台上看到有相同数量的绿色船只和蓝色船只从游轮旁驶过。但如果绿色船只频繁地从船头向船尾方向驶过，而蓝色船只是分布均匀地或相当

集中地从船尾向船头方向驶过,那么近因偏误就会造成游客在此次游玩之后的印象里,觉得有更多的绿色船只而不是蓝色船只驶过。

近因偏误的例子

投资者中最明显也最有害的近因偏误表现之一,就是他们对共同基金和其他类型基金历史表现的误解。投资者会去了解那些在短期实现高额收益的基金经理在 1 年、2 年或 3 年中的表现,然后仅仅根据这些短期表现就做出投资决策。这类投资者不会注意不同资产类别收益的周期性,所以对他们来说,那些近期表现亮眼的基金很有吸引力。为了消除近因偏误的影响,有许多聪明的投资者会运用所谓的"投资收益周期表"——从科学家的化学元素周期表借鉴而来。

如表 15.1 的投资收益周期表所示,资产类别收益的波动性很大。许多投资者没有注意到这张表所提供的信息,即几乎不可能准确预测出哪一种资产类别会在下一年表现得最好。因此,分散化投资才是周全的做法(请注意始终在每一列中心附近出现的分散化投资组合)。投资者在进行资产配置时,可以借鉴一下这张表。

对于投资者的意义

在 2004—2007 年牛市期间,近因偏误造成了严重的影响。有许多投资者在暗暗思忖,这次还会像其他周期性高点一样,能让他们继续在市场中大赚一笔。但他们都忘记了,其实熊市要来了。那些根据自己短期主观记忆做出决策的投资者,都希望近期的历史能够继续重演。他们坚持认为,从直观上来说,近期经历所提供的事实依据可以缩小潜在结果的发生范围,进而让他们能预测到未来的收益。这种现象往往造成投资者自以为是,并催生出错误行为。

优秀的投资者在研究市场时,会分析大量数据以确定情况发生的概率。通过这种方式,可以科学得出具体的结论。近因偏误会导致投资者过分看重近期收集的数据,而不是考察完整的、时间跨度更大的相关数据样本。需要提醒投资者关注内在价值,而不仅仅是参考近期的表现。举个例子,如果资产价格强劲上涨,那么它有可能接近或超过自身的公允价值。这就意味着可能得找一找其他更好的投资机会了。专栏 15.1 总结了由近因偏误所导致的几种错误投资行为。

表 15.1 投资收益周期表示例

	2006	2007	2008	2009	2010	2011	2012	2013	2014	2015	2016	2017	2018	2019	YTD	Q320
最高	REITS 35.06%	MSCI EME 39.78%	Russell 2000 5.24%	MSCI EME 79.02%	REITS 27.96%	REITS 8.28%	REITS 19.70%	Russell 2000 38.82%	REITS 28.03%	REITS 2.83%	Barclays Agg 21.31%	MSCI EME 37.75%	S&P 500 0.01%	S&P 500 31.49%	Barclays Agg 6.79%	MSCI EME 9.70%
	MSCI MEM 32.58%	EM Debt 18.11%	MSCI EME −5.22%	High Yield 58.21%	Russell 2000 26.85%	Barclays Agg 7.84%	MSCI EME 18.63%	Russell 3000 33.55%	S&P 500 13.69%	S&P 500 1.38%	High Yield 17.13%	MSCI EAFE 25.62%	High Yield −2.08%	Russell 3000 31.02%	S&P 500 5.57%	Russell 3000 9.21%
	MSCI EAFE 26.86%	Blmbrg Cmdty 16.23%	AA Portfolio −23.17%	MSCI EAFE 32.46%	MSCI EME 19.20%	High Yield 4.98%	MSCI EAFE 17.90%	S&P 500 32.39%	Russell 3000 12.56%	Barclays Agg 0.55%	Russell 3000 12.74%	S&P 500 21.83%	REITS −4.04%	REITS 28.66%	Russell 3000 5.41%	Blmbrg Cmdty 9.07%
	Russell 2000 18.37%	MSCI EAFE 11.63%	High Yield −26.15%	Russell 3000 28.34%	Russell 3000 16.95%	S&P 500 2.11%	EM Debt 16.76%	MSCI EAFE 23.29%	MSCI EAFE 5.97%	Russell 3000 0.48%	S&P 500 11.96%	Russell 3000 21.13%	S&P 500 −4.38%	Russell 2000 25.52%	Equity Hedge 2.24%	S&P 500 8.93%
	S&P 500 15.79%	Equity Hedge 10.48%	Equity Hedge −26.65%	REITS 27.99%	Blmbrg Cmdty 16.83%	Russell 3000 1.03%	Russell 3000 16.42%	Equity Hedge 14.28%	AA Portfolio 5.64%	MSCI EAFE −0.39%	Blmbrg Cmdty 11.77%	MSCI EAFE 15.22%	Russell 3000 −5.24%	MSCI EAFE 22.66%	High Yield 0.62%	Equity Hedge 5.78%
	Russell 2000 15.72%	AA Portfolio 8.01%	Russell 2000 −33.79%	Russell 2000 27.17%	EM Debt 15.68%	AA Portfolio −0.76%	Russell 2000 16.35%	AA Portfolio 14.19%	Russell 3000 4.89%	Equity Hedge −0.96%	MSCI EAFE 11.60%	EM Debt 15.2%	AA Portfolio −5.85%	AA Portfolio 19.36%	AA Portfolio 0.59%	Russell 2000 4.93%
	AA Portfolio 15.61%	Barclays Agg 6.97%	Blmbrg Cmdty −35.65%	S&P 500 26.46%	High Yield 15.12%	EM Debt −1.75%	S&P 500 16.00%	High Yield 7.44%	High Yield 2.45%	AA Portfolio −1.43%	EM Debt 9.94%	Russell 2000 14.65%	EM Debt −6.21%	MSCI EME 18.90%	MSCI EME −0.91%	MSCI EAFE 4.88%
	EM Debt 15.22%	S&P 500 5.49%	S&P 500 −37.00%	Equity Hedge 24.57%	S&P 500 15.06%	Russell 2000 −4.18%	High Yield 15.81%	REITS 2.86%	Equity Hedge 1.81%	Russell 2000 −4.41%	REITS 8.63%	Equity Hedge 13.29%	Equity Hedge −7.13%	High Yield 14.32%	EM Debt −6.32%	High Yield 4.60%
	High Yield 11.85%	Russell 3000 5.14%	Russell 3000 −37.31%	AA Portfolio 23.56%	AA Portfolio 12.96%	Equity Hedge −8.38%	AA Portfolio 12.28%	Barclays Agg −2.02%	MSCI EME −1.82%	High Yield −4.47%	AA Portfolio 7.51%	REITS 8.67%	Russell 2000 −11.01%	Equity Hedge 13.69%	Equity Hedge −6.73%	AA Portfolio 4.40%
	Equity Hedge 11.71%	High Yield 1.87%	REITS −37.73%	EM Debt 21.98%	Equity Hedge 10.45%	MSCI EAFE −11.73%	Equity Hedge 7.41%	MSCI EME −2.27%	MSCI EAFE −4.48%	MSCI EME −14.60%	Equity Hedge 5.47%	High Yield 7.50%	Blmbrg Cmdty −11.25%	EM Debt 13.47%	Russell 2000 −8.69%	REITS 1.42%
	Barclays Agg 4.33%	Russell 2000 −1.57%	MSCI EAFE −43.06%	Blmbrg Cmdty 18.91%	MSCI EAFE 8.21%	Blmbrg Cmdty −13.32%	Blmbrg Cmdty 4.22%	EM Debt −8.98%	EM Debt −5.72%	EM Debt −14.92%	Barclays Agg 2.65%	Barclays Agg 3.54%	MSCI EAFE −13.36%	Barclays Agg 8.72%	REITS −13.71%	Barclays Agg 0.62%
最低	Blmbrg Cmdty 2.07%	REITS −15.69%	MSCI EME −53.18%	Barclays Agg 5.93%	Barclays Agg 6.54%	MSCI EME −18.17%	Barclays Agg −1.06%	Blmbrg Cmdty −9.52%	Blmbrg Cmdty −17.01%	Blmbrg Cmdty −24.66%	MSCI EAFE 1.51%	Blmbrg Cmdty 1.70%	MSCI EME −14.25%	Blmbrg Cmdty 7.69%	Blmbrg Cmdty 12.08%	EM Debt 0.61%

数据来源:Sunpointe Investments。

> **专栏 15.1　近因偏误：会导致错误投资的行为**
>
> 　　1. 近因偏误会导致投资者根据过小而无法保证准确性的历史数据样本，去推断未来走势并做出预测。仅仅根据近期收益数据就对未来收益走势进行预测的投资者，很容易买在价格顶峰。这类投资者会在错误的时机买入一些资产类别，最终都以亏损收场。
>
> 　　2. 近因偏误会导致投资者忽视基础价值，而只关注近期的价格上涨。当资产处于收益周期的顶峰、近期走势夺人眼球时，人们会本能地逐利。不同资产类别当然会发生高估，如果只关注价格表现而不关心估值，那么当投资回归均值或长期平均水平时，投资者的本金就有遭受损失的风险。
>
> 　　3. 近因偏误会导致投资者反复说那句资深投资者认为最具欺骗性也最糟糕的话："这次情况会不一样。"举个例子，1998 年和 1999 年，刚大赚了一笔的记忆对有些投资者造成了明显的影响，抹去了他们头脑中关于理性估值以及泡沫、疯狂和破灭周而复始的历史事实。
>
> 　　4. 近因偏误会导致投资者忽视资产的正确配置。专业投资者很清楚资产正确配置的意义，必要时，他们会进行再平衡以维持正确配置。举个例子，近因偏误会导致投资者痴迷于某种最近很火的资产类别。相应地，这类投资者的资产集中度往往很高。正确的资产配置对于长期投资成功至关重要。

我会犯近因偏误吗？

　　下面的问题是设计用来诊断近因偏误所导致的认知偏差。在测验时，请选择最能体现自己反应的选项。

近因偏误测验

　　请注意，下面的测验题需要有另一个人来协助答题者完成（包含了自由回忆练习等）。

　　问题 1：假如要求你仅仅根据基金的历史表现来为自己的投资组合选择一只共同基金，你最有可能怎么做？

a. 我会看一下基金过去 1~3 年的记录,了解它近期的表现如何。

b. 我会看一下基金过去 5 年的记录,因为这样一段时期既能反映它近期的表现特征,又能涵盖历史表现。

c. 我会看一下基金过去 10 年的记录,即便这样做体现不出它最近的表现情况。

问题 2:请协助者向答题者念一遍下列名单,然后询问:名单上包含的男性名字多,还是女性名字多?

1. 莎莉
2. 马克
3. 艾米
4. 安妮特
5. 吉姆
6. 芭芭拉
7. 史蒂文
8. 戴维
9. 迈克尔
10. 堂娜

测验结果分析

问题 1:选择"a"或"b"的人有可能犯近因偏误。

问题 2:名单中包含的男性名字和女性名字其实一样多。不过,由于男性名字集中出现在名单的后面,因此,存在近因偏误的人更有可能觉得名单里男性名字更多。

投资建议

专栏 15.1 罗列了几种由近因偏误所导致投资者常常会犯的错误。他们可以运用以下策略来消除近因偏误。

样本量和趋势推断。存在近因偏误的投资者往往仅根据近期数据——这样的数据样本太小,无法对未来市场趋势提供准确的信息——就做出预测。由于投资者常常能被新的数据说服,所以这种现象相对容易克服。通常而言,投资者不太容易获得为了做出好的决策所需要的信息;还有些时候,他们缺乏认真开展分析的耐心。接受相关教育对于克服这种近因偏误很重要。

价格与价值。人都是逐利的,存在近因偏误的投资者往往会紧盯着价格走势而忽视价值指标。财务顾问需要让投资者知道,有些冷门的、被低估的资产类别能成为明智的投资。投资收益周期表常常是一种极具说服力的视觉工具,能帮助存在近因偏误的投资者转向更为均衡的配置。

"这次情况会不一样。" 有时投资者会反复说这句话。因此,对这句话应当好好思量一番。投资周期常常会周而复始,"这次情况会不一样"这种事几乎不会发生。保持投资的正常开展,不要让情绪成为优秀决策的拦路虎。

投资组合配置的不平衡。资产的正确配置和分散化对于长期投资成功至关重要。投资者不应该痴迷于某只股票,从而将整个投资组合都押在一只股票上,一旦这只股票下跌,投资者就会亏损。可以通过教育让投资者明白为什么近因偏误非常危险。可能无须多言的是,对于这种情况,接受客观的建议非常重要。

第四篇

情绪偏误的定义与示例

从第三章到第二十二章,将讨论20种认知或情绪类型的行为偏误。从第三章到第十五章,分析了两类认知偏误:第三章到第八章介绍了第一种认知偏误——执念偏误;第九章到第十五章介绍了第二种认知偏误——信息处理偏误。第四篇所关注的情绪偏误将在接下来的第十六章到第二十二章中进行讨论。

在这20章内容中,会按照相同的体例来探讨每一种偏误,为的是让读者更容易掌握。对每一种偏误,一是根据"认知"或"情绪"进行命名和分类,包括子类型(执念偏误或信息处理偏误)也做同样处理,然后对其进行概述。二是最重要的具体实际应用,在真实场景中展示每一种偏误会如何造成影响,又该怎样应对。实际应用部分会根据内容的不同做出调整,既可能对应用研究开展深入的分析,也可能采用案例研究形式。三是描述对于投资者的意义。四是诊断测验和测验结果分析,以提供一种能帮助读者了解容易发生哪种偏误的工具。五是对管控每一种偏误的影响提出建议,目的是让影响降至最低。

第十六章　第一种情绪偏误：损失厌恶偏误

赢了就像你已经习以为常，输了就像你乐意有所改变。

——拉尔夫·瓦尔多·爱默生（Ralph Waldo Emerseon）

偏误描述

偏误名称：损失厌恶偏误

偏误类型：情绪偏误

概　述

损失厌恶偏误（loss aversion bias）由丹尼尔·卡尼曼和阿莫斯·特沃斯基在1979年提出，当时是作为前景理论的一部分。[1] 它专门反映了在前景理论中所观察到的一种现象：相比于获得收益，人们往往有更强烈的动机去规避损失。许多关于损失厌恶的研究得出了一条经验规律：在心理学中，损失所造成的

---

[1] Daniel Kahneman and Amos Tversky, "Prospect Theory: An Analysis of Decision under Risk", *Econometrica*, 47(1979):263—291.

负效用平均而言是等量的收益所带来的正效用的2倍；也就是说，存在损失厌恶的人为了冒1美元的风险，可能至少会要求2美元的回报。在这种情况下，1份风险必须有"2份回报"。

损失厌恶会阻碍人们抛掉不再盈利的投资，即便几乎看不到任何反转的机会。有些投资老手杜撰了"盈亏平衡癖"（get-evenitis）一词来描述这种很常见的现象：为了实现投资的扭亏为盈，人们会苦苦等待很久。盈亏平衡癖很危险，因为通常而言，对于亏损最正确的做法是，及时抛掉令人不快的证券，再对资产进行重新配置。同样地，损失厌恶偏误会导致投资者在评估可能实现的收益时，在规避风险上做得太过，因为相比于实现收益，规避亏损才是他们更为关切的事。在投资开始盈利时，厌恶损失的投资者会急于锁定盈利，因为害怕市场可能突然发生反转，造成他们获利回吐。由此带来的问题是，过早落袋为安会扼杀上涨空间。总而言之，损失厌恶会导致投资者死抱着亏损投资不放，并过早放掉盈利投资，造成投资组合的收益只能实现次优。

损失厌恶偏误的例子

损失厌恶偏误是最常见的行为偏误之一。投资者如果打开财务顾问准备好的月度报表，浏览一栏栏的数字，通常既会看到盈利也会看到亏损。有一种很典型的损失厌恶案例，就是投资者很害怕抛掉表现不佳的证券。盈亏平衡癖此时在发挥作用，投资者会本能地死守着一笔亏损的投资不放，直到它最起码能反弹至盈亏平衡点。然而，对亏损投资的研究揭示，通常这样的公司后续并不会迎来反弹。继续持有这类公司的股票实际上会增加投资组合的风险。（因此，根据图16.1中价值函数的图形，投资者的行为是在冒险。）

反过来，如果月度报表上显示实现了盈利，那么厌恶损失的投资者会急于"落袋为安"，而不是继续承担风险。当然，通常来说，如果一家公司表现优异，那么持有这样一只盈利股就算不上冒险；也就是说，厌恶损失的投资者想要出售的盈利投资，实际上改善了投资组合的风险-收益状况。因此，出售这类股票会恶化风险-收益状况，并丧失获得更多盈利的机会。如果同时考虑死守着亏损投资不放所造成的风险日益增大，以及过早出售盈利投资而丧失的未来赚钱机会，厌恶损失的投资者所遭受的整体伤害就变得一目了然了。

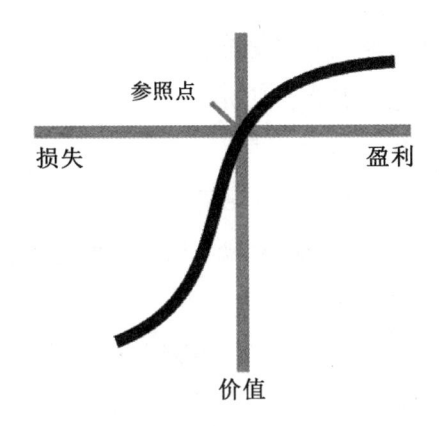

资料来源：The Econometric Society。

图 16.1　价值函数——前景理论的核心原理

对于承受亏损,最后再说一点:有些投资者对于没有及时割肉,会解释为"这只不过是账面上的亏损"。这句话也不算错。从技术上来说,只要还持有这笔投资,就没有出于节税目的而割肉。

但其实,这种借口只不过是掩盖了已经发生亏损的事实。如果你在发生了"账面亏损"之后就在市场上抛售,那么这笔投资的离场价就低于进场价——"实际"亏损就兑现了。因此,如果继续持有一笔亏损投资从客观上提高不了实现盈亏平衡的可能性,那么最好就割肉离场,享受节税收益,再进行下一笔投资。

对于投资者的意义

损失厌恶偏误是一种在财务决策中根本不允许发生的偏误。这会造成投资者事与愿违:风险增加,收益下降。投资者冒风险是为了增加收益,而不是减少损失。持有亏损投资和出售盈利投资会对投资组合造成严重的破坏。专栏16.1总结了由损失厌恶偏误所导致的几种常见错误投资行为。

专栏 16.1　损失厌恶偏误:会导致错误投资的行为

1. 损失厌恶偏误会导致投资者死抱着亏损投资不放。这种行为有时会在一种衰竭性"疾病"——盈亏平衡癖中表现出来。这类投资者表现出死抱着亏损投资不放的倾向,以期能把亏掉的扳回来。这种行为会抑制投资组合的收益,造成严重的危害。

> 2. 损失厌恶偏误会导致投资者因为害怕盈利蒸发而过早出售盈利投资，以实现落袋为安。这种行为会限制投资组合的上涨空间，导致交易过度，造成投资收益下降。
>
> 3. 损失厌恶偏误会导致投资者在不知不觉中造成投资组合风险过大，但如果他们能及时抛掉亏损投资，改为一笔更好的投资（或手持现金），情况本该更好。
>
> 4. 损失厌恶偏误会导致投资者持有配置不平衡的投资组合。举个例子，如果有几个头寸的价值发生下跌，但投资者由于厌恶损失而不愿将其抛掉，那么配置不平衡的情况就会发生。如果不对这种情况进行正确的再平衡，那么组合的配置就会不符合投资者的长期目标，造成收益不佳。

我会犯损失厌恶偏误吗？

下面的问题是设计用来诊断损失厌恶偏误所导致的情绪偏差。在测验时，请选择最能体现自己反应的选项。

损失厌恶偏误测验

问题1：假定你计划投资5万美元。你有两个选项，你会选择哪一个？

a. 至少可以保证我能拿回这5万美元——即便我一分钱都没赚到。

b. 有50%的概率赚到7万美元，还有50%的概率拿到3.5万美元。

问题2：假定你计划投资7万美元。你有两个选项，你会选择哪一个？

a. 可以很明确地知道只能拿回6万美元。

b. 玩一个机会对半开的赌局，要么拿回7.5万美元，要么拿回5万美元。

问题3：从下面两种结果中选一个：

a. 肯定会获得475美元。

b. 有25%的概率获得2 000美元，还有75%的概率一无所获。

问题4：从下面两种结果中选一个：

a. 肯定会损失725美元。

b. 有75%的概率损失1 000美元，还有25%的概率一无所有。

测验结果分析

问题1：存在损失厌恶偏误的人有可能选"a"，其实"b"选项提供了更大的潜在盈利空间。

问题2：暂且不考虑初始禀赋的增加，这道问题其实与问题1类似。然而，大多数人可能选"b"，因为厌恶损失。厌恶损失的投资者愿意冒损失更大的风险去赌一把，而不是接受损失（选"a"）。不过，这道题不是随便考察一下赌性问题。大多数投资者（即厌恶损失的投资者）更希望能确保盈亏平衡，而不是像问题1中那样能赚到一笔的机会。

问题3：合理的回答是选"b"，但存在损失厌恶偏误的投资者有可能选"a"，因为它能锁定盈利。

问题4：合理的回答是选"a"，但存在损失厌恶偏误的投资者有可能选"b"。

投资建议

专栏16.1罗列了投资者存在损失厌恶偏误时往往会犯的几种错误。投资者可以采取以下策略来试着消除损失厌恶偏误。

盈亏平衡癖。请注意：死守着亏损股不放不利于你的投资。盈亏平衡癖的一个特征是，投资者对某些投资的决策可能取决于其进场价。要解决这种偏误，制定止损规则很有效。举个例子，你可以规定一旦某只证券亏损达10%，就立即抛掉。不过，在设计止损规则时，最好先考虑一下某笔投资在正常情况下的预期波动水平。如果这笔投资的价格只不过处于它惯常的波动区间内，那么投资者也不必非得抛掉它。

落袋为安。损失厌恶偏误会导致投资者过早出售盈利的头寸，害怕如果不这么做，自己的利润会蒸发。这种做法会抑制投资组合的上涨空间，并造成过度交易（还会使收益减少）。就像止损规则能帮助消除盈亏平衡癖一样，为如何出售升值投资制定一些规则，通常也很有帮助。同止损规则一样，制定一些能反映与基本面和估值相关的细节的升值规则很有用。目的是让利润奔跑起来。请记住，你应该尽可能避免在应税账户中为升值项目缴税。

过度冒险。损失厌恶偏误会导致投资者在所投资的公司出现大麻烦时，仍死守着亏损投资不放。对于这种情况,对投资者开展投资风险教育——花些时间评估一下像标准差、信用评级、买入/卖出/持有评级等内容——可能很有用。通过这种办法,投资者有望在保护整体组合、抛掉有风险的表现糟糕的投资方面做出正确的决定。

投资组合配置不平衡。损失厌恶偏误会导致投资者持有配置不平衡的组合。让投资者明白资产配置和分散化的好处很重要,但仅仅这么做可能还不够,因为他们可能是出于一些情绪因素而持有一个集中度很高的股票头寸。对于这种情况,思考这样一个问题很有用:"如果我现在并没有持有 XYZ 这只股票,我还愿意建这么重的仓吗?"如果回答是"不",那么就有操作的空间。有时这么做是出于税收上的考虑,比如将成本拉低,但其实可以采取一些策略来管控成本。

第十七章　第二种情绪偏误：过度自信偏误

有太多人对自己不具备的才华自视过高,却低估了自身真正的能力。

——马尔科姆·S. 福布斯(Malcom S. Forbes)

偏误描述

偏误名称:过度自信偏误

偏误类型:情绪偏误

概　述

根据最基本的概念,过度自信可以总结为对自己的直觉推理、判断和认知能力产生了毫无根据的信念。虽然过度自信概念是从心理学实验和研究——受试者会高估自己的预测能力以及他们所获得的信息的准确性(其实是一种认知缺陷)——中发现的,但这种错误的认知会导致情绪化的行为,比如过度冒险,因此过度自信被归为情绪偏误而不是认知偏误。简言之,人们把自己想得太聪明了,会误以为自己消息很灵通。举个例子,人们听到了财务顾问的建议,或者在网上看到了一些消息,就误以为自己的信息快人一步,进而准备采取投资决策一类的行动。

过度自信偏误的例子

对预测能力过度自信

罗杰·克拉克和迈尔·斯塔特曼(Roger Clarke and Meir Statman)对预测能力过度自信提供了一个经典案例。他们用如下问题对投资者进行了调查:"1896年,道琼斯工业平均指数(该价格指数不包括股息再投资)是40点。到了1998年,该指数已跨过9 000点大关。如果能对股息进行再投资,你觉得该指数在1998年能达到多少点?除了猜一下点位,还需要预测一个波动区间的上下限,让自己预测的点位有90%的可能性落在这个区间里。"[1]在调查中,几乎没有人能理性地估算出道琼斯指数在1998年可能达到的点位,并且根本没有一个人能估算出准确的置信区间。(如果你对答案很好奇,那么按照调查中所假设的条件,道琼斯工业平均指数在1998年的点位应该达到652 230点!)

还有一个投资者对预测能力过度自信的经典案例,发生在像强生、埃克森美孚或杜邦等公开上市公司的前高管或家族继承股东身上。这类投资者由于认为自己掌握公司的"内幕消息"或存在情感羁绊,而往往拒绝对持股进行分散化。他们无法将那些有历史意义的股票理解为存在风险的投资。然而,有许多响当当的美国企业最终陨落或被历史遗忘。

过于肯定

人们在日常生活中会表现出过于肯定,并且把这种过度自信也带到投资场合。人们会对自己判断的准确性过度自信。随着人们对某种情形越来越了解,其实他们判断的准确性不太可能增加,但自信感会提升,因为他们错误地在信息的数量和质量之间画上等号。在一项针对这种现象的研究中,巴鲁克·菲施霍夫、保罗·斯洛维奇和莎拉·利希滕斯坦(Baruch Fischhoff, Paul Slovic, and

---

[1] Roger G. Clarke and Meir Statman,"The DJIA Crossed 652 230", *Journal of Portfolio Management*, 26, no. 2 (Winter 2000): 89—92.

Sarah Lichtenstein)让受试者参与了一个常识测验,然后询问他们对自己的回答有多大把握。受试者对回答都100％肯定,但实际上只有70％～80％的准确率。[1] 20世纪90年代末发生的科技股泡沫,也是有关过于肯定的一个经典案例。当时有许多投资者跟风购买科技股,仓位的集中度很高,结果却只能眼睁睁地看着收益在崩盘中损失殆尽。

对于投资者的意义

对于自己的预测能力过度自信和过于肯定会导致做出错误的投资,专栏17.1罗列了4种由过度自信偏误所导致的、会对投资者组合造成损害的行为。关于如何克服这种行为的建议,会在本章诊断测验之后给出。

专栏17.1 过度自信偏误:会导致错误投资的行为

1. 过度自信的投资者会高估他们在评价一家公司能否成为投资标的时所表现出的能力。这会造成他们对所有负面信息都视而不见,而这种信息可能正好对不该买入某只股票或应该抛掉某只股票发出了警示信号。

2. 过度自信的投资者会由于认为自己掌握着别人所不具备的特殊知识而过度交易。过度交易行为已经被证明会随着时间的推移,造成收益情况恶化。

3. 由于过度自信的投资者不了解、不明白也不留意对投资表现的历史统计数据,因此会低估将面临的下跌风险。这造成他们会意外地遭受糟糕的投资组合表现。

4. 过度自信的投资者会持有分散度不够的投资组合,这造成在还没有对自己的风险容忍度进行相应调整的情况下,就承受过度风险。这类投资者甚至往往在不知不觉中,就承受了远超他们所能忍受的风险。

我会犯过度自信偏误吗

下面是对预测能力过度自信和过于肯定的诊断测验。在下一节对测验结果

---

[1] Sarah Lichtenstein, Baruch Fischhoff, and L. D. Phillips, "Calibration of Probabilities: The State of the Art to 1980", in David Kahneman, Paul Slovic, and Amos Tversky, eds., *Judgment under Uncertainty: Heuristics and Biases* (New York: Cambridge University Press, 1982), pp. 306—334.

做出分析后,将对如何消除过度自信的不利影响提出建议。

对预测能力过度自信偏误测验

问题 1:猜一下成年雄性抹香鲸(最大的一种齿鲸)的平均体重范围(按吨计)。你所给出的数字要充分确保真实数字有 90% 的概率会落在这个范围内。

问题 2:猜一下从地球到月球的距离范围(按英里计)。你所给出的数字要充分确保真实数字有 90% 的概率会落在这个范围内。

问题 3:你觉得预测出 2008—2009 年房贷泡沫破灭的难度如何?

a. 很容易

b. 比较容易

c. 比较困难

d. 很困难

问题 4:从 1926 年到 2010 年,股票的复合年收益率约为 9%。在任一年份,你预期能从自己的股票投资上获得多少收益?

a. 低于 9%

b. 约为 9%

c. 高于 9%

d. 远高于 9%

过于肯定偏误测验

问题 5:你认为在让自己挑选的投资的表现优于市场这件事上,自己有多大的掌控力?

a. 完全无法掌控

b. 几乎没什么掌控力

c. 有一定的掌控力

d. 相当有掌控力

问题 6:相比于马路上其他的司机,你算不算是一个好司机?

a. 达不到平均水平

b. 处于平均水平

c. 超过平均水平

d. 远远超过平均水平

问题 7：假设你看到这样一种说法："开普敦是南非的首都。"你是否同意？你觉得对自己的回答有多大把握？

a. 100％

b. 80％

c. 60％

d. 40％

e. 20％

问题 8：你会如何描述自己的投资水平？

a. 水平很差

b. 有点水平

c. 有水平

d. 水平很高

对预测能力过度自信偏误测验结果分析

问题 1：现实中，成年雄性抹香鲸的平均体重约为 40 吨。把体重范围估得太窄（比如，"10～20 吨"）的人可能犯对预测能力过度自信偏误。估计范围更大一些（比如，"20～100 吨"）的人不太会表现出对预测能力过度自信偏误。

问题 2：从地球到月球的实际距离是 240 000 英里。同上一个问题一样，把范围估得太窄（比如，"100 000～200 000 英里"）的人可能会犯对预测能力过度自信偏误。估计范围更大一些（比如，"200 000～500 000 英里"）的人不太会犯对预测能力过度自信偏误。

问题 3：如果答题者觉得预测出 2008—2009 年房贷泡沫破灭似乎挺容易的，那么就有可能表现出对预测能力过度自信偏误。如果答题者认为不太容易预测出泡沫破灭，就不太可能犯对预测能力过度自信偏误。

问题 4：预期自己的表现能明显高于长期市场平均水平的人，有可能犯对预测能力过度自信偏误。认为自己的收益水平处于或低于市场平均水平的人，不太可能犯对预测能力过度自信偏误。

过于肯定偏误测验结果分析

问题 5：宣称自己对投资有很强的掌控力的人，有可能犯过于肯定偏误。承认自己几乎没有或完全没有掌控力的人，不太可能表现出过于肯定的症状。

问题6：认为自己是超过平均水平的司机，很容易犯过于肯定偏误；认为自己是处于或达不到平均水平的司机，不太可能表现出过于肯定偏误。

问题7：如果答题者同意这种说法，而且对自己的回答很有把握，就有可能犯过于肯定偏误；如果投资者不同意这种说法，并且有50%～100%的把握，就不太可能犯过于肯定偏误；如果答题者同意这种说法但不太有把握，那么也不太可能犯过于肯定偏误。一般来说，可以用下面这类问题来评估人们对自己学识的自信程度：

澳大利亚哪座城市的人口更多，是悉尼还是墨尔本？

你对自己的回答有多大把握？从下面的数字中选择一个：50%、60%、70%、80%、90%、100%。

如果你选的是50%，那么你是在蒙；如果你选的是100%，那么你对自己的回答把握十足。

对这一问题已经开展了20多年的研究表明：当受试者回答像上面有关澳大利亚的问题时，如果认为有100%的把握，则相应的正确率实际约为80%；当受试者对自己的回答平均有90%的把握时，相应的正确率为75%；当受试者对自己的回答有80%的把握时，相应的正确率为65%，以此类推。

问题8：认为自己有水平或水平很高的投资者，相比于其他人更有可能犯过于肯定偏误。选择"有点水平"或"水平很差"的人，则不太可能犯这种偏误。

投资建议

过度自信是投资者会表现出的最有害的偏误类型之一。因为低估下跌风险、交易过于频繁或为了跟风"下一只热门股"而去交易，以及持有分散度不够的投资组合，都会"对你的财富造成严重危害"[这是借用了巴伯和奥迪恩（Barber and Odean）的说法]。对预测能力过度自信和过于肯定在前文已经分别做了讨论和诊断，但本节所提供的建议将过度自信作为一个整体来处理，方法上不做区分。投资者无论犯哪一种过度自信偏误，都要当心专栏17.1中所列出的4种有害行为。当然，这些现象并非不可避免，但每一种都容易发生在过度自信的投资

者身上

下面的建议分别针对每一种具体的行为现象。过度自信所容易引发的4种行为"会对财富造成危害"。

1. 对于自己挖掘出能成为潜在投资机会的公司的能力过于自信。许多过度自信的投资者认为自己挑选股票的天赋异于常人,但几乎没有证据能支持这种想法。奥迪恩的研究表明,在扣除交易成本后(是在税前),普通投资者的表现每年要比市场低约2个百分点。[1] 许多过度自信的投资者还相信自己所选的共同基金将在未来有优越表现,也正是因为他们拼命追求不切实际的预期,导致许多人在可能是最糟糕的时机将共同基金买进或卖出。现实很骨感:从1984年到1995年,股票型共同基金平均年回报率达12.3%,而普通投资者在股票型共同基金上的平均回报率只有6.3%。[2]

2. 过度交易。在奥迪恩和巴伯的经典文献《男儿本色》(Boys Will Be Boys)中,受试者的年度投资组合的平均换手率为80%(略低于共同基金84%的平均换手率)。[3] 最不活跃的1/5的投资者的平均年换手率为1%,所实现的年收益率达17.5%,高于同期标准普尔指数所实现的16.9%。然而,最活跃的20%的投资者的平均月换手率超过9%,但所实现的年化税前收益率只有10%。文章的两位作者给交易贴上"有毒"标签显得恰如其分。

当投资者的账户上有太多的交易活动时,最好的建议就是要求投资者盯好每一笔投资交易,并计算出相应的收益。这种方法可以解释过度交易的不利影响。鉴于过度自信偏误是一种认知偏误,因此信息的更新通常能帮助投资者了解自己行事方式中的错误。

3. 低估下跌风险。过度自信的投资者,特别是那些容易对预测能力过度自信的投资者,会低估下跌风险。他们对自己的预测能力太过自信,以至于没有充分考虑到投资组合发生亏损的可能性。对于表现出这种现象的投资者而言,最好的方法是将行动分为两个阶段:首先,考察交易或其他持股是否可能发生亏损,并用得出的结果来阐明过度自信的危害性;其次,关注学术界和实战派所做

---

[1] Terrance Odean, "Do Investors Trade Too Much?" *American Economic Review*, 89(5) (December 1999):1279—1298.

[2] Ibid.

[3] Brad M. Barber and Terrance Odean, "Boys Will Be Boys: Gender, Overconfidence, and Common Stock Investment", *Quarterly Journal of Economics*, 116(1) (February 2001):261—292.

的研究,了解市场的波动性。投资者由此往往能够豁然开朗,学会对云谲波诡的市场充满敬畏。

4. 投资组合分散度不够。正如退休高管不会抛掉老单位的股票一样,许多过度自信的投资者也会留着分散度不够的投资组合,因为他们不相信自己偏爱已久的证券会表现糟糕。仅仅提醒他们有许多曾经响当当的公司最终陨落,还无法让他们采取实际行动。对于这种情况,可以考虑各种形式的对冲策略,比如成本很低的领子期权、看跌期权等。还有一个值得考虑的问题是:"如果我现在并没有持有XYZ这只股票,我还愿意建这么重的仓吗?"如果回答是"不",那么就有操作的空间。有时这么做是出于税收上的考虑,比如将成本拉低,但其实可以采取一些策略来管控成本。

对过度自信偏误的总结

任何形式的过度自信偏误都会造成这样一种影响:过度自信的投资者可能并没有对未来做好准备。举个例子,大多数孩子的父母,虽然孩子已经到了读高中的年龄或者稍小一点,但还是会坚持某种长期财务计划,并且对这种计划的效果表现得相当自信。然而,大多数家庭其实并没有为教育开支存下足够的钱,甚至实际上没有多少家庭为投资、预算、保险、储蓄和遗嘱这类最基本的事"真正"安排好财务计划。这是一种不良信号,当这种家庭没能达成自己的财务目标时,可能会感到沮丧和泄气。过度自信就会养成这种行为,并招致这样的结果。投资者需要防备这种情况,而财务顾问需要处理好此类问题。识别并消除过度自信偏误是夯实真正财务计划基础的关键一步。

第十八章　第三种情绪偏误：
自控力偏误

自重、自知、自制：此三者可引至崇高境界。

——阿尔弗雷德·丁尼生勋爵（Alfred, Lord Tennyson, 1880）

偏误描述

偏误名称：自控力偏误

偏误类型：情绪偏误

概　述

简单而言，自控力偏误是由于人们缺乏自律而导致无法根据长期首要目标开展行动的现象。金钱是人们缺乏自律情况泛滥的领域。人们对于纳税的态度就是一种常见的例子。假设你作为一名纳税人，预计今年的收入会导致你的所得税要多缴 3 600 美元，并会在一年内产生。从保守的角度考虑，你决定把这笔钱存起来。你有两种方案：为了到时缴这笔税，先开设一个储蓄账户，在接下去的 12 个月中，每个月往里面存 300 美元；或者，每个月代扣 300 美元的联邦所得税,这样就不用在年底时一下子付一大笔钱了。按照理性的经济思维,你应该选择开设储蓄账户,因为这样钱就可以生息,到时净值会超过3 600美元。然而,许多纳税人会选择代扣的做法,因为他们觉得在实际操作时,由于缺乏自律(比如,可能花钱时大手大脚,当需要存这笔税款时,钱没了)而导致储蓄账户计划难以实现。

自控力偏误还可以理解为人们的首要目标以及由于缺乏自律而无法采取具体行动去实现这种目标之间的冲突。举个例子,大学生如果想历史课成绩拿到"A",那么按道理来说,就不该去参加狂欢派对,而是应该在图书馆里埋头学习。肥胖的人如果下定决心减肥,就应该拒绝巧克力圣代的诱惑。然而实际情况是,有许多人为了贪图一时之快,而放弃了自己的长期目标。

对于投资来说也一样。投资的首要任务是为退休生活存下足够的钱。本章的大部分内容就是关注投资者的储蓄行为,并探讨如何在这一问题严重的领域大幅提升自控力。

自控力偏误的例子

鼓励人们多储蓄是一项很有挑战性的任务。芝加哥大学的理查德·H.塞勒教授和加州大学洛杉矶分校安德森商学院的什洛莫·贝纳茨(Shlomo Benartzi)教授推行的"明天储蓄更多计划"(Save More Tomorrow Program,SMTP)[1],目的就是帮助那些想要多储蓄但缺乏行动的意志力的企业员工。这个计划为储蓄行为提供了许多有用的见解,对其的研究将作为本章的实际应用探讨。

SMTP有以下四个重要方面:

1. 员工在工资定期上涨发生之前,就先安排好在相当长的一段时间内提高自己的储蓄率。

2. 参与这一计划的员工在工资首次上涨之后,就自动开始提高储蓄率。

3. 参与这一计划的员工的储蓄率在每一次工资定期上涨之后,都会不断地自动上调,直至储蓄率达到预先设定的最大值。

---

[1] Richard H. Thaler and Shlomo Benartzi,"Save More Tomorrow: Using Behavioral Economics to Increase Employee Saving", *Journal of Political Economy*,112(1):5164−5187.

4. 员工可以在任何时间选择退出这一计划。

让我们按照1988年一家中等规模制造企业来考察一下SMTP的试验结果。在采用SMTP之前，这家企业的参与度和储蓄率都很低。为了提高员工的储蓄率，企业聘请了一位投资顾问，向每位符合条件的员工提供退休储蓄计划服务。在315位符合条件的员工中，只有29人同意与这位顾问见面并接受他的建议。根据员工所提供的信息，顾问运用商业软件计算出他们意向的储蓄率。他与每一位员工都做了沟通，询问他们觉得储蓄率提高多少才是经济上可以接受的。如果员工不愿意看到储蓄率大幅提高，那么顾问就会将计划中储蓄率的提高幅度控制在5%以内。

在与投资顾问做了沟通的286位员工中，只有79位（占28%）愿意接受顾问的建议，其中包括那些将储蓄率的提高幅度控制在5%的人。针对其余的参与者，顾问提供了一种SMTP，建议他们每年将储蓄率提高3个百分点，并从下一次工资上涨的时候开始。即便在那些储蓄率提高幅度相当激进的策略中，SMTP在参与者中也显得相当受欢迎。在不愿意接受投资顾问所提出的储蓄率的207位参与者中，也有162位（占78%）同意参加SMTP。

在储蓄率发生上调后，大多数参与者并没有改变他们的想法。只有4位（占2%）参与者在工资第二次上涨之前退出该计划，另有29位（占18%）参与者在工资第二次和第三次上涨之间退出该计划。因此，绝大多数参与者（占80%）在三次工资上涨期间都遵守该计划。进一步来说，即便是那些退出计划的人也并没有将他们的储蓄率降至最初的水平，他们只不过是不想让储蓄率再提高了。所以，即便是这类员工的储蓄，相比于参加计划之前也有明显增加。

由此得出一个重要的经验：人们通常在为退休生活做规划和储蓄方面做得很糟糕。为了能有一定的家底，人们需要始终保持自律。

对于投资者的意义

正如前面所提到的，自控力的主要问题是无法为退休生活做好储蓄。此外，还有其他几种自控力偏误所导致的错误投资行为。专栏18.1对此做了总结。

> **专栏 18.1　自控力偏误：会导致错误投资的行为**
>
> 　　1. 自控力偏误会导致投资者将明天的储蓄在今天大手大脚地花掉。这种行为会对投资者的财富造成损害，因为退休生活正一天天逼近，但投资者的钱还没存够。对于这种情况，人们往往会为了弥补浪费的时间而拿着投资组合去过度冒险。这么做肯定会让问题加剧。
>
> 　　2. 自控力偏误会导致投资者无法为退休做好规划。研究表明，相比于那些为退休做好规划的人，没有为退休做规划的人的退休生活会过得更动荡。还有研究表明，没有为退休做好规划的人不太可能去投资股票。
>
> 　　3. 自控力偏误会造成资产配置不平衡问题。举个例子，有些投资者会出于"及时行乐"的想法而更偏爱收益性资产。这种行为会对长期财富造成危害，因为收益性资产过多会造成投资组合跟不上通胀的速度。还有些投资者可能偏爱不同的资产类别，比如喜欢股票，但对债券没什么兴趣，因为他们控制不住自己喜欢冒险的冲动。
>
> 　　4. 自控力偏误会导致投资者忽视基本的金融原理，如复利、按美元成本平均计算法等，但如果遵循类似的原理，有助于创造显著的长期财富。

我会犯自控力偏误吗？

本节包含了一些可用于诊断自控力偏误的简单测验。

问题1：假定你需要换一辆新车。目前这辆车你已经开了7年，是时候换一辆新的了。并且假定你在买车这件事上面临着一些约束，毕竟"钱不是大风刮来的"。你最有可能采取下列哪种方式？

a. 我不想在买车这件事上花太多钱，因为我只不过将车子当作代步工具，并不需要什么花里胡哨的东西。此外，买的车子不要太酷炫，我就能省下一笔钱存到自己的储蓄账户里。

b. 我会买一辆中等价位的车，最好有一些时尚的功能，这会让我很开心。为了能买到一辆爱车，我可以放弃其他一些消费。我想象不出还有其他什么奢侈品可以让自己这么兴奋，只有这辆车能让我有这种感觉，愿意为它下血本。

c. 在买车这件事上，我得满足一下自己。我可能挥霍一次，买一辆豪车，尽可能配置市面上所有的奢侈功能。即便为了买这辆车会花光我存了很久的积蓄，我还是觉得应该享受当下。这辆车就能实现我的这种想法。

问题 2：你会如何描述自己的退休储蓄安排？

a. 我会咨询自己的财务顾问，确保每一项能享受到税收优惠的投资工具[401(k)、IRA 等]都得到充分利用。我通常会在应税账户中多存点钱。

b. 我通常会利用大多数能享受到税收优惠的投资工具，虽然我也知道有时自己会忽略一些细节。我可能在应税投资账户中存些钱，也可能不会。

c. 我几乎不会为了退休生活存钱。我的大多数可支配收入都花光了，所以几乎没什么钱能存下来

问题 3：你觉得自己的自律能力怎样？

a. 我始终能实现那些对我而言很重要的目标。举个例子，如果我想减重 10 磅，我会控制饮食并拼命锻炼，直到让自己满意。

b. 我通常能达到自己的目标，但有时在一些很困难的事情上会坚持不下去，需要花点力气。

c. 我很难对自己信守承诺。我几乎没有什么自律能力，为了实现重要的目标，我通常需要寻求他人的帮助。

测验结果分析

问题 1、2 和 3：对上面任何一道问题选择"b"或"c"的人，都有可能犯自控力偏误。请注意，自控力问题是一种很常见的偏误。

投资建议

当人们发生自控力偏误时，通常可从以下四个方面提供建议：

控制开支。自控力偏误会导致投资者及时行乐，而不考虑为明天做些储蓄。人都非常希望及时行乐，这种做法与长期财务目标的实现是相冲突的，因为通常来说投资者还没把钱存够，退休生活就已在眼前。这会刺激人们在最后一刻为了弥补浪费的时间，而让投资组合承受过度风险——这种情况事实上会让他们退休生活的安全性处在不断增加的风险之下。投资者应当始终先给自己留出一部分钱，以确保下半生能过上安逸的生活，特别是当退休还要等很长一段时间

时。如果投资者已经过了60岁，但还没有为退休生活存够钱，情况就会变得很困难。必须在储蓄、投资和承担风险之间认真做好平衡，以便把退休时的储蓄罐做大。通常来说，投资者考虑如下做法也会有所受益，比如打份零工（在退休之前或退休之后），或削减消费。在任何一种情况下，先给自己留出一部分钱——赋予未来生活足够的优先级，而不是只顾眼前的消费——都很重要。

缺乏规划。自控力偏误会导致投资者不去为退休做好充分的规划。研究表明，相比于那些为退休做好规划的人，没有为退休做过规划的人的生活到时会更为动荡。没有为退休做规划的人也不太可能去投资股票。投资顾问必须向投资者强调，不做规划的投资就像不画蓝图的建筑。规划是取得长期财务成功的重中之重。而且，需要把规划写下来，这样就能定期温故一下。如果不做规划，投资者可能就不会去投资股票，这就会造成跟不上通胀速度的问题。总之，不做规划的人会失败——就是因为没做规划。

投资组合配置。自控力偏误会导致资产配置不平衡的问题。犯这种偏误的投资者会偏爱收益性资产，因为有"及时行乐"的想法。这种做法与长期财务目标的实现相冲突，因为收益性资产过多会造成投资组合跟不上通胀的步伐。自控力偏误还会导致人们过分偏爱某种资产类别，比如股票而不是债券，因为他们控制不住自己想去冒险的冲动。无论投资者喜欢的是债券还是股票，都是一种缺乏自控力的表现，需要让他们学会保持平衡的投资组合，这样才能实现长期财务目标。

揭示自律的益处。自控力偏误会导致投资者忽视最基本的金融原理，比如复利或按美元成本平均计算法等。如果投资者一直没能收获这些原理所产生的收益，那么就会错过积累起庞大长期财富的机会。投资者应当关注复利收益。有一些非常高效的软件可以向人们展示，即便在收益率上存在最小的1%~2%的差异，但随着时间的积累，最终会导致有些人能过上舒适的退休生活，而有些人退休后的生活会过得很窘迫。借用在意志力的讨论中常常会提到的有关锻炼的例子，在投资中自律的益处就像在健身中一样，要通过刻苦的锻炼才能获得。不过，付出总是值得的。

第十九章　第四种情绪偏误：安于现状偏误

任何渴望不断成功的人都必须与时俱进。

——尼科洛·马基雅弗利（Niccolo Machiavelli，1532）

偏误描述

偏误名称：安于现状偏误

偏误类型：情绪偏误

概　述

安于现状偏误（status quo bias）的概念是由威廉·萨缪尔森和理查德·泽克豪泽（William Samuelson and Richard Zeckhauser）于1988年提出的。[1] 这种情绪偏误会使人们在面临一系列选项时，倾向于选择能维持或延长现有状态（即"安于现状"）的选项，而不是那些可能带来变化的选项。换句话说，安于现状

---

[1] William Samuelson and Richard J. Zeckhauser, "Status Quo Bias in Decision Making", *Journal of Risk and Uncertainty*, 1(1) (1988):7—59.

偏误会发生在喜欢事情保持相对不变的人身上。打个很直观的比方，安于现状偏误就像是惯性原理，指的是物体在没有外力的作用下会始终保持静止。可以用一个现实世界中的简单例子来说明。20世纪90年代初，新泽西州和宾夕法尼亚州都改革了本州的保险法，并提供了新的项目。居民可从以下两种汽车保险方案中做出选择：(1)稍贵一些的方案可以让投保人万一发生事故，在起诉另一方时权利更大；(2)便宜一些的方案会造成投保人在打官司时权利有限。每种保险方案的期望货币价值都差不多。但是，新泽西州将稍贵一些的方案设为默认项，最终有70%的人"选择了"这一方案。而宾夕法尼亚州的情况则相反——人们要想选择稍贵一些的方案，得先把作为默认项的便宜方案给划掉，最终，有80%的人"选择了"便宜的方案。

安于现状偏误的例子

如果投资者继承了一个集中度很高的股票头寸，就往往会表现出典型的安于现状偏误。假设一个孙子从自己的爷爷那里继承了一些银行股，他就会不太愿意卖掉。即便他的投资组合分散度不够，做出一些调整能有所帮助，他还是会安于现状。对此，有一系列动机在发挥作用：第一，投资者可能没有意识到持有一个过度集中的股票头寸存在风险，他并没有预见到如果股票大跌，自己的财富会遭受严重损失；第二，孙子可能对这只股票有种情感寄托，承载着他和上一辈人之间的情感联系；第三，他可能出于避税、费用/佣金或其他交易成本的考虑，而不愿意抛掉这只股票。

本章的建议部分将探讨一些解决上述问题的策略——这些问题都会造成安于现状偏误。

对于投资者的意义

专栏19.1介绍了4种由安于现状偏误所导致的错误投资行为。

> **专栏 19.1　安于现状偏误:会导致错误投资的行为**
>
> 1. 安于现状偏误会导致投资者在持有不适合自己风险/收益状况的投资时,无动于衷。这意味着投资者承受了过度风险,或者在投资时太过保守。
>
> 2. 安于现状偏误会和损失厌恶偏误同时发生。在这种情况下,当投资者有机会重新配置或调整投资仓位时,仍会选择维持现状,因为这样做能让投资者不太需要去割肉。即便从长期来看,如果投资者选择另外一条道路可以实现更高的收益,但他们还是会这么做。
>
> 3. 安于现状偏误会导致投资者持有那些他们觉得更熟悉或者更喜欢的证券。然而,这种做法会对财务目标造成损害,因为对于一只表现糟糕的证券而言,人们主观上的舒适感并不能作为持有的理由。
>
> 4. 安于现状偏误会导致投资者死守着继承来的或者买来的证券不放,因为想要规避抛售所造成的交易成本。这种做法对个人财富危害很大,因为相比于抛掉一笔表现糟糕的投资,或者对投资组合开展正确的配置,佣金或税费往往不算什么。

我会犯安于现状偏误吗？

下面的问题是设计用来诊断安于现状偏误所导致的情绪偏差。在测验时,请选择最能体现自己反应的选项。

安于现状偏误测验

问题 1:假设你的财务顾问向你提供了一份投资组合再平衡计划,该计划要求你对自己的投资组合做出许多重大调整,甚至会产生一些让你不太高兴但对你的投资组合而言又是相当必要的纳税事项。你最有可能采取以下哪种做法?

a. 我会立即按照建议采取行动。

b. 我会说"让我想一想",然后实事求是地做一番了解,最后在一周之内去找这位顾问——最后确实也这么做了。

c. 我会说"让我想一想",然后在一周之内去找这位顾问——但我实际上可能不会去找他,或者要隔3～6个月再想起来去找他,因为我对这种重大调整的做法很恼火。

问题2：你的投资组合中有一只表现优异的公司债券。这只债券向你源源不断地提供收益，这让你很高兴。你的财务顾问对你的债券持有情况做了分析之后，建议你用一只表现差不多的市政债券替代这只公司债券，预计这能让你获得更高的扣除税费后的收益。你对这只市政债券不太了解。你最有可能做出以下哪种反应？

a. 我会卖掉公司债券，买入市政债券。

b. 我会维持现状。

问题3：假设你从自己的远房叔叔吉姆那里继承了一笔能轻易转手的南非金矿投资。你和自己的财务顾问对这笔资产做了一番探讨，她认为你的投资组合中包含的黄金资产和大宗商品已经够多了。更重要的是，吉姆叔叔的这笔遗产起不到分散化的作用。顾问建议你卖掉它。你最有可能采取以下哪种行动？

a. 我会按照财务顾问的建议卖掉它。

b. 我会继续持有这只金矿股票，因为我不想卖掉或改变逝去的人留给我的东西。

测验结果分析

问题1：选"c"的人表现出了典型的安于现状偏误。

问题2：相比于选"a"的人，选"b"的人更有可能犯安于现状偏误。选项"a"可能提供更高的回报，而选项"b"属于安于现状。

问题3：对于这种情况，大多数人会表现出选项"b"所描述的情形，即便根本没有理由去持有这一资产。选"b"说明犯了安于现状偏误，而"a"不会。

投资建议

本节会对专栏19.1中所罗列的每一种投资者错误行为提出建议。

持有不适合的资产。要想克服这种安于现状偏误，开展一定的教育很有必要。正如前文所提到的，安于现状偏误根深蒂固，很难克服。揭示持有不适合的资产所存在的下跌风险，通常是一种有效的办法，可以促使人们调整自己的行为。还有一种能给人以启发的做法是用一只股票来演示，如果市场下跌了，这只股票的表现会对自己的总体财富水平造成怎样的影响,这样就能将财富的变动与生活状况可能发生的变化清晰地联系起来。

安于现状偏误和损失厌恶偏误。什么都不做要比做决策容易得多。尤其是当决策可能造成情感上的痛苦时,就更是如此。举个例子,决定抛掉一笔亏损的投资会造成割肉,但无动于衷往往会损害长期收益。

安于现状偏误和情感羁绊。在资产管理中,情感上的考虑可能是最说不通的一种理由了。当财务目标的实现受阻时,无动于衷、活在自己幻想出的情感世界里的做法,风险实在太大了。此时就需要有人指导应该如何管理情感。大众心理学中一个很流行的话题"情商",对此类现象提供了颇多见解。

安于现状偏误和害怕产生交易成本。当要调整目前的资产配置时,税费是一种合理的关切。不过,相比于继续持有或抛掉表现糟糕的证券可能造成的影响,这种关切算不了什么。一定要记住,分散化和正确的资产配置很有用。

第二十章　第五种情绪偏误：禀赋偏误

聪明人知道如何利用钱，而不是老想着钱。

——乔纳森·斯威夫特（Jonathan Swift）

偏误描述

偏误名称：禀赋偏误

偏误类型：情绪偏误

概　述

存在禀赋偏误的人会觉得自己拥有产权的资产价值，相比自己没有产权的同一种资产价值更高。标准经济学理论认为，人们愿意为某种商品支付的价格，应该始终等于他们愿意对这种商品被占有而接受的价格——占有的价格可以用补偿金的方式来测算，而禀赋偏误对此是一种异象。心理学家发现，人们对一件商品的最低售价，会超过他们愿意为同一件商品付出的最高价格。事实上，当人们对某项资产拥有所有权时，会直接"赋予"其一定的附加值。禀赋偏误会影响人们对某个自己一直拥有的东西的态度，或者当别人要买走自己的这样东西时，这种偏误就会突然冒出来。

禀赋偏误的例子

一旦投资者获得(拥有)证券后,他们就会对后续的调整很抵触。我们来对与拥有证券相关的禀赋偏误做一考察。

威廉·萨缪尔森和理查德·泽克豪泽[1]曾对禀赋偏误开展过一项富有启发性的研究,合理地揭示了投资者会犯这种偏误。萨缪尔森和泽克豪泽做了这样一个试验,要求投资者想象一下自己必须从以下四个投资选项中选择一项:

1. 一只中等风险的股票
2. 一只高风险的股票
3. 一只国债
4. 一只市政债券

还有另外一组投资者也被出示了相同的一组选项,不过他们被要求想象自己已经获得了其中的某一项。同时,他们被告知,如果需要,可以放弃随机赋予他们的证券,换成一只他们中意的证券,而且这么做不存在惩罚。然而,第二组投资者无论被分配到什么样的证券,都表现出保留"所得到的东西"的做法。这是禀赋偏误的一个经典案例。正如有些投资者不愿意卖掉从上一辈人那里继承的证券。当面临这种情况时,如果投资者考虑卖掉继承来的证券,他们会觉得有一种不忠感,而且在决定"什么才是该做的事"以及税务事宜时,会表现出犹豫不决。

对于投资者的意义

关于投资者为什么会犯禀赋偏误,有一些很现实的解释。了解禀赋偏误发生的根源有助于对此类偏误所导致的错误行为保持警惕。首先,投资者会死守着已经拥有的证券不放,为的是规避抛售证券所产生的税务成本。请确保你没有"将税务问题和投资活动本末倒置"。这种理由会损害投资者的财富,因为无动于衷、没有及时抛掉某类资产有时反而会导致本可以避免的亏损,迫使投资者

---

[1] William Samuelson and Richard J. Zeckhauser, "Status Quo Bias in Decision Making", *Journal of Risk and Uncertainty*, 1(1) (1988):7—59.

放弃购买可能带来更丰厚回报的其他资产。其次,投资者会死守着那些他们更熟悉的证券不放。如果投资者根据自己的经历而对所拥有的投资工具的特点(比如某只国债的表现)很了解,那么他们就不愿意将其更换为相对不熟悉的其他投资工具。事实上,这种熟悉感也会产生价值。这种价值会直接增加投资者所拥有的证券的实际市场价值,导致他对这只证券愿意接受的价格(WTA)超过他愿意支付的价格(WTP)。

专栏20.1对由禀赋偏误所导致的错误投资行为做了总结。

专栏20.1　禀赋偏误:会导致错误投资的行为

1. 禀赋偏误会造成投资者死守着他们继承的证券不放,而不管保留这些证券在财务上是否明智。当继承人害怕因出售证券而表现出自己对先人的不忠时,往往会出现这种偏误。

2. 禀赋偏误会导致投资者死守着自己买来的(或已经拥有的)证券不放。这种情况往往是由于决策瘫痪造成的,当别人要买走自己一项资产的处置权时,人们会要求在补偿金上增加一个不合理的溢价。

3. 禀赋偏误会导致投资者持有继承来的或自己购买的证券不放,因为他们想要规避出售证券所造成的税务成本。然而,相比于从一笔不明智的投资中撤出,这种成本开支算不了什么。

4. 禀赋偏误会导致投资者持有继承的或自己购买的证券不放,因为他们对这些投资的表现特点更熟悉。然而,这种熟悉感并不能作为保留一只表现糟糕的股票或债券的正当理由。

我会犯禀赋偏误吗?

下面的简单测验可以帮助你诊断出禀赋偏误。

禀赋偏误测验

问题1:假设你亲爱的莎莉阿姨在离世后留给你100股网飞公司(Netflix)的股票。你的财务顾问觉得你在科技股上仓位太重了,建议你卖掉莎莉阿姨留下的股票。你最有可能采取以下哪种行动?

a. 我可能继续持有网飞公司的股票,因为这是莎莉阿姨留给我的。

b. 我可能听取财务顾问的建议,卖掉这些股票。

问题2:假设你为自己的投资组合购买了一只优质的市政债券。它为你源源不断地提供收益,这让你很高兴。你的财务顾问对你的债券持有情况做了分析之后,建议你将这只市政债券换成一只表现差不多但你不太了解的公司债券。他解释说,相比于你目前持有的市政债券,这只公司债券预期能为你带来更高一些的扣除税费后收益。你最有可能做出以下哪种反应?

a. 我会继续持有市政债券,因为我对它更熟悉。

b. 即使我对这只公司债券不太熟悉,我还是会卖掉市政债券而买入公司债券。

测验结果分析

问题1:不愿意卖掉莎莉阿姨留下的网飞公司股票的人,容易犯禀赋偏误。

问题2:相比于那些即便要踏入自己不熟悉的领域,也愿意接受财务顾问的建议进行重新配置的人而言,因为对市政债券更熟悉而决定继续持有的人更有可能犯禀赋偏误。

投资建议

通常来说,禀赋偏误主要会从以下两个方面影响投资者:

继承证券。对于这种情况,你可以问一问自己:"如果我得到的是与这只证券等值的现金,那么我会愿意把遗产中的多大比例配置给这只证券呢?"通常的回答是根本不考虑,或者只配置一点点。了解一下逝者生前持有这只证券时的想法也很有帮助。"你认为约翰叔叔就是想留给你这点股票吗?有没有可能他更关心你整体的财务安全状况?"投资者通常会觉得是后一种情况,进而采取一种更为合理的配置方案。但如果投资者还是相信已故亲戚之所以会留给自己这只证券,是因为看中它将来的升值机会,那么你可能要换一种提问方式:"好吧,就算约翰叔叔希望你留着这些股票。但如果他确实不想让你卖掉它们……那他还会希望你如何去处理呢?"始终记住自己的长期财务目标,对于处理这种情况很重要。

更想持有自己熟悉的证券。熟悉感是一种很难克服的感受。舒适感对投资者而言很重要,对投资组合做任何可能让自己明显感到不舒服的调整都是不可接受的。克服投资者的熟悉感的最好办法,就是了解一下他们不熟悉的证券的历史表现。通过这种方式,就能对新的投资工具培养出熟悉感,并相应达到一定程度的舒适感。

第二十一章　第六种情绪偏误：后悔厌恶偏误

> 我能想象如果股市上扬，而自己没有参与进去，或者股市下跌，而自己恰好满仓，那我该有多沮丧。我的想法就是尽量不要在将来后悔，所以我将自己的退休计划按债券和股票各配置一半。
>
> ——哈里·马科维茨（Harry Markowitz），现代投资组合理论之父

偏误描述

偏误名称：后悔厌恶偏误

偏误类型：情绪偏误

概　述

存在后悔厌恶偏误的人会尽量避免开展决策行动，因为他们害怕无论自己采取哪种做法，从事后来看，都会被证明不是最优的。从根本上来说，这种偏误会造成人们尽量避开糟糕的决策所造成的后悔这种痛苦情绪。举个例子，后悔厌恶会导致投资者对于投身近期出现下跌的金融市场思虑过多。当他们经历了

不理想的投资结果后,会本能地变得保守、退缩,忙着舔舐伤口——而不是加把劲去抢购可能被低估的股票。然而,股价的低谷期往往是最好的买入时机。存在后悔厌恶偏误的人会在本该采取积极行动的时候犹豫不决。

后悔厌恶只会在人们遭受损失之后才产生,它还会影响人们对投资收益的反应。举个例子,存在后悔厌恶的人会不愿意出售近期上涨的股票——即便有客观的指标能证明是时候退出了。反过来,后悔厌恶的投资者也会死守着本该抛掉的头寸不放,因为害怕一旦抛掉,就可能承受错过其将来一飞冲天所造成的痛苦。

后悔厌恶偏误的例子

下面的案例研究揭示了两种后悔厌恶偏误:做了本不该做的错误和错过本该做的错误。案例展现了后悔厌恶投资者在两种情形下的表现:(1)投资者经历了亏损,后悔自己做了投资决策;(2)投资者错过投资某件东西的机会,之后这件东西升值了,后悔自己没能获得收益。

假设吉姆有机会投资 Schmoogle, Inc.,这家公司最近刚在市场上亮相,首次公开发行(IPO)便一炮而红。之后由于市场疲软,Schmoogle 的股价也下跌了10%,但吉姆仍认为这只股票潜力巨大,考虑买入。如果吉姆投资 Schmoogle,会发生以下两种情况之一:(1)Schmoogle 继续下跌(意味着吉姆做了错误的决定);(2)Schmoogle 出现反弹(表明吉姆做了正确的决定)。如果吉姆选择不投资,又会发生以下两种情况之一:(1)Schmoogle 出现反弹(意味着吉姆做了错误的决定);(2)Schmoogle 继续下跌(表明吉姆做了正确的决定)。

假设吉姆选择投资,而 Schmoogle 继续下跌,他就犯了做了本不该做的错误。因为他实际采取了投资行动,但最终亏钱了,所以他可能会非常后悔。

再假设吉姆选择不投资,而 Schmoogle 上涨了,他就犯了错过本该做的错误。因为他错过了购买 Schmoogle 的机会,赌输了。但这种后悔感可能没有上一种错误所造成的那么强烈。为什么呢?首先,回忆一下我们在第十六章到第十八章中所学到的,相比于赚钱,投资者更讨厌亏钱。其次,在第一种情况中,投资者选择进行投资,然后亏钱了;而在第二种情况中,投资者仅仅是什么都没做,然后丧失了赚钱的机会。

对于投资者的意义

后悔厌恶会导致投资者害怕承受因发生亏损或错过赚钱机会而造成的后悔的痛苦。这类投资者不仅面临着财富可能蒸发这一不利因素,而且害怕尝到自作自受的滋味(因为后悔意味着自己负有责任,而仅仅是失望则没有这个问题)。害怕自己去做不该做的事或"采取错误的行动"所产生的焦虑,会造成投资者谨小慎微,导致他们从主观上可能非理性地偏好所谓的值得去做的投资(所谓的"好公司")。假设厌恶后悔的吉姆正考虑两种投资,它们的预期风险和收益都差不多:一个是"大公司"(Large Company, Inc.)的股票,另一个是"中等规模公司"(Medium-Size Company, Inc.)的股票。即便从数学上看,投资这两家公司的收益是一样的,但吉姆还是有可能觉得投资"大公司"更放心一点。如果投资"大公司"没赚到钱,吉姆会认为自己的决策不可能错得太离谱,因为肯定有很多投资高手也投资了"大公司"。这样,吉姆就不会觉得自己特别愚蠢,在后悔时不会太自责。然而,如果他投资失败的是"中等规模公司",他就找不到同样的借口了。在觉得后悔时,他无法宽恕自己("有许多投资高手和我犯了一样的错误——那会不会是市场异象才造成了这种情况呢?"),而是会责怪自己("我为什么会这么做?我就不该投资中等规模公司,只有投资菜鸟才会投资中等规模公司。我真是太傻了!")。此时有必要回忆一下,"大公司"和"中等规模公司"的股票的风险其实是一样的。这就反映出一个事实:后悔厌恶和风险厌恶并不是一回事。专栏21.1列出了由后悔厌恶偏误所导致的5种错误投资行为。克服这些偏误的方法会在投资建议一节进行介绍。

专栏21.1 后悔厌恶偏误:会导致错误投资的行为

1. 后悔厌恶偏误会导致投资者在做投资时太过保守。许多人由于在过去遭受了损失(尝到了在风险投资上做出糟糕决策的苦果),所以不愿意再尝试去做大胆的投资决策,而只想接受低风险的头寸。这种行为会导致长期表现不理想,无法实现投资目标。

2. 后悔厌恶偏误会导致投资者在面对近期出现下跌的市场时,表现得过于谨慎。厌恶后悔的人会害怕如果在这样一个市场中进行投资,但市场可能仍延续下跌趋势,那么就会造成自己很后悔先前做出这样的决定。但通常来说，市场低迷时会出现捡漏的机会，如果人们能果断地抓住一些被低估的投资机会，就能大赚一笔。

3. 后悔厌恶偏误会导致投资者死守着亏损的投资不放。人都不喜欢认错，因此他们会极力避免抛掉亏损的投资（不想面对这一现实）。这种做法与损失厌恶一样，对人们的财富危害很大。

4. 后悔厌恶偏误会导致"跟风行为"，因为对有些投资者来说，"大家都买，那我也买"能让他们觉得将来不会太后悔。21世纪10年代末房地产泡沫的破灭以及近年来的其他一些案例表明，即便是几乎所有人的集体行动，也会阴沟里翻船。

5. 后悔厌恶偏误会导致投资者更喜欢自己主观上认为是好公司的股票，即使有其他的股票也能提供相同的甚至更高的预期回报。厌恶后悔偏误的投资者觉得"风险更大"的公司会迫使自己做出更大胆的决策，因此一旦投资失败，相比于投资"常规的""安全的""可靠的"股票所取得的结果，这种情况更能反映出自身的判断能力差劲。当然，随着个人责任感的增强，后悔感也会加剧。但实际上，相比于那些投资者认为有风险的公司，投资所谓的好公司并不会让他们的收益有什么差异。

我会犯后悔厌恶偏误吗？

下面的问题是设计用来诊断后悔厌恶偏误所导致的认知偏差。在测验时，请选择最能体现自己反应的选项。

后悔厌恶偏误测验

问题1：假设你投资了ABC这只共同基金，在之后的12个月里，ABC上涨了10%。现在出于正常的投资组合再平衡目的，你考虑卖掉ABC，但《华尔街日报》上的一篇文章点燃了新的希望：ABC还会更上一层楼吗？鉴于ABC近期的表现以及新发布的消息，下面哪个选项最有可能是你的反应？

a. 我觉得自己会持有一段时间后再卖掉。如果我现在卖掉了，而ABC之后继续上涨，那我真要后悔死了。

b. 我可能会卖掉。但如果 ABC 之后继续上涨,我还是会后悔的。

c. 我可能会毫不犹豫地卖掉这只基金,因为投资组合再平衡才是更重要的事——我并不关心在卖掉之后,ABC 的价格会怎样。

问题 2:假设你决定购买 200 股 LMN 共同基金。你现在先按照每股 30 美元买进 100 股,并计划等上几天再购买另外的 100 股。进一步假设在你第一次买入 100 股之后没多久,市场整体出现跳水。LMN 目前的交易价是 28 美元,但基本面没有出现任何变化,下面哪一个答案与你面临这种情况时的想法最接近?

a. 我可能会等股价开始反弹之后,再去买另外的 100 股。我实在不想看到 LMN 跌至 28 美元下方,否则我会对自己最初的购买决策懊悔不已。

b. 我可能现在就会买另外的 100 股。但如果 LMN 到头来还是下探到 28 美元下方,我可能会对自己的决策懊悔不已。

c. 我可能现在就会买另外的 100 股。即便 LMN 跌至 28 美元下方,我仍会觉得自己没什么好懊悔的。

问题 3:假设你决定在股市中投资 5 000 美元,并将投资选项锁定在两只共同基金上:一只由"大公司"(Big Company, Inc.)管理,另一只由"小公司"(Small Company, Inc.)管理。根据你自己的计算,两只基金的风险和收益情况是一样的。"大公司"是一家广受追捧、声名显赫的公司,投资者中包括诸多大型养老基金。"小公司"也经营良好,但不像"大公司"知名度那么高,投资者也不怎么有名气。下面哪一个答案与你面临这种情况时的想法最接近?

a. 我很有可能投资"大公司",因为能和那么多备受尊崇的机构投资者采取一致的行动,让我更放心。即便"大公司"的价值下跌了,我也能知道自己并不是唯一一个被这种情况吓到的——有那么多投资高手面临与我一样的困境,我就不会对自己的判断失误太自责。

b. 我很有可能投资"大公司",因为如果我投资"小公司"并且失败了,那么我会觉得自己很愚蠢。几乎没有哪家有名气的投资机构看好"小公司",我会很后悔与那些机构达成的共识反着做,到头来却发现是自己错了。

c. 打心底里来说,我觉得这两个投资选项没什么差别,因为它们在风险和收益上的预期参数是一样的。

测验结果分析

问题 1、2 和 3:在这 3 道问题中选择"a"或"b"的人,会犯后悔厌恶偏误。

投资建议

本节将对专栏21.1中所罗列的后悔厌恶偏误的每一种缺点提出应对策略。

投资太过保守。无论投资者被最终"竹篮打水一场空"的投资"伤害"过多少次,风险(在合理分散化的条件下)始终是投资组合的一味有益的调料。对此,开展一些高效的前沿研究会很有用。投资太过保守确实不会让投资者的资产有灭顶之灾——但按定义来说,过于保守意味着风险的相对缺乏。而且,拒绝承担风险往往意味着放弃潜在的回报机会。相比于愿意承担风险的投资者来说,由于厌恶后悔偏误而对风险资产抵触的投资者的组合升值速度会很慢,因此可能实现不了自己的投资目标。

在亏损之后远离市场。在证券交易中,没有比"高抛低吸"更基本的原则了。但是,许多投资者的表现完全体现不出这种指导原则。说到底,人性是逐利的,喜欢跟风赚"热钱"。当然,通过跟随市场趋势确实有可能赚到钱……但问题是,你永远不知道气球何时会爆炸,比如,昨天还很火热的股票到了今天下午就暴跌40%。规范的投资组合管理对于长期成功而言至关重要,这意味着要严格做到在市场低点买入、在市场高点抛出。

死守着亏损投资不放。华尔街有一句格言:"及时割肉。"虽然割肉永远都是让人痛苦的,但背后的道理是:在发现自己所做的决策赚不到钱之后,最好及时割肉,并寻找下一个目标。每个人偶尔都会犯错,即便是世界上顶尖的交易员也不例外。投资者不该为割肉而后悔不已。如果人们能学着在面对亏损时不过分沮丧,那么承受亏损时的痛苦也便少了几分,在这种情况下,后悔厌恶的影响就能减轻一些。

跟风行为。有跟风心理的投资者往往很难说清楚,为什么会做一笔并不适合自己长期计划的新投资。许多存在这种心理的投资者会由于犹豫不决而退缩,并重新采纳大众所形成的共识。但也有人会觉得:"这是个赌一把的机会。"这种想法本身并没有什么危险。投资者有时就该赌一把。不过,他们必须先搞清楚要参与的赌局的筹码和后果。

更喜欢好公司。投资者往往更喜欢买像可口可乐这类"好"公司的股票。但是,就与它们的竞争对手一样,这类家喻户晓的公司也会有起伏。有时投资者之所以只考虑好公司,仅仅是因为他们害怕如果投资不太知名的公司失败了,自己会懊悔不已。要记住,大品牌并不一定就能提供回报。可口可乐当然尽人皆知,但这并不意味着这家公司的股票一定能赚钱。

还要记住,当一只你持有了很久的股票开始下跌时,你也会后悔。对此,一个有用的办法是,先试着把任何可能影响你做出抛售决策的情绪放到一旁。一旦你下定决心,就做出选择,并坚定地执行下去。如果这只股票的确是一个不错的投资机会,你以后随时可以再买。

第二十二章　第七种情绪偏误：亲密性偏误

我觉得，游艇是我地位高人一等的象征。

——保罗·盖提(Paul Getty)

偏误描述

偏误名称：亲密性偏误

偏误类型：情绪偏误

概　述

亲密性偏误是指人们会根据自己认为某种商品或服务如何能体现出自己的身价，来做出非理性的、非经济的消费选择或投资决策。这种想法关注的是商品的表达性收益(expressive benefits)，而不是这种商品或服务真正能为人们带来什么[功利性收益(utilitarian benefits)]。在消费品领域，有关这种现象的一个很常见的例子是买酒。消费者会在饭店或酒店花几百美元购买一瓶包装精美的名酒，为的是给吃饭客人留下美好的印象，但其实一瓶包装普通的酒也能提供相同的口感，只不过体现不出那种地位感。汽车也是一个很好的例子。有人之所以会买路虎揽胜之类的运动型多功能汽车，只不过是想让别人觉得他是一个"户外运动达人"（这类人有时都不考虑自己事实上会参加多少户外活动），但其实买一辆便宜点的车就能够满足他两点一线的生活。在投资领域也存在类似的情况，有些人会投资像路虎之类的公司，因为他们觉得这类公司才能体现自己的身价或形象。但如果这种公司所生产的产品或提供的服务管理糟糕，或者发生了财务或经营方面的问题，那么这种做法就会导致次优投资结果。

亲密性偏误的例子

在投资领域，亲密性偏误的一个经典案例就是爱国精神。对本国（或本州）集中持股的投资者获得了爱国精神的表达性收益，但可能也失去了分散化投资的高收益、低风险所能提供的功利性收益。芝加哥大学布斯商学院的亚岱尔·摩尔斯（Adair Morse）和圣母大学的索菲·夏夫（Sophie Shive）在他们的研究《投资组合中的爱国精神》（Patriotism in Your Portfolio）[1]中发现，爱国精神会对投资行为持续产生影响。他们探究了在"对本国股票更偏心"的现象中，投资者对本国的忠诚所发挥的作用，发现在更爱国的国家以及在美国对本州更有感情的投资者，会对本国或本州的股票更偏心一点。就像即使主队赢面不大，但人们仍会对它下注，或者把自己的退休金全部配置给自己老单位的股票一样，爱国的投资者会选择多投资一些自己国家的公司的股票。举个例子，有研究发现，美国投资者的股票组合中有92%是自己国家的股票，而投资组合理论告诉我们，充分分散化的投资组合中，本国股票应该只占到1/3。

运用密歇根大学世界价值观调查（U-M World Values Survey）中33个国家的数据，研究人员发现，在民众更爱国的国家和在美国民众更爱国的州对国外股票的持仓比例更低一些；换句话说，投资者对本国股票更偏心。举个例子，美国人和南非人相比欧洲一些国家的投资者，更少投资国外的股票。在美国，相比于新英格兰州，像得克萨斯州、俄克拉何马州、路易斯安那州和阿肯色州这样一些爱国情怀浓厚的州的投资者很少投资国际股。

---

[1] Adair Morse and Sophie Shive, "Patriotism in Your Portfolio", *Journal of Financial Markets* 14(2011):411—440.

摩尔斯和夏夫还发现,在对国外股票的投资中,跨国因素有7%是由爱国精神造成的。他们还进一步发现,爱国精神下降10%,投资者本国投资组合中国外股票的比例会上升29%~48%。该研究还揭示了,由于法国反对向伊拉克发动战争,因此造成美国人对在美国交易的法国股票的需求出现下跌。在战前对法国表现出不满情绪的那段时期,美国存托凭证(ADRs)销量上升了15%~18%,并且ADRs在美国的平均价格相比法国的价格有所下降(ADRs是一种由美国托管银行发行的凭证,用以代表银行所持有的外国股票)。

总体而言,摩尔斯和夏夫认为自己的研究有两方面意义:首先,爱国行为能在一定程度上解释为何"对本国股票更偏心";其次,试图提高投资组合分散度的策略,需要把"非理性的"投资者行为考虑在内。

对于投资者的意义

前面已经探讨了亲密性偏误的一种表现:投资者之所以决定投资经营不善或表现不佳的公司,是因为误以为这样做能取得投资成功,这反映出表达性特征,而非功利性特征。这种现象有一个经典例子,那些对生产牛仔裤、手表等流行商品的零售连锁店进行投资的人,就反映出了表达性收益,但最终发现这类公司对投资而言就是一种灾难。还有一些投资者希望投资那些他们觉得能体现自己环境友好、社会责任和公司治理(ESG)价值观的公司,但这种策略并不一定能取得成功。有些研究表明,ESG类型(社会责任型)投资是一种成功的策略;但也有些研究揭示,ESG并不是一种能取得成功的投资策略。不论怎么说,如果投资者想投资那些能体现自己社会价值观的公司,并希望实现投资上的成功,就需要保持警惕。亲密性偏误的另一种表现是,有些投资者喜欢投资那些能展现自己地位,但自己知之甚少或存在风险的东西。比如,他们会去投资自己在社会上打交道的人正在投资的对冲基金或其他类似的产品,目的是展现自己的地位或能跻身投资圈——结果却发现自己做了一个糟糕的决定。最后,爱国精神会导致投资者对本国的股票更偏心,这会阻碍投资组合取得成功,尤其是我们正生活在一个全球分散化的世界中。

专栏22.1罗列了由亲密性偏误所导致的几种错误投资行为。

专栏 22.1　亲密性偏误：会导致错误投资的行为

1. 存在亲密性偏误的投资者会投资那些生产他们喜欢的产品或服务的公司，但没有认真考察过这样的公司到底能不能投资。

2. 存在亲密性偏误的投资者会投资那些能体现自己 ESG 价值观的公司，但没有考察过这样的公司能不能投资。

3. 存在亲密性偏误的投资者会出于对本国更偏心而只对本国进行投资，不考虑外国的投资机会。

4. 存在亲密性偏误的投资者有时会投资能展现自身地位但"让人费解"的投资产品，但到头来发现根本搞不懂自己所投资的东西，这会"对财富造成损害"。

我会犯亲密性偏误吗？

本节包含了一组能帮助诊断是否会犯亲密性偏误的测验题。在之后的投资建议一节中，读者将看到对测验题的选项进行打分的指导方法，以及对如何管控亲密性偏误的相关建议。

问题 1：

	完全不同意	不同意	都有可能	同意	完全同意
我会投资那些生产自己所喜欢的产品的公司，比如汽车、手表或服装	□	□	□	□	□

问题 2：

	完全不同意	不同意	都有可能	同意	完全同意
我会投资那些能体现自身价值观的公司，比如环境友好、社会责任或公司治理价值观	□	□	□	□	□

问题 3：

	完全不同意	不同意	都有可能	同意	完全同意
在我的投资组合中，国际投资的比例较低	☐	☐	☐	☐	☐

问题 4：

	完全不同意	不同意	都有可能	同意	完全同意
我会投资"让人费解"的产品，因为这让我觉得自己是一个投资高手，或者我的朋友圈都在这么做，我也得跟上他们	☐	☐	☐	☐	☐

投资建议

如果你在上述问题中选择了同意或完全同意，那么就有可能犯亲密性偏误。

问题1：存在亲密性偏误的投资者会决定投资经营不善或表现不佳的公司，因为他们误以为这样做能取得投资成功，这反映出表达性特征，而非功利性特征。正如前文所提到的，经典例子就是生产牛仔裤、手表等流行商品的零售连锁店，它产生的是表达性收益，但结果并不能成为一笔好的投资。对于这种情况，投资者和财务顾问先要问一问自己为什么会做这笔投资，而不能仅仅根据所生产的或推销的产品就做出这种决定。

问题2：有些投资者会投资那些他们觉得能体现自己ESG价值观的公司，但这种策略并不一定能取得成功。有些研究表明，ESG类型（社会责任型）投资是一种成功的策略；但也有些研究揭示，ESG并不是一种能取得成功的投资策略。不管怎么说，如果投资者想投资那些能体现自己社会价值观的公司，并希望实现投资上的成功，就需要保持警惕。

问题3：亲密性偏误的另一种表现是，有些投资者喜欢投资那些能展现自己地位，但自己知之甚少或没有意识到风险的东西。比如，他们会去投资自己在社会上打交道的人正在投资的对冲基金或其他类似的产品,目的是展现自己的地位或能跻身投资圈——结果却发现自己做了一个糟糕的决定。这是一种投资者需要高度警惕的情况,因为一旦出于地位的考虑而做出不明智的投资,就会损失资本。

问题4:最后,爱国精神会导致投资者对本国的股票更偏心,这会阻碍投资组合取得成功,尤其是我们正生活在一个全球分散化的世界中。对投资者愿意接受多少国际投资开展一次简单的分析,就能揭示出这种偏误。我鼓励投资者去享受国际投资所能带来的分散化和货币收益方面的好处。

第五篇

行为投资者分类

本书到目前为止，我们已经为学习投资者类型并"将其整合起来"打下了基础。每一类行为投资者（BIT）的基本要素，正是投资者身上所表现出来的行为偏误。在理解偏误产生的原因以及如何克服方面，读者已经过了最难的一关；接下来，我们就要开始了解每一类行为投资者。第五篇将会从为什么全世界有那么多人难以实现财务目标的探讨开始。第二十四章将探讨行为投资者分类的框架。然后，从第二十五章到第二十八章将逐一分析四类行为投资者，即保守型、跟风型、独立型和积累型。阅读本书的你又属于哪一类呢？

第二十三章　财务目标的实现不是靠想当然

我想去过穷人的生活，但钱不能少。

——巴勃罗·毕加索（Pablo Picasso）

当人们提出一个宏大的财务目标并为之奋斗时，要实现它不可能一蹴而就。有时长期财务计划即便耗费大量时光也无法实现。所谓的时光，可能是好几年，甚至是几十年。人们根本没有那么多的耐心。随着生活发生变故以及市场反复无常，很难去掌控几年甚至是几十年的时间跨度，所以很容易便与自己的长期财务目标脱钩了。如果一开始就磕磕绊绊，那么很容易就会丧失信心并可能畏缩不前，或者彻底放弃。大多数得以实现的目标所遵循的过程是，每次前进一小步，每天进步一点，每周再进步一点，如此坚持下去。你终将实现目标！

大多数人心里明白，存点钱是件好事，但是物质上的诱惑和贪图享乐往往会把一开始想得很好的事抛到脑后。要搞明白为什么行为难以控制其实很简单——心理和（或）环境因素会导致缺乏自律，但要想解决往往难比登天。本章我们先从对自暴自弃行为的一些简单案例的考察开始，其中有两个是非金融方面的、三个是金融方面的。通过这些案例，我们可以对行为控制方面存在的挑战形成共识，并突出为什么对行为做好管控很重要。

自暴自弃行为非金融方面的例子

为了对金融领域中存在的自暴自弃行为有更清晰的认识,先了解一下这种行为在非金融方面的表现很有帮助。下面的几个例子并非暗指某类人,或故意要揭谁的短,如有雷同,纯属巧合。

案例1:摇摆不定的节食者

或许每个人都碰到过这样的人,他们体重超标、多次尝试减肥,但从来没有成功过。我要讨论的并不是那种问题严重到要做胃旁路手术或其他严重处理的极少数人士,而是那些从超重30磅到50磅、最后到100磅,从来没有减肥成功过的人;也不是那种从来不知道食物中含有多少卡路里,并且不知道体重超标对健康危害的无知者,而是那些知道自己没管住嘴才导致肥胖的人。

这些倒霉蛋在节食这件事上往往像坐过山车一样摇摆不定——减了肥后又发胖,发胖后再去减肥,反反复复。在节食的过程中,这种人学会了如何计算食物中所含的卡路里,进而根据每天所摄入的卡路里,搞清楚自己多吃了多少食物。与此同时,他们知道自己对水果和蔬菜摄入不足(甚至一点儿都没吃)或者运动量不够(甚至整天都不动),所以试着"立即做出改变"让他们很心动,但是这种节食方式可能难以坚持下去。我们都听说过纯肉饮食或素食主义等五花八门的节食方式,可能一时奏效,但最终都因"回到老样子"而告吹,"游泳圈"也就随之长了回来。这种情况就是节食者"投降了",承认自己"做不到",继续过着胖子的生活。对于管不住嘴这一现象,有许多心理学和生理学上的解释。虽然以下清单针对的是女性[1],可能无法做到面面俱到,但其中包含了人们为什么会暴饮暴食的一些关键原因(很多信息对男性同样适用)。

- 无聊——当你很无聊,对任何事都提不起兴致时,就会去吃点儿东西。特别是当你独自在家无所事事时,看电视是一种很好的消磨时间的方法。而当零食广告以每小时200张图片的方式刺激你的大脑皮层时,很难不去冰箱里翻点东西吃。如果食品广告是诱因的话,那就去看一些自然节目或不插播广告的电

---

[1] 资料来源:http://www.womenfitness.net/over-eating.htm。

视节目吧。

- 匮乏——你得不到自己喜欢吃的食物,会造成你更渴望能吃到。媒体上着重宣传的瘦即是美,造成人们在饮食上很克制,什么东西都不敢吃。但不幸的是,由于那些被勒令禁止的食物随处可得,这种随处可得很容易就能勾起我们的口腹之欲,所以本该管住嘴巴的人往往会破"戒"去吃那些被禁止的食物。一旦这种事发生,缺乏自律感所带来的满满的内疚感就会驱使人们无法克制地对这类食物胡吃海喝,只为让自己对这种负面感变得麻木。
- 葡萄糖不耐受。这是一种生理上的诱因。在正常的人体中,碳水化合物会转化成葡萄糖,在不考虑饮食中对碳水化合物的消耗的情况下,血糖会维持在60～120 毫克/分升的水平。对于葡萄糖不耐受的人来说,在碳水化合物转化成葡萄糖时,胰腺会对血糖所发生的变化分泌过量的胰岛素。胰岛素的作用是从血液中代谢掉葡萄糖,帮助其进入人体细胞。如果代谢正常,不管消耗多少碳水化合物,血糖水平都会恢复到正常范围;但如果代谢出了问题,在血糖迅速升高后,胰岛素就会分泌过量。由于人体细胞无法识别过量的胰岛素,所以就无法从血液中代谢掉葡萄糖。结果便是血液中胰岛素水平升高,造成人们很想吃东西。当这类人不得不吃点东西,而选的是简单的碳水化合物时,就又回到了以前的生活模式。

其他因素还包括会不断消耗精力的生活方式,贪图享乐,觉得压力很大、很焦虑或者很痛苦,最要紧的是——缺乏意志力。无论是哪种情况,最根本的一点是,其实许多人知道为了减肥需要做些什么,但想不明白具体应该怎么做才能成功。这与那些合理饮食、经常锻炼并尽力控制好体重的"注重锻炼的节食者"形成了鲜明的对比。这件事本该很简单,对吧?但就拿我自己来讲,我比正常情况超重了几磅,上面聊到的一些事也让我怪不好意思的……但有一点不同,有些事我还是做到了。因为我知道自己在控制饮食、坚持锻炼,没有由着性子胡来。图23.1 表明,随着我们年龄的增长,体重注定会增加(或许有人会一辈子都在尽量控制体重,但这只是个例),但如果我们能做到健康饮食并坚持锻炼,那么我们的体重在随着年龄而增加时可能更平稳一点,并且有可能比那些摇摆不定的节食者控制得更好。不过,说起来容易做起来难。图23.1 将摇摆不定的节食者与注重锻炼的节食者做了对比。

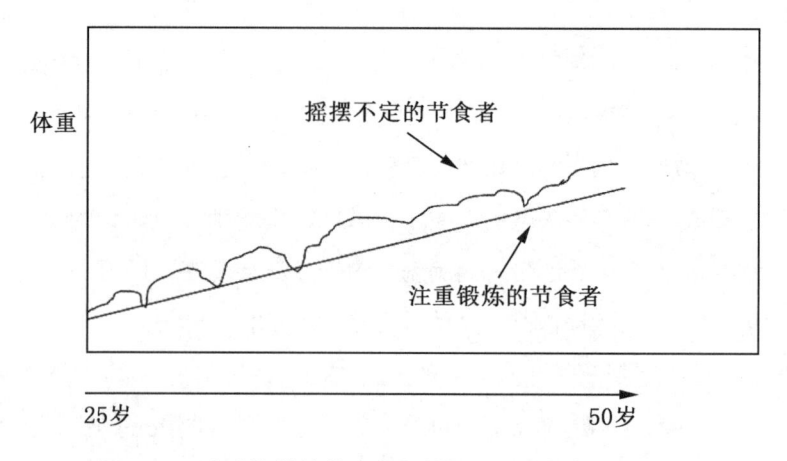

[图示:体重随年龄(25岁至50岁)变化的两条曲线,上方波动曲线标注"摇摆不定的节食者",下方平滑上升直线标注"注重锻炼的节食者"]

图 23.1 注重锻炼的节食者与摇摆不定的节食者的比较

案例 2:明白抽烟危害的烟民

你有没有碰到过医生或者保健专业人士喜欢抽烟的?这种情况有点儿让我惊讶。一个将毕生都奉献给健康事业和他人福利的人,怎么可能把自己的身体那么不当回事?我记得青少年的时候,我会和小伙伴在后院做运动,亲眼见到我的隔壁邻居——一个医生——在她家门廊上一根接一根不停地抽烟。我在那个岁数就已经知道抽烟会带来健康方面的风险,想不通她为什么要抽烟(想必她也知道抽烟的风险)。后来我听说她四十几岁就死于肺癌了。这件事让我很震惊,但我仔细想想,认为并没有什么好惊讶的。直到今天,我还记得自己就读的中学的大厅里挂着的一幅海报:一个满脸皱纹、暮气沉沉的老人手里夹着一支烟,最下面配了这样一句话"抽烟真快活"——目的是让年轻人尽量不要去抽烟;在那个岁数看到这种图片让人很震撼——也确实起到了作用。但一个经验丰富、很清楚抽烟对健康有危害的医生,怎么就会不停地抽烟呢?就和摇摆不定的节食者一样,那些明白抽烟危害的人之所以还要这么做,既有心理方面的因素,也有生理方面的因素。下面将展开探讨。[1]

对许多人来说,抽烟已经成了生活中必不可少的一部分。尽管每个人对于抽烟各有一套说辞,但出发点都是一样的。抽烟是驱走不适感的一种手段,可以

---

[1] "Top 10 Triggers for Over-eating." Women Fitness—A Complete Online Guide To Achieve Healthy Weight Loss and Optimum Fitness. Web. 05 July 2011. http://www.womenfitness.net/over-eating.htm.

用来舒缓压力、消除紧张并实现放松。难怪烟民一旦不吸烟了，在精神上和身体上就会有一段时间的不适感。下面列出了烟民往往会找的一些借口：

- 应对愤怒、压力、焦虑、疲劳或悲伤
- 吸烟能让人心情愉悦放松
- 吸烟能让人精神振奋
- 能被接受——融入某个圈子
- 这是一种社交手段
- 当发生状况时，能换种思路
- 能显得很自信，仿佛一切尽在掌握
- 觉得抽烟能减肥
- 叛逆——能让自己在一群人中显得与众不同
- 能让自己透口气
- 让自己的嘴和手有点事做
- 能避免外界的刺激
- 能消除内心情绪的干扰
- 能自己一个人做点事
- 用来调整状态
- 给自己鼓劲
- 帮助消除压抑感
- 作为克服压力或焦虑的方式
- 能让自己获得关注
- 标记一件事开始或结束

美国国家药物滥用研究所（the National Institute on Drug Abuse, NIDA）报告称，患上尼古丁戒断综合征的人会变得有攻击性、焦虑、充满敌意和易怒。不过，这种情绪上的表现也有可能不是由戒断综合征造成的，而是烟民更明显地感受到那些自己无法控制的情绪。如果吸烟能淡化负面情绪，那么从逻辑上讲，戒烟就会让这些情绪又冒了出来。如果烟民解决不了情绪上的问题，就会觉得压力很大，到头来还是要靠抽烟来消除不适感。

在吸烟时，香烟中的一氧化碳会与红细胞结合，占据本该由氧气来结合的空间。这导致烟民无法做出有氧深呼吸，因此也就无法让身体产生新的能量、保持健康并获得修复,或者在碰到问题或发生状况时无法产生有创造性的见解。但还是那个最根本的问题,虽然吸烟有百害而无一利这事人人皆知且有很多事例,但人们还是会为吸烟找到五花八门的借口。自暴自弃的做法就是在犯罪。理智而言,我们都知道吸烟的做法是不对的,但就是有点儿管不住自己。

自暴自弃行为金融方面的例子

前面我们已经看到了自暴自弃行为非金融方面的一些例子,接下去再了解一下投资者每月、每年周而复始地做出的会导致投资表现糟糕的行为。

案例1:逐利者

人们在投资时有一种本能的想法是,要对最新的投资趋势"尽在掌握"。当我们在一场鸡尾酒会或烧烤聚餐中与别人攀谈时,得知自己的邻居在ABC这个热门行业中的XYZ股票上大赚了一笔,会觉得自己很愚蠢。你会质问自己:为什么我就没有抓住这个赚钱的机会?这种事在20世纪90年代末互联网股票以及之后十年里的房地产上都发生过,现在有可能在一些社交媒体公司身上再次发生。

我们应该都碰到过这类投资者——或许我们自己就是!这类投资者会跟随最新的趋势,没有了解过估值并且(或者)在投资时根本没有考虑清楚就"跳了进去",即便赚到了钱——这还不一定——也没有设计过离场策略或计划。投资可能一时赚到了钱,但由于没有制订计划,最终还是会出问题并遭受亏损。

作为投资者,我们必须克制住参与这种事的冲动,避开那些会亏钱的机会。我们自己的行为往往就是问题的根源,因此需要控制住自己想要参与非理性投资活动的本能——或者即便决定参与,仍至少要有一个离场策略。在本书之后的内容中,我们会从个人行为视角出发,对此处所描述的逐利现象做出解释,并为如何克服这种行为设计一些策略。

案例2:过度自信的赌徒

我们常常会碰到那种自认为比普通市场参与者更聪明,很享受在市场中进进出出的快感的投资者(比如喜欢赌博带来的刺激感),但他们的交易往往以失败而告终（偶尔赢一次就能让他们乐不思蜀）。而且一直亏钱往往导致他们在这种赌博中难以自拔，会反复采取有风险的交易方式妄图能够扳回来。这种人与那些避免这种行为（或者将这种情况控制在一个合理的水平，从而不会影响长期财富的创造），并且用长远眼光来开展储蓄和投资行动以逐步建立起财富的人，形成了鲜明对比。读者是不是已经觉察到其中的一些套路了呢？显然这个例子同上一节非金融方面摇摆不定的节食者的例子很像。节食者试图定期实现速效减肥，但结果是怎么也甩不掉赘肉（而在此节案例中，情况恰好相反——想要一夜暴富的人，结果却"把钱都吐了出来"）。图23.2中对过度自信的投资者和相反类型的投资者——我称之为"储蓄型投资者"——做了比较，都是从25岁开始，考察他们到50岁时的情况。图23.3则将时间拉长，以表明即使人到中年，仍有机会对自己的行为做出改变。

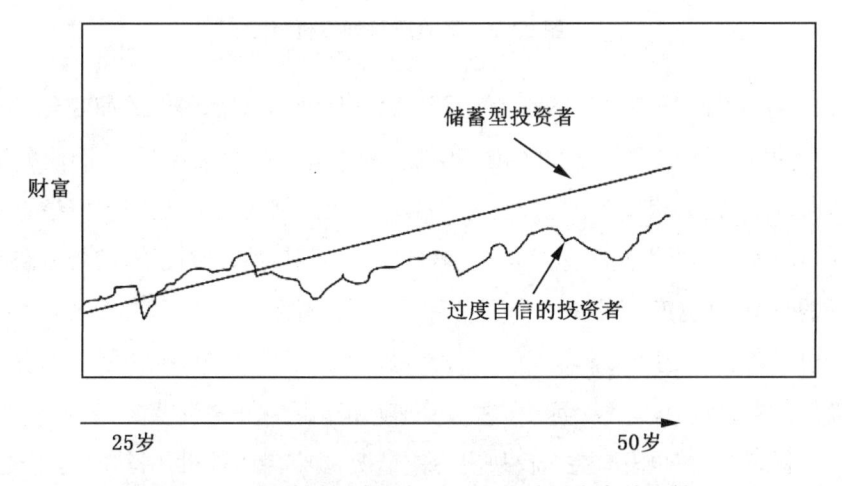

图 23.2　储蓄型投资者与过度自信的投资者的比较

显然这张图并没有完全反映出现实情况，但相信读者能明白其中的道理：我们该成为哪种人，不言自明。那么，为什么我们做不到呢？答案是，其实我们可以做到，但首先需要识别出会造成我们无法养成良好行为的关键因素。

案例 3："太过保守"的投资者

尽管不常见，但存在一类投资者在想问题时太过保守。无论他们是否出于个人以往的经验，都会害怕在股市下跌期间亏钱，因而不愿意承受一丁点儿风险。这种做法的缺陷在于，不愿意承受风险的人，就会面临将来无钱可花的窘境（见图

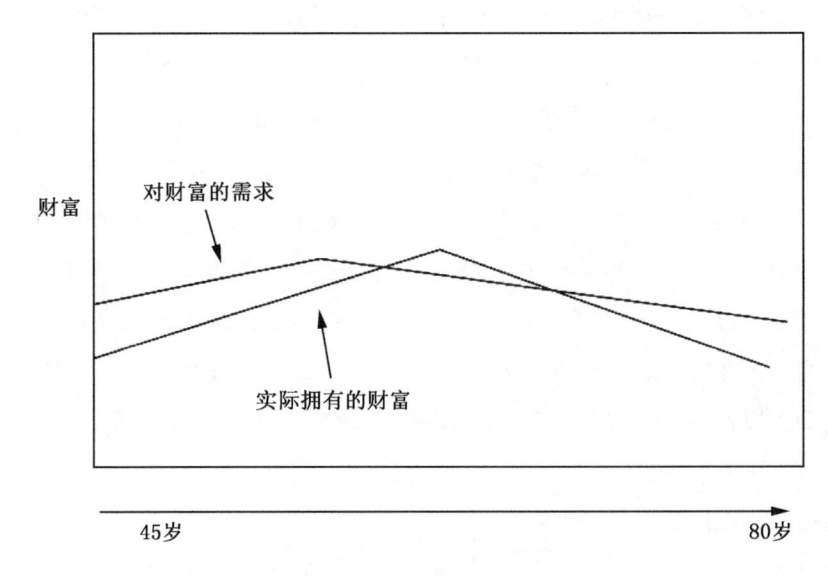

图 23.3 风险厌恶型投资者

23.3)。在人们的职业生涯早期,由于要还助学贷款和房贷,赚钱的速度会跟不上花钱的速度。而到了职业生涯的中期,赚钱能力有望超过上述开支,而债务也已大大减轻。到了晚年,无论是否主观情愿,职业生涯都会落幕,这时对资金的需求会超过收入。如果人们没有积累起足够的财富并明智地开展投资,就会面临手头拮据的窘境,这也正是图 23.3 所要表明的。一旦面临这种情况,有些人会本能地反应过来自己需要搏一下,但已然无能为力。他们虽然知道像通货膨胀和债券收益偏低之类的概念,但不会运用这些知识来承担风险以积累财富。

同样,这张图也没有完全反映出现实情况,但读者仍能明白其中的道理:人们都不希望陷入岁数变大但钱还没赚够的困境。对于这种情况,冒险是明智的。而在其他情况中,财务顾问则会花费大量时间劝说人们别去冒险。

我们讨论了投资者会面临的 3 种最基本的情况,目的不是去深究细枝末节,而是要展现人们难以控制自己想要采取某种行动的冲动这一情况。正如我们在非金融方面的例子中所看到的,人们其实知道自己所采取的行动并不符合自身利益。同样,在金融方面的例子中我们也看到,即使人们知道所做的决策并不符合自身利益的最大化,而是应该换一种方式,但仍会这么做。而在其他一些情形中,人们可能并没有意识到自己的非理性行为,因此需要顾问或其他关系亲近的人帮助他们意识到他们正在犯错。

第二十四章　行为投资者类型介绍

前人栽树,后人乘凉。

——沃伦·巴菲特(Warren Buffett)

引　论

我们将在接下来的四章中学习四类行为投资者(BITs):保守型、跟风型、独立型和积累型。本章的第一部分将介绍行为投资者类型的划分背景,其中包括人格类型理论方面的内容。通过学习行为投资者类型的划分框架,读者能进一步掌握第二十九章中案例研究所涉及的知识。之后将阐述如何识别出行为投资者类型并管控自己的行为倾向,这包括以下三个步骤:

1. 开展 BIT 倾向测验;

2. 开展偏误测验;

3. 对针对自己所属的类型所提出的建议做一番思考,包括理解每一种 BIT 的积极方面和消极方面。

人格类型理论简介

　　这部分介绍人格类型理论。虽然有五花八门的人格理论,但先搞清楚"人格"这个词是什么意思很重要。简单来说,人格是由每个人所特有的思想、情感和行为表现所构成的。除此之外,人格一旦在人的身上形成之后,会伴随其一生。为了能给掌握行为投资者类型理论打好基础,有必要先花点时间了解一下人格类型的发展背景。在本章中,我们会探讨一些比较成熟的人格类型识别方法,这有助于了解后面将要介绍的行为投资者类型框架。本节会尝试整合主流的人格理论,介绍"金融人格类型"或行为投资者类型的理论背景,并将一些人格理论的要点融合在一起。行为投资者类型深受类型理论的影响,采用的是类似于希波克拉底(Hippocrates)的 4 种气质类型、基尔赛(Kiersey)的人格类型和迈尔斯-布里格斯的人格类型的分类方法。

　　类型理论可追溯至公元前 400 年古希腊的希波克拉底的成果。这位伟大的医师认为,不同的体液会对人格造成影响,他将人"分为"4 种不同的类型:抑郁质、多血质、胆汁质和黏液质。每一种类型还与火、风、水和土 4 种元素逐一对应,统称为"体液"。如今,希波克拉底的人格类型被表述为:守卫者、工匠、理想主义者和理性主义者。

- 守卫者:以事实为导向。
- 工匠:以行动为导向。
- 理想主义者:以理想为导向。
- 理性主义者:以理论为导向。

　　正如你所看到的,这些"体液"包含了我们现在所称的"人格"的最基本特征。但很明显,没有人的行动会完全"理性"或"基于理论",也不会有人仅仅"以行动作为出发点",大多数人是上述"体液"的混合体,只不过比例不同罢了。举个例子,你的妻子可能是一个"理性主义者",而你可能"以行动为导向",但显然你俩的人格不会只表现出一种特征。对于金融人格来说,也是如此。人格类型方法对人格特质的概括可能过于笼统(因为人几乎不会只属于一种类型),但在搞明白如何将不同类型的人格进行比较方面,它是一种有用的工具。

行为投资者类型框架

　　同我们刚看到的心理学类型理论相似,BITs 是用于划分不同投资者类型的模型。这一框架包括四类行为投资者：保守型、跟风型、独立型和积累型。每一类会在接下去的四章中分别进行详细讨论。在阅读这几章之前，读者要先了解BITs是如何通过一个被称为行为阿尔法（Behavioral Alpha）的过程被识别出来的。我在上一本书《行为金融学与投资者类型》（*Behavioral Finance and Investor Types*）中对该过程有详细介绍，下文也会做一概述。

BITs是设计用来帮助投资者在对投资计划做出决定之前，先快速深入地判断自己属于哪一类投资者。了解自己属于哪一类投资者的好处在于，当市场出现动荡时，你不会因受到惊吓而急着去调整自己的投资组合。如果你能创建一个适合自己行为特点的投资计划，让投资表现得更为平滑（即符合预期），从而控制住整个投资过程中总会遭受的痛苦次数，就能实现一个更优秀的投资组合。不过，在构建投资组合的过程中，不能将BITs当作"百科全书"，而只能作为"指南"来用，不能按精密科学的思路来解决非理性行为。例如，你可能准确识别出了自己属于哪一类BIT，但同时又发现自己有其他BIT的特征（偏误）。

之后的四章会对四类行为投资者做出描述。每章还将涉及每一类行为投资者会表现出的一系列偏误，以及相应的处理建议。每一类行为投资者都有各自的风险容忍度，并主要表现出一种偏误类型——要么是认知型（思维上的错误），要么是情绪型（由冲动或情感造成）。在学习后几章内容时，读者要记住一个很重要的概念：风险容忍度最低的BIT和风险容忍度最高的BIT都是由情绪偏误造成的，而介于这两种BIT之间的另外两种BIT则主要受到认知偏误的影响。情绪偏误更为根深蒂固，也更难改变。如果你能在做投资决策之前先搞清楚自己属于哪一类投资者，那么当非理性行为发生时，就能更好地做出应对。

我属于哪一类行为投资者？

本节的两部分测验题旨在完成两项主要任务。第一项任务是明确自己的倾向——也就是自己属于哪一类投资者；第二项任务是识别出个人行为偏误。我将第一部分测验题称为"第一步"、第二部分测验题称为"第二步"。

要记住，虽然我们以一类BIT为导向或被归入某一类BIT，但这并不意味着我们不会表现出其他类型BIT的特征。举个例子，你可能有保守型倾向，但同时也会有独立型特征。正如我们将在下一节看到的，有些偏误会在每一类BIT

中都存在,但由于投资者的某种倾向最为明显,所以被归为积累型行为投资者,但他/她同时也表现出其他类型,比如跟风型行为投资者的偏误。举个例子,你可能是一名跟风型行为投资者,表现出明显的后见之明偏误(这种偏误在跟风型行为投资者身上很常见)。但积累型行为投资者也会表现出后见之明偏误,只不过程度会轻一些。要记住,通过本章测验题所得出的类型并不能绝对地看待,测验题是帮助诊断出主要的行为倾向,并用信息和建议来予以纠正,目的是取得理想的长期财富。

本章的第二部分测验题是对偏误进行识别。一旦知道自己属于哪一类投资者,建议再了解一下该类投资者容易犯的偏误,因为这是投资计划成功实施的主要障碍。但还是要重申一下,某类投资者会犯的偏误,其他类型的投资者也会犯。图 24.1 描述了本章用两部分测验题所开展的两步诊断。

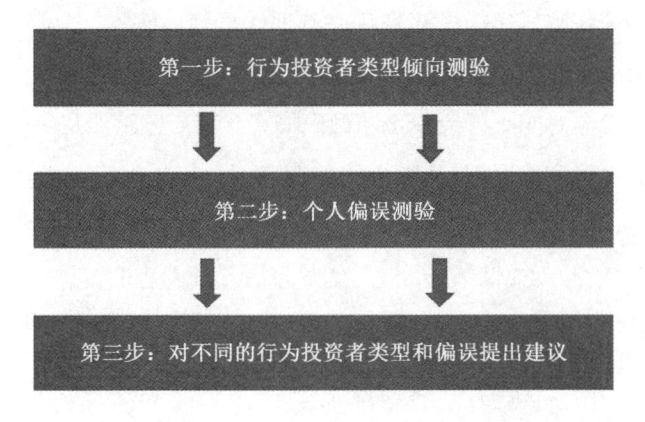

图 24.1 BIT 识别和提出建议的流程

第一步:BIT 倾向测验

本章第一部分测验题是诊断读者属于上一节所列出的行为投资者类型中的哪一类。虽然问题看起来都差不多——甚至很明显在引导答题者去选择特定的答案——但是开展这种初步的识别很重要,也很有意义。还是要再说一次,一个人表现出某种倾向,并不意味着他就没有其他倾向特征。这只是表明这是他的主要倾向,需要优先考虑。下面是测验题:

问题 1:在管理自己的钱上,我所扮演的主要角色是:

a. 做好自己财富的守卫者，不去冒险投资

b. 积极开展交易，以积累财富

c. 在做投资决策之前做些研究

d. 听取他人对理财的建议

问题2：当碰到财务问题时，我最同意以下哪种说法？

a. 亏钱是最糟糕的结果

b. 我应该迅速抓住赚钱的机会

c. 对计划开展的投资先花些时间去了解能让我更放心，即使这么做会让我错失机会

d. 管钱的事不该由我来操心

问题3：在对投资做决定时，我会相信：

a. 自己的自律

b. 自己的直觉

c. 自己的研究

d. 别人的意见

问题4：当市场上涨时，我会：

a. 松口气

b. 很兴奋

c. 冷静而理性

d. 庆幸自己听取了别人的意见

问题5：在金融领域，你扮演以下哪种角色？

a. 守卫者

b. 交易者

c. 研究者

d. 跟风者

问题6：如果要按照某一计划来管钱，你会怎么想？

a. 如果按照这项计划有助于看好自己的钱，我愿意这么做

b. 是否按照计划并不重要

c. 计划不错，但投资决策必须体现我自己的想法

d. 我会听取别人的建议，如果有人向我推荐了一项计划，我会听取他的

想法

问题7：在以下哪种情况下，我对自己的钱最放心？

a. 当知道自己的资产投资很安全时，我晚上会睡得很踏实

b. 当投资的资产有很大的升值潜力时

c. 当自己做投资决策，或至少参与到这一过程中时

d. 当我投资的东西也有其他许多人在投资时

问题8：当一个朋友"信誓旦旦"地推荐一种投资想法时，我的反应是：

a. 我通常会避开这类想法

b. 我很听得进这类建议，需要的话，我会立即采取行动

c. 我会先做一番研究，然后再做出决定

d. 我在做决定之前，需要先咨询别人的意见

问题9：如果投资组合出现短期波动，这会让我：

a. 很恐慌，考虑抛售

b. 觉得是一个机会，考虑加仓

c. 觉得一切尽在掌握，先按兵不动

d. 让别人来帮我看看是怎么回事

问题10：想象一下你正身处一项体育活动现场，你最有可能扮演哪种角色？

a. 后卫

b. 前锋

c. 战术部署者/教练

d. 球迷

这10道问题可以识别出投资者的基本倾向。如果读者选择的答案中"a"最多，表明属于保守型；"b"最多，属于积累型；"c"最多，属于独立型；"d"最多，属于跟风型。下面将对每种类型进行简要的描述，在第二十五章到第二十八章中会再分别展开详述。

第一类行为投资者：保守型行为投资者

保守型行为投资者描述的是一类很看重财物安全和财富保存，不愿意为创造财富去冒险的情绪型投资者。这类投资者对自己的财产看得很牢，把亏损看得很重。他们在做决策时往往很谨慎，有时在投资中难以开展行动，过于担心自

己会做错决定或者冒太大的风险。相反,他们更偏向于避免做决定,尽可能地安于现状。保守型行为投资者无论是在市场上涨时还是下跌时(不过大多数是在下跌时),往往都过于看重短期表现,会很担心把先前赚到的钱吐出来。这种做法也很符合他们的工作和生活作风——谨小慎微。

第二类行为投资者:跟风型行为投资者

跟风型行为投资者描述的是一类比较消极、常常对钱或投资没有太大兴趣和天赋的投资者。而且,这类投资者通常在投资上没什么主见。在做投资决策时,他们会跟着朋友和同事走,或是追随当前的大众投资风潮。这类人在做投资决策时往往不会考虑长期计划。当投资决策有时碰巧成功时,他们会自以为在投资方面很聪颖、有天赋,这就导致他们采取大胆的冒险行动。由于他们在投资方面并没有自己的思路,因此当他们一次次面对同样的投资建议时,会做出不同的反应;也就是说,描述事物的方式(框架)会造成他们出现不同的想法和行动。这类人也会为没有及时参与当下的热门投资,或者在完全错误的时机(估值最高的时候)离场而后悔不已。

第三类行为投资者:独立型行为投资者

独立型行为投资者描述的是一类对投资有自己的原创性想法,并且喜欢参与投资过程的投资者。不同于跟风型行为投资者,他们对投资感兴趣,会积极参与到投资市场中,并且对投资有不受传统束缚的想法。不过,这种"逆势者"的思维方式也会导致独立型行为投资者不愿意遵循长期投资计划。话虽如此,仍有许多独立型行为投资者确实会坚持执行投资计划,以实现自己的财务目标。从本质上来说,独立型行为投资者是善于分析、有批判精神的思考者,他们的许多决策是根据逻辑思考和自己的直觉做出的。他们愿意承担风险,必要时会果断这么做。这类人在全神贯注时能挑大梁,会成为思考者和实干家,而不是跟风者和梦想家。

第四类行为投资者:积累型行为投资者

积累型行为投资者描述的是一类对积累财富感兴趣并相信自己能做到的投资者。这类投资者通常在某些商业领域取得过成功,因此完全相信自己也会成为成功的投资者。他们往往喜欢根据市场情况来调整自己的组合配置和持仓，不愿意遵循结构性计划。此外，他们喜欢对决策施加影响，甚至要全权掌控决策过程，这可能会削弱财务顾问所扮演的角色。从本质上来说，积累型行为投资者是冒险者，坚定地相信无论自己选择哪种路径都是正确的。与保守型行为投资者不同，他们求胜心强——要干就干大的。而且与跟风型行为投资者不同，他们喜欢靠自己，要做掌舵人。另外，他们与个人主义者也不同，通常会深挖细节，不会在必要信息还不充分时就开展行动。

一旦你识别出自己属于哪一类投资者，接下去就要开展第二步，即诊断出自己身上的偏误。图24.2详细展示了每一类行为投资者都有哪些偏误。如前文所提到的，虽然人们会存在某一类行为投资者的偏误，但并不意味着他们不会表现出其他类型投资者的特征。

偏误分类图示

保守型	跟风型	独立型	积累型
禀赋偏误	后悔厌恶偏误	保守性偏误	过度自信偏误
损失厌恶偏误	后见之明偏误	易得性偏误	自控力偏误
安于现状偏误	框架偏误	确认偏误	结果偏误
锚定偏误	认知失调偏误	代表性偏误	控制幻觉偏误
心理账户偏误	近因偏误	自我归因偏误	亲密性偏误

图24.2 每一类行为投资者对应的偏误

第二步：偏误识别测验

下面的问题是用来识别出人们所存在的偏误。请确保完成所有的问题，以对所有的偏误做出充分的识别。请记住，某些偏误会与特定的倾向联系在一起。这种联系会在接下去的四章中予以探讨，届时也会对如何处理这些偏误提出建议。如果你发现自己具有某种倾向，比如是一个跟风型行为投资者，希望快速了解这类投资者所存在的偏误并立即克服其中的一两个，那么你可以考虑只回答与这类倾向相关的偏误问题。

提示：每道问题的答案会指出是本章所提到的哪一类投资者。

问题1：在考虑抛掉一笔投资时，我当初所支付的价格会是自己采取行动之前重点考虑的因素。

a. 完全同意

b. 同意

c. 都有可能

d. 不同意

e. 完全不同意

答案：那些同意或完全同意这种说法的人有可能犯锚定偏误（保守型偏误）。

问题2：财务亏损所造成的痛苦至少是财务盈利所带来的愉悦的两倍。

a. 完全同意

b. 同意

c. 都有可能

d. 不同意

e. 完全不同意

答案：那些同意或完全同意这种说法的人有可能犯损失厌恶偏误（保守型偏误）。

问题3：我会购买那些自己想要的东西，即便它们不是最佳财务选择。

a. 完全同意

b. 同意

c. 都有可能

d. 不同意

e. 完全不同意

答案：那些同意或完全同意这种说法的人有可能犯自控力偏误（积累型偏误）。

问题4：过去所做的糟糕的财务决策会导致我改变自己当前的投资决策。

a. 完全同意

b. 同意

c. 都有可能

d. 不同意

e. 完全不同意

答案:那些同意或完全同意这种说法的人有可能犯后悔厌恶偏误(跟风型偏误)。

问题5:我有时会做那种自己之后懒得去管的投资。

a. 完全同意

b. 同意

c. 都有可能

d. 不同意

e. 完全不同意

答案:那些同意或完全同意这种说法的人有可能犯禀赋偏误(保守型偏误)。

问题6:如果新投资让我很心动,我通常会立即采取行动。

a. 完全同意

b. 同意

c. 都有可能

d. 不同意

e. 完全不同意

答案:那些同意或完全同意这种说法的人有可能犯易得性偏误(独立型偏误)。

问题7:我常常发现,我的很多成功投资可归功于我自己的决策,而那些失败的投资则是因为顺着别人的思路走。

a. 完全同意

b. 同意

c. 都有可能

d. 不同意

e. 完全不同意

答案:那些同意或完全同意这种说法的人有可能犯自我归因偏误(独立型偏误)。

问题8:当我考虑调整自己的投资组合时,我会花些时间考虑各种可能性,但往往最终没做多大改变,甚至有时就保持原样。

a. 完全同意

b. 同意

c. 都有可能

d. 不同意

e. 完全不同意

答案：那些同意或完全同意这种说法的人有可能犯安于现状偏误（保守型偏误）。

问题9：我相信自己所掌握的投资知识比平常人更丰富。

a. 完全同意

b. 同意

c. 都有可能

d. 不同意

e. 完全不同意

答案：那些同意或完全同意这种说法的人有可能犯过度自信偏误（积累型偏误）。

问题10：相比于没什么知名度的小型本地公司，我更相信广告满天飞的国有公司的建议。

a. 完全同意

b. 同意

c. 都有可能

d. 不同意

e. 完全不同意

答案：那些同意或完全同意这种说法的人有可能犯框架偏误（跟风型偏误）。

问题11：一旦做出投资，我不会轻易改变自己的看法。

a. 完全同意

b. 同意

c. 都有可能

d. 不同意

e. 完全不同意

答案：那些同意或完全同意这种说法的人有可能犯保守性偏误（独立型偏

误)。

问题12:我会投资那些生产我喜欢的产品或能体现个人价值观的公司。

a. 完全同意

b. 同意

c. 都有可能

d. 不同意

e. 完全不同意

答案:那些同意或完全同意这种说法的人有可能犯亲密性偏误(积累型偏误)。

问题13:我会将自己的投资归入五花八门的账户,比如休闲、账单支付、大学学费等。

a. 完全同意

b. 同意

c. 都有可能

d. 不同意

e. 完全不同意

答案:那些同意或完全同意这种说法的人有可能犯心理账户偏误(保守型偏误)。

问题14:当反思过去所犯的投资错误时,我发现其中许多错误其实是可以轻松避免的。

a. 完全同意

b. 同意

c. 都有可能

d. 不同意

e. 完全不同意

答案:那些同意或完全同意这种说法的人有可能犯后见之明偏误(跟风型偏误)。

问题15:对于许多投资选择,我是根据所知道的过去类似投资的表现情况做出的。

a. 完全同意

b. 同意

c. 都有可能

d. 不同意

e. 完全不同意

答案：那些同意或完全同意这种说法的人有可能犯代表性偏误（独立型偏误）。

问题16：最重要的是，我的投资赚钱了——我不太关心是否遵循了一个布置妥当的计划。

a. 完全同意

b. 同意

c. 都有可能

d. 不同意

e. 完全不同意

答案：那些同意或完全同意这种说法的人有可能犯结果偏误（积累型偏误）。

问题17：在做投资决策时，我会关注其积极的一面，而不是考虑哪里可能出问题。

a. 完全同意

b. 同意

c. 都有可能

d. 不同意

e. 完全不同意

答案：那些同意或完全同意这种说法的人有可能犯认知失调偏误（跟风型偏误）。

问题18：如果我是自己做投资决策，而不是依赖他人，那么结果可能会更好。

a. 完全同意

b. 同意

c. 都有可能

d. 不同意

e. 完全不同意

答案：那些同意或完全同意这种说法的人有可能犯控制幻觉偏误（积累型偏误）。

问题19：当投资情况不理想时，我通常会去找一些能佐证自己当初的决策是正确的信息。

a. 完全同意

b. 同意

c. 都有可能

d. 不同意

e. 完全不同意

答案：那些同意或完全同意这种说法的人有可能犯确认偏误（独立型偏误）。

问题20：在考察一笔投资记录时，我更关心它近期的表现如何，而不是其历史表现。

a. 完全同意

b. 同意

c. 都有可能

d. 不同意

e. 完全不同意

答案：那些同意或完全同意这种说法的人有可能犯近因偏误（跟风型偏误）。

第三步：对每一类行为投资者的建议

一旦你识别出自己属于哪一类行为投资者，就能通过后面四章的内容来掌握每一类投资者的丰富信息，并且将看到有关如何在每一类行为投资者框架下做出最佳表现的建议。如果你想对四类行为投资者有更全面的了解，也有机会开展相应的学习。

总　结

现在我们掌握了诊断自己属于哪一类行为投资者的工具，并且能够诊断某位投资者的基本倾向，进而识别出相应倾向所伴随的一些关键偏误。实质上，我

第二十四章
行为投资者类型介绍

们掌握了广泛理解和识别出不同类型投资者的框架。但我们还是应该记住我们为什么这么做。正如我在之前反复强调的,原因是防止破坏性行为抑制我们实现财务目标的能力。为了能让读者更好地理解如何使用上述测验题所提供的信息,接下去的四章会详细研究每一类行为投资者,以及如何最好地克服每种类型所产生的障碍。需要指出的是,每一类行为投资者也具有积极的因素,应加以利用来帮助实现财务目标。对这些积极因素也会开展讨论。

第二十五章　保守型行为投资者

不下汪洋海,难得夜明珠。

——中国谚语

类型名称:保守型
基本倾向:厌恶损失,在决策时谨小慎微
主要的偏误类型:情绪偏误,与害怕亏损、无法做出决策/采取行动相关
发挥主要影响的偏误:损失厌恶偏误和安于现状偏误
投资风格:保住财富为先,增长其次
风险容忍度:通常来说,低于平均水平

保守型行为投资者描述的是一类很看重财物安全和财富保存、不愿意为创造财富去冒险的情绪型投资者。这类投资者对自己的财产看得很牢、把亏损看得很重。他们在做决策时普遍很谨慎,有时在投资中难以开展行动,过于担心自己会做错决定或者冒太大的风险;相反,他们更偏向于避免做决定,尽可能地安于现状。保守型行为投资者无论在市场上涨时还是下跌时(不过大多数是在下跌时),往往都过于看重短期表现和亏损,很担心把先前赚到的钱吐出来。这种做法也很符合他们的工作和生活作风——谨小慎微。

第二十五章
保守型行为投资者

经常能发现一些有点资历的投资者就是以上文所描述的方式行事的,这很正常。随着我们年龄的增长,对现金流所形成的行为定势就变成最重要的事。这种行为还会延伸到年轻的家庭成员身上。因此,常常能看到保守型行为投资者将他们的财富都用于照顾自己的家庭成员和子孙后代,特别是用于像教育和买房这类能提升生活品质的事。由于关注的是财物安全,保守型行为投资者偏误会受到他们思维中所反映出的情绪——与情感而不是认知有关——的主导。另外,财富情况会影响保守型行为投资者的行为。虽然并非总是如此,但许多这类投资者在获得财富之后想着把它存起来,并改变自己对于风险的态度。尤其是当这类投资者经历过一场对自己的财富造成威胁的危机(比如在2008年,股票一年跌了37%)之后,情况更是如此。会影响保守型行为投资者实现财务目标能力的行为偏误,主要涉及他们执迷于做守财奴,以及(有时)通过损失厌恶、安于现状和禀赋偏误所表现出来的过度保守行为。保守型行为投资者还会在同一种行为倾向中表现出某种认知偏误,比如锚定偏误和心理账户偏误。图25.1描述了这些偏误和风险容忍度。

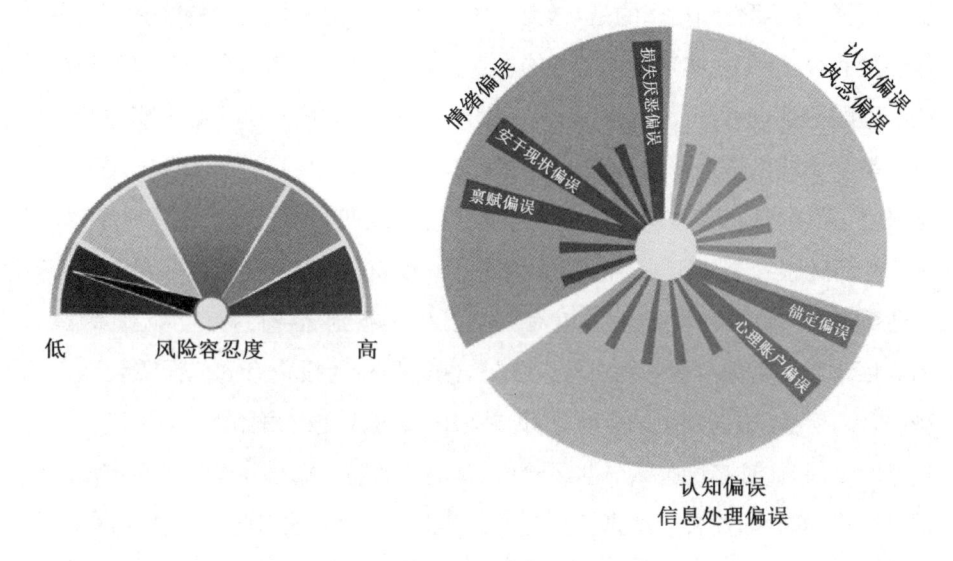

图 25.1 保守型行为投资者特征

接下去会对保守型行为投资者的积极面和消极面进行简要分析(正面/负面分析),对上文讨论过的偏误及其与保守型行为投资者是如何相联系的进行描述。

正面/负面分析

正面：保守型行为投资者会形成一定的优势。由于保守型行为投资者关注的是守住资本并避免亏损，所以他们在投资时会采取一种偏保守的方式。就降低投资组合的波动性从而实现更高的长期复合收益而言，这种投资方式确实有好处。此外，这类投资者在通过心理账户开展储蓄行为时（比如为退休生活、大学学费、支付账单而储蓄），只要他们能小心地以一种平衡的方式对各种心理账户开展投资，就能积累长期财富。保守型行为投资者尤其不太可能过度参与交易活动，这种做法显然对财富的积累不利。就切实遵循长期计划而言，投资时小心谨慎是有好处的。

负面：保守型行为投资者的负面性主要与把避免亏损看得太重有关。我们会看到有些保守型行为投资者会在像 2008 年和 2018 年这样的市场崩盘中出现恐慌，在遭受亏损后就急于抛售，然后眼睁睁看着市场在之后的 12～24 个月内实现反弹。还要特别指出的是，这类投资者会过快地抛掉自己赚钱的投资，拼命保住盈利，从而无法实现长期财务的成功。此外，如果大量资金分散在五花八门的心理账户中，例如上面讨论"正面"时所提到的一些账户，那么心理账户开设得过多就会造成投资组合的构建次优。保守型行为投资者还有一个要警惕的问题是，他们在进行投资规划时，总体上对低风险手段使用得过多。举个例子，如果保守型行为投资者过于看重对现金和债券的投资，那么当财务目标要求组合收益达到 5%～10% 甚至更高时，就有可能发生达不到这一目标的风险。现金和债券根本无法帮你实现这种目标。另外，保守型行为投资者的偏误主要是情绪型的，尤其是在市场发生剧变时，这种缺陷很难被改变或"弱化"。当投资者处在这种时期时，应该考虑去做一些风险投资，而不是急于抛售。尤其是当市场崩溃得最惨烈的时候，这种想法是反直觉的。但是，在大多数情况下，当"尸骸遍地"时入场抄底风险资产才是正确的决定。

保守型行为投资者偏误分析

正如前文所阐述的，保守型行为投资者的偏误主要是情绪型的。根据我自己的经历,我发现有两种偏误对这类投资者的行为产生了巨大的影响,它们是损失厌恶偏误和安于现状偏误。我们现在就来对其进行讨论。在这一节的最后,我们还会了解一下与保守型行为投资者有关的其他几种偏误。

损失厌恶偏误

偏误类型:情绪偏误

保守型行为投资者在损失厌恶偏误方面的表现:

尤其是与其他类型的行为投资者相比,保守型行为投资者对亏损所感受到的痛苦比对盈利所感受到的愉悦更强烈。在两种情况下可以观察到损失厌恶偏误,搞清楚这种偏误在这些情况下是如何表现的很重要。一些投资者喜欢投资某种风险资产,比如某只股票。他们听了朋友的建议之后,就购买了XYZ公司的股票。但投资后不久,XYZ股票就由于生产线出现问题而下跌20%。有些理性的投资者会坦然接受亏损,并出于XYZ生产线所造成的风险大到无法忽视而抛掉这只股票。但存在损失厌恶偏误的保守型行为投资者或其他类型的投资者,会主要由于无法承受亏损所造成的痛苦而死守着XYZ股票不放。这种投资者结果只能越守越亏——即便他们看不到任何转机的希望。这其实是一种摧毁财富的做法。

还有一种能观察到损失厌恶偏误的情况,是在进行资产配置的时候。许多投资者会明智地避开投资个股,而是选择投资一篮子分散的资产类别,其中包括股票、固定收益证券,可能还有其他一些类别。当发生像2008—2009年那样的市场崩盘时,投资者就会出现损失厌恶偏误。这种时候,急于规避亏损的投资者最容易在市场底部"清仓"。股票从2008年下半年开始下跌,到了年底,已经跌掉了约20%。尽管有些厌恶损失的投资者被吓坏了,但对于他们的投资组合来说,跌掉20%还是可以接受的。但到了2009年第一季度,跌势延续,股票仍在不断亏损,从顶峰加速下跌至谷底,跌幅逾50%。马后炮地说,投资者当然应该在这个时候考虑建仓。对有些投资者而言,这简直是一件不假思索的事情,因为他们牢记着约翰·邓普顿爵士(Sir John Templeton)的那句至理名言:"牛市在悲观中诞生、在怀疑中成长、在乐观中成熟、在狂欢中死亡。最悲观的时候是最佳的买入时机,最乐观的时候是最佳的卖出时机。"

安于现状偏误

偏误类型：情绪偏误

保守型行为投资者在安于现状偏误方面的表现：

正如我们刚刚所了解到的，保守型行为投资者都是厌恶损失的，而且往往在调整投资组合上存在障碍（安于现状偏误）。接下去将展示有关这种偏误的两个例子。

情形1：假设一个名叫吉姆的保守型行为投资者，今年50岁。他在2008年9月的一天醒来，刚好错过了最近一轮牛市，他意识到自己需要着手制订一份储蓄和投资计划。他创建了一份财务计划（在财务顾问的帮助下，或者全靠自己），得知如果要达到自己的长期财务目标，就需要投资一些股票（在本案例中，是标普500）。目前，他40%的钱是持有现金，40%的钱在债券中，还有20%的钱在股市里。而根据他的财务计划，需要把股票的比例提高到50%，因此就得抛掉一些债券，并把一部分辛辛苦苦赚来的钱投入股市。不巧的是，他正好碰上一些麻烦，无法着手处理这事。之后市场在2008年末至2009年初出现暴跌。吉姆简直不敢相信自己竟如此幸运地躲过了这场浩劫。不过，他知道自己需要开始投资了。但何时才是合适的时机呢？根据前面的介绍，我们知道2009年3月是合适的时机，当时"遍地尸骸"，恐惧蔓延。但当恐惧四处蔓延时，保守型行为投资者可能是所有人里最害怕的。所以，让吉姆这样的保守型行为投资者在市场暴跌时去投资几乎不现实——除非有外部顾问的指导、劝说或建议，否则他不会在2009年3月开展投资。

假设现在来到2009年10月，自危机爆发伊始已过去一年。市场从2009年3月的底部已反弹了35%。现在是投资的好时机吗？吉姆刚错过了从反弹中"捡钱"的机会，现在他会在市场正好可能再次下挫时进场吗？他按兵不动。时间又来到2010年3月。市场又反弹了25%。吉姆错过了总计60%的反弹幅度。但现在还不是进场的好机会。你应该看明白了。只要吉姆害怕亏损，他就始终不会去投资股票。

情形2：假设一个名叫杰克的保守型行为投资者，在2008—2009年的危机中有一份投资/资产配置计划，按照40%股票、40%债券和20%现金的组合配比满仓投资。市场在2008年第四季度出现暴跌。根据对投资组合配置可能要开展的检查,投资者这个时候需要对他的组合进行再平衡。当保守型行为投资者需要在2008年12月开展再平衡时,他可能由于害怕在下跌市场中建仓而没有这么做。现在把时间快进到2009年第一季度的下半段。包括杰克在内的许多投资者会为自己没有在2008年开展再平衡而扬扬得意。但是,在2008年第四季度末(2008年12月)到2009年第一季度末(2009年3月),肯定要对投资组合做一番检查。资产配置计划会要求投资者对他们的投资组合进行再平衡。显而易见,当股票下跌、固定收益证券上涨时,就应该按目标进行再平衡。对任何一个投资者来说,要在2009年3月进行再平衡都是一件难事,更不要说像杰克这样的保守型行为投资者了。许多保守型行为投资者在2009年3月时都"吓傻了",股市暴跌,恐惧无处不在。安于现状偏误大行其道,人人都动弹不得。但我们都猜得到在这个例子中,杰克在2009年3月不进行再平衡后会发生什么。

总结一下,无论我们假想的保守型行为投资者是需要把大量现金投入股市,还是只不过要对投资组合进行一下再平衡,他们在过程中都会面临挑战。既然你明白了这一点,那么当你作为投资者或投资顾问时,就应该更好地应对这种情况。

还有一种工具能有所帮助,那就是对安于现状偏误进行简单的诊断。问一问自己:是否在动荡期什么都不做会让自己很舒服?还是说一般而言,自己愿意拥抱投资或生活中所发生的变化?如果你喜欢四平八稳、采取一种"等等看"的方式,那么你就有可能受到安于现状偏误的影响。

正如我们前文所讨论的,损失厌恶偏误和安于现状偏误是对保守型行为投资者影响很大的两种偏误。然而,还有其他几种偏误会以某种规律让保守型行为投资者饱受折磨,它们分别是:禀赋偏误、后悔厌恶偏误、锚定偏误和心理账户偏误。接下去将分别进行描述。

禀赋偏误

偏误类型:情绪偏误

有一些保守型行为投资者,尤其是那些财富是通过继承得来的人,对待他们所掌控的投资(比如一处房产,或者一笔继承来的股票),相比他们还没有掌握的投资,或者他们有可能得到的财富,会看得更重。说得更直白些,有些投资者之所以死守着手里的投资不放,仅仅是因为他们舍不得放手。

后悔厌恶偏误

偏误类型：情绪偏误

保守型行为投资者往往避免开展明确的行动,因为他们害怕从事后来看,无论自己选择哪种方式都会被证明不是最佳的。后悔厌恶偏误会导致有些投资者因为过去所遭受的损失,而在做投资选择时过于胆怯。

锚定偏误

偏误类型：认知偏误

大多数投资者,尤其是保守型行为投资者,往往会受到买入点位或套利价格水平的影响,在面临"我该买入或抛售这笔投资吗?"这样的问题时,会盯着这些价格。假设一只股票从5个月前的高点下跌了25%(75美元/股相比100美元/股)。保守型行为投资者往往会死扛到股价反弹至5个月前到过的100美元/股时才抛掉。

心理账户偏误

偏误类型：认知偏误

许多投资者会根据心理账户的归类,对每一笔钱区别对待。举个例子,保守型行为投资者常常将自己的资产分隔进一个个安全"桶"里。如果所有资产都被视为安全的,那么结果通常是只能得到次优的整体组合收益。

对于保守型行为投资者的建议

一般而言,保守型行为投资者主要受到情绪的驱动,尤其是会受到损失规避的影响,这是他们对投资组合价值发生波动时会做出的反应。统计数据表明,对股票这种显然最具波动性的投资品种进行长期投资,可以获得丰厚的回报。因此,保守型行为投资者根据不在错误的时机抛售并在正确的时机开展再平衡来控制自己的行为,就显得很重要;这样做会在实现财务目标方面带来不一样的效果。他们需要留意"具有全局观"的建议,并时常接受行为方面的指导,而不是仅仅靠严格的金融或投资方面的教育。举个例子,保守型行为投资者的顾问不会在标准差和夏普比率之类的细节问题上做过多回应，尤其是在市场动荡时期；也不会在其他方面抠得过细。保守型行为投资者往往需要搞清楚，自己选择创建的投资组合将如何解决驱动他们的关键情绪问题，比如涉及家庭成员或子孙后代时。在合适的风险水平上开展投资和坚定持有，是这类投资者取得成功的关键。

第二十六章　跟风型行为投资者

当你发现自己与大多数人站在一边时,就应该停下来进行反思。

——马克·吐温(Mark Twain)

类型名称:跟风型

基本倾向:通常对钱和投资没什么兴趣;尤其是在做财务决策时需要有人指点

主要的偏误类型:认知偏误,与跟风行动有关

发挥主要影响的偏误:近因偏误和框架偏误

投资风格:被动投资

风险容忍度:通常来说,低于平均水平,但他们往往觉得自己的风险容忍度高于实际情况

跟风型行为投资者描述的是一类比较消极、常常对钱或投资没有多大兴趣和天赋的投资者。而且,这类投资者通常在投资上没什么主见。在做投资决策时,他们会跟着朋友和同事走,或是追随当前的大众投资风潮。这类人在做投资决策时,往往不会考虑长期计划。当投资决策有时恰好奏效时,他们会自以为在投资方面很聪颖、有天赋,这就导致他们会采取大胆的冒险行动。由于他们在投

第二十六章 跟风型行为投资者

资方面并没有自己的思路,因此当他们一次次面对同样的投资建议时,会做出不同的反应;也就是说,描述事物的方式(框架)会造成他们出现不同的想法和行动。这类人也会为没有参与到当下的热门投资,或者在完全错误的时机(估值最高的时候)离场而后悔不已。

跟风型行为投资者的一个重要表现,就是他们会高估自己的风险容忍度。投资令他们难以抗拒,会不顾风险地跳进去。财务顾问对这类投资者可得留点神,不能推荐过多的"热门"投资思想——因为跟风型行为投资者可能照单全收。有些跟风型行为投资者不喜欢甚至惧怕做投资,还有许多人在得不到专业建议的情况下,迟迟不肯做出投资决策;结果造成他们往往不当地维持很高的现金头寸。跟风型行为投资者通常需要一些专业建议,也会努力学习财务知识。但是,他们往往体会不到投资过程中的乐趣,也没什么天赋。不难看到40多岁、整天忙忙碌碌的专业投资者就是这样的。所以,我们常常会看到跟风型行为投资者在投资研究上只做些表面功夫,而且都是与自己的朋友、同事聊投资。他们可能从朋友那儿听到某只股票的小道消息后就跃跃欲试。与此同时,他们可能根本不看自己的每月投资报表,随手就把它们扔在一旁,这种做法会带来灾难性的后果。

跟风型行为投资者的偏误是认知型的,这与他们的思想高度相关,而不是他们的情绪(即情感)。另外,财富情况会影响跟风型行为投资者的行为。虽然并非总是如此,但许多这类投资者在拼命积累财富,认为冒险是一件好事,有时会忽视冒险的不利影响。当投资者处在牛市周期时,就更是如此。许多跟风型行为投资者在看到住房泡沫的繁荣景象之后,一度很后悔没有及时"参与其中"。于是,他们决定通过买房在2006—2007年"捞一笔",或者购买公开交易的房地产投资信托(REITs),但当住宅市场在2008—2009年崩盘时,他们只能眼睁睁地看着这些投资灰飞烟灭。虽然这些投资最终还是回本了,但花费了很长时间。跟风型行为投资者的偏误主要是认知方面的:近因偏误、后见之明偏误、框架偏误、认知失调偏误,以及后悔厌恶偏误(这个是情绪方面的)。图26.1描述了这些偏误和风险容忍度。

接下去会对跟风型行为投资者的积极面和消极面进行简要分析(正面/负面分析),对上文讨论过的偏误(对大多数读者来说是一次复习)及其与跟风型行为投资者是如何相联系的做出描述,并对每种偏误进行快速诊断。

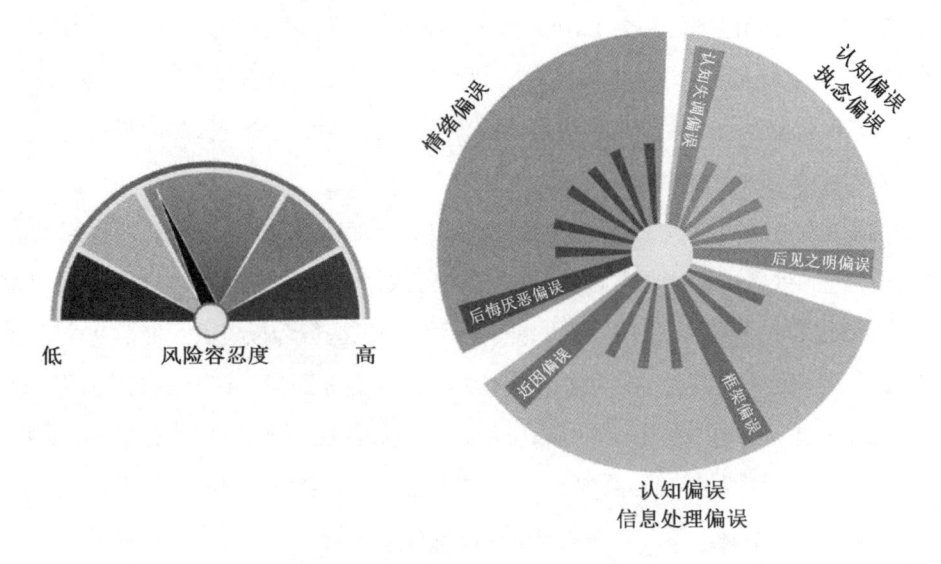

图 26.1　跟风型行为投资者特征

正面/负面分析

正面：跟风型行为投资者会形成一定的优势。由于跟风型行为投资者并不只盯着钱，所以相比那些每天只想着钱的人而言，他们的生活会轻松一些。另外，由于投资并不是跟风型行为投资者头脑中最重要的事，所以他们不会对账户过度交易——这真是一件大好事，因为过度交易被证明是一种会破坏财富的行为。从投资组合波动性整体降低角度而言，组合换手率低是一件好事，能带来更高的长期复合收益。此外，跟风型行为投资者可能清楚自己不太会管钱，所以会明智地决定聘请投资顾问来帮助他们。顾问可以帮助他们把投资过程打理得井井有条，这是跟风型行为投资者相当需要的。

负面：跟风型行为投资者的负面问题主要是，如果没有投资顾问的指导，他们在投资过程中会缺乏条理性。举个例子，如果没有人点拨，跟风型行为投资者会盲目地跟风投资，比如那些近期表现相当亮眼的标的。这会导致他们在错误的时机去投资一些资产类别——当价格处在顶峰的时候——从而造成财富损失。当投资上涨时，跟风型行为投资者还会自以为很聪明——当市场普涨时，他们会自欺欺人地认为自己是有天分的投资者。这会增加冒险行为：在错误的时间冒过大的风险，从而造成资本的永久性损失。

跟风型行为投资者偏误分析

正如前文所讨论的,跟风型行为投资者的偏误主要是认知方面的。根据我自己的经历,我发现有两种偏误对跟风型行为投资者的行为有很大的影响,它们是近因偏误和框架偏误。接下来会进行分析。在这一节的最后,我们还会探讨一下跟风型行为投资者需要注意的其他几种偏误。

近因偏误

偏误类型:认知偏误

跟风型行为投资者在近因偏误方面的表现:

跟风型行为投资者很容易脱离投资的正轨,喜欢通过随大流(投资任何大众都在投资的东西),或者听从朋友和同事建议的方式,在做投资决策时走捷径。当投资者只看某笔投资最近的表现并根据这种表现做出投资决策时,就会发生近因偏误。这是跟风型行为投资者一种很常见的表现。接下来会对跟风型行为投资者容易表现出的近因偏误做一阐述。

从技术上来说,近因偏误是一种对最近发生或观察到的事件,与近期或过去发生的事情的重要性权重分配不均所造成的认知偏误。举个例子,假设一名游轮乘客在航行期间,从观景台上看到有相同数量的绿色船只和蓝色船只从游轮旁驶过。但是,如果在航行结束的时候恰巧有更多的绿色船只驶过,近因偏误就有可能造成游客得出结论认为,在此次航行中驶过的绿色船只比蓝色船只更多。

近因偏误在投资者身上最明显也最危险的一种表现,就是对共同基金(或其他类型的基金)近期亮眼的投资表现的误解。投资者会跟踪那些在一两年或三年内实现短期超额回报的基金经理,然后仅仅根据近期的表现做出投资决策。这类投资者并没有留意到不同资产类别收益的周期性。为了克服这种偏误的影响,有许多聪明的投资者会运用所谓的"投资收益周期表",这是从门捷列夫(Mendeleev)的化学元素周期表借鉴而来——他在 1870 年写成的《化学原理》(*The Principles of Chemistry*)一书中提出了这个概念。

正如图 26.2 所揭示的,不同资产类别收益的波动幅度很大。例如,如果投资者存在近因偏误,那么他们在目睹了新兴市场股票或房地产在 2008 年之前火热的行情之后，就有可能决定在2008年大举进军这些标的；但从之后他们被套来看，这显然是错误之举。从图26.2可以看出，现金在2017年之前的很多时间里处于图中的最下方，所以投资者有可能将它从投资组合中剔除；但是读者会发现，现金在2018年是最好的资产类别。许多投资者并没有留意到这张图所提供的信息，所以，由于几乎不可能准确预测到每一年哪种资产类别会表现得最好，因此分散化才是可以做到的最为审慎的投资策略。投资者在首次资产配置过程中，应仔细考虑一下这张表，在追求回报的同时做好分散化。

卡伦投资收益周期表
根据表现，对关键指标的年化收益进行排名（2000—2019年）

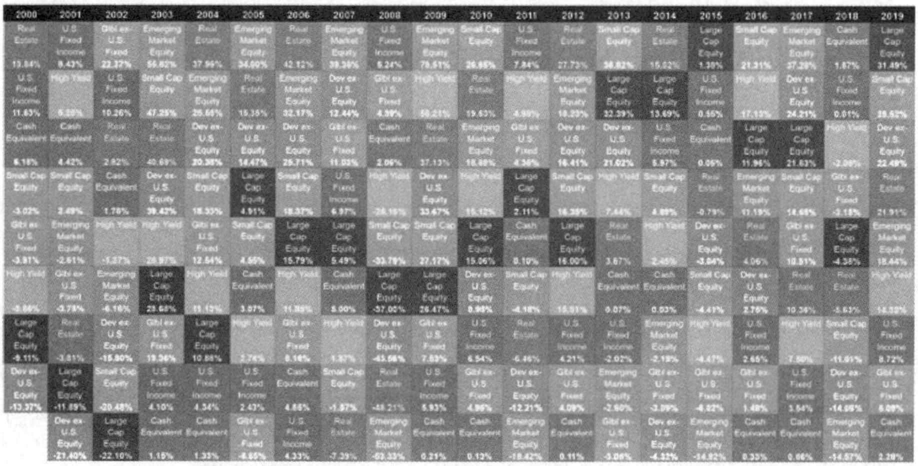

资料来源：Sunpointe Investments。

图26.2 投资收益周期表示例

框架偏误

偏误类型：认知偏误

跟风型行为投资者在框架偏误方面的表现：

框架偏误描述的是决策者会根据提问方式（框架）的不同，对相同的问题做出不同的回答。从技术上来说，决策框架是决策者对特定选项所涉及的行动、结果和各种可能性的主观认识。决策者所采用的框架在一定程度上受到提问方式以及决策者的观念、习惯和个性的控制。对某个决策问题用不止一种方式来制定框架通常是可行的。框架效应是指对不同选项的偏好的变化，可以理解为通过提问方式的调整,由框架变量形成的一个函数。举个例子,一个问题既可以用收益的方式表述出来(35%的病人可以用药救回来),也可以用损失的方式表述出来(65%的病人因没有药而死亡)。在前一种表述下,人们会接受一个收益框架,这通常会导致风险规避行为;而在后一种表述下,人们会接受一个损失框架,这通常会导致冒险行为。

可以用风险容忍度测试问卷来很好地揭示跟风型行为投资者会犯的框架偏误。我们已经在前文中学习过这个内容,但考虑到这是一个要弄清楚的关键话题,所以接下来进一步探讨一下。

假设一位投资者为了确定自己属于哪种"风险类别"而完成了一次风险容忍度测试,由于风险类别的测试结果将决定采取哪种投资方式,因此对这些问题所选择的答案是高度相关的。考虑下面两个问题,它们针对的是一个虚拟的证券组合 ABC。ABC 的存续期已超过 10 年,历史年均回报率为 10%,年均标准差为 17%。回忆一下,标准差是一笔投资相对平均收益的平均波动。假设收益呈正态分布,在任意一年,收益有 67% 的概率会落在平均值的 1 个标准差之内,有 95% 的概率会落在 2 个标准差之内,有 99.7% 的概率会落在 3 个标准差之内。因此,ABC 组合所实现的收益有 67% 的概率会处于 −7%~27% 这个区间,有 95% 的概率会处于 −20%~44% 这个区间,有 99.7% 的概率会处于 −41%~61% 这个区间。

假设答题者可以选择做接下去的问题 1 或问题 2。这两道问题所包含的信息都是有关 ABC 组合的,但是按照不同的框架搭建。

问题 1:根据下面的表格,哪一个证券组合最适合你的风险容忍度,以及你对长期收益的要求?

a. XYZ 组合

b. DEF 组合

c. ABC 组合

证券组合编号	按照 95% 的概率,盈利/亏损区间	长期收益
XYZ	2%~5%	3.5%
DEF	−6%~18%	6%
ABC	−20%~44%	10%

问题2：假设你持有的是ABC组合，去年它亏损了7%，不过它前几年的表现很不错。这种亏损情况与去年类似基金的表现差不多。你对此会做何反应？

a. 将ABC组合中的所有股票全部抛掉

b. 会先抛掉一些ABC组合中的股票

c. 继续持有ABC组合中所有的股票

d. 对ABC组合中的股票追加投资

在问题1中，ABC组合的吸引力不大，其中用两个标准差来描述可能的投资结果。而在问题2中，只用了一个标准差。此外，在问题2中，答题者被提醒留意ABC组合前几年的表现很不错，所发生的亏损与类似基金差不多。问题的表述方式会对答题者的回答造成显著影响。

其他重要的跟风型行为投资者偏误

正如我们前文所讨论的，近因偏误和框架偏误是对跟风型行为投资者影响很大的两种偏误。然而，可以发现还有其他偏误会以某种规律在跟风型行为投资者身上发生，它们分别是：后见之明偏误、认知失调偏误和后悔厌恶偏误。接下来会对这些偏误进行描述。

后见之明偏误

偏误类型：认知偏误

跟风型行为投资者往往对自己的投资缺乏独立思考，当他们以为投资结果很容易预测时，就会犯后见之明偏误。有关后见之明偏误的一个例子就是投资者对2008年金融危机的反应。起初，许多人觉得住房市场在2003—2007年的表现"很正常"（没有泡沫的迹象）。但当住房市场在2008年崩盘时，他们会事后来一句："这不是很明显吗？"后见之明偏误会造成投资者在做投资决策时，形成一种虚假的安全感，在不知不觉中贸然承担了过度风险。

认知失调偏误

偏误类型：认知偏误

在心理学中，认知代表的是态度、情绪、信念或价值观。当多种认知交织在一起时,例如,当人们发现自己所相信的某件事是假的,他们就会试图通过无视事实来缓解自己的不适感,或者给自己的决策找借口。存在这种偏误的投资者会在自己持有的某只证券或基金出现下跌(整体下跌)之后继续投资,其实他们也知道该对新的投资做出客观评价。对这种想法有一句俗语:"赔钱了之后还花冤枉钱。"

后悔厌恶偏误

偏误类型:情绪偏误

跟风型行为投资者往往避免开展明确的行动,因为他们害怕从事后来看,无论他们选择哪种方式都会被证明不是最佳的。后悔厌恶偏误会导致有些投资者因为过去所遭受的损失,而在做投资选择时过于胆怯。

对于跟风型行为投资者的建议

跟风型行为投资者首先需要认识到他们往往会高估自己的风险容忍度。跟风型行为投资者之所以会做出冒险性跟风行为,一定程度上是因为他们不喜欢做投资,或者会对要决定投资自己不喜欢的资产类别而感到不舒服。他们还会在某种投资想法实际效果不错时,自以为"一切尽在掌握",这也会造成他们在未来做出更多的冒险行为。由于跟风型行为投资者只要觉得某个投资想法不错,就有可能"欣然接受",而不考虑这种建议是否符合他们的长期利益,所以他们一定要对自己的投资做好尽职调查。跟风型行为投资者需要小心留意可能导致他们高估自己风险容忍度的行为表现。由于跟风型行为投资者的偏误主要是认知型的,所以通常来说,让他们知道投资组合分散化的好处并遵循长期计划就是最好的做法。跟风型行为投资者善于反省,但在说服自己时应准备一些有数据支持的证据材料。让跟风型行为投资者有机会清晰无误地掌握相关知识,是一种很好的思路。

第二十七章　独立型行为投资者

想找到自我，须独立思考。

——苏格拉底（Socrates）

类型名称：独立型

基本倾向：对投资过程全力参与，对投资决策独断专行

主要的偏误类型：认知偏误，与自己开展研究时存在的缺点有关

发挥主要影响的偏误：确认偏误和易得性偏误

投资风格：主动投资

风险容忍度：通常高于平均水平，但不像激进型投资者那么高

　　独立型行为投资者描述的是一类对投资有自己的原创性想法，并且喜欢参与投资过程的投资者。不同于跟风型行为投资者，他们对投资感兴趣，会积极参与到金融市场中，并且对投资有不受传统束缚的想法。不过，这种"逆势者"的思维方式也会导致独立型行为投资者不愿意遵循长期投资计划。话虽如此，仍有许多独立型行为投资者确实会坚持执行投资计划，以实现自己的财务目标。从本质上来说，独立型行为投资者是善于分析、有批判精神的思考者，他们的许多决策是根据逻辑思考和自己的直觉做出的。他们愿意承担风险，必要时会果断

这么做。这类人在全神贯注时能挑大梁，会成为思考者和实干家，而不是跟风者和梦想家。

不幸的是，有些独立型行为投资者会犯一些导致他们无法实现目标的偏误。例如，独立型行为投资者可能很冲动，在还没有对投资对象充分了解时就去投资了。又如，他们在进行原创性研究时，会误读商业新闻出版物上的文章。在这种事倍功半的状态下，他们可能忽视一些最终会令他们吃大亏的重要细节。

独立型行为投资者的风险容忍度相对较高，对风险的认识也较为透彻。他们能坦然接受风险资产的涨跌起伏。但是，当投资下跌时，他们不愿意承认自己错了或者犯了错（这听上去是不是很熟悉？）。独立型行为投资者通常自己开展研究工作；对于投资，只有在研究工作对他们的决策予以确认，或者得到一定的佐证时，他们才会感到安心。他们可以与投资顾问很好地开展合作，尽管他们只是想让顾问佐证自己的想法。独立型行为投资者一般都能用金融行话侃侃而谈，对金融、市场和经济术语了如指掌。他们不会回避对投资的成本和费用等细节问题开展研究。

独立型行为投资者的偏误主要是认知方面的：保守性偏误、确认偏误、自我归因偏误、易得性偏误以及代表性偏误。图 27.1 对这些偏误和风险容忍度做了描述。

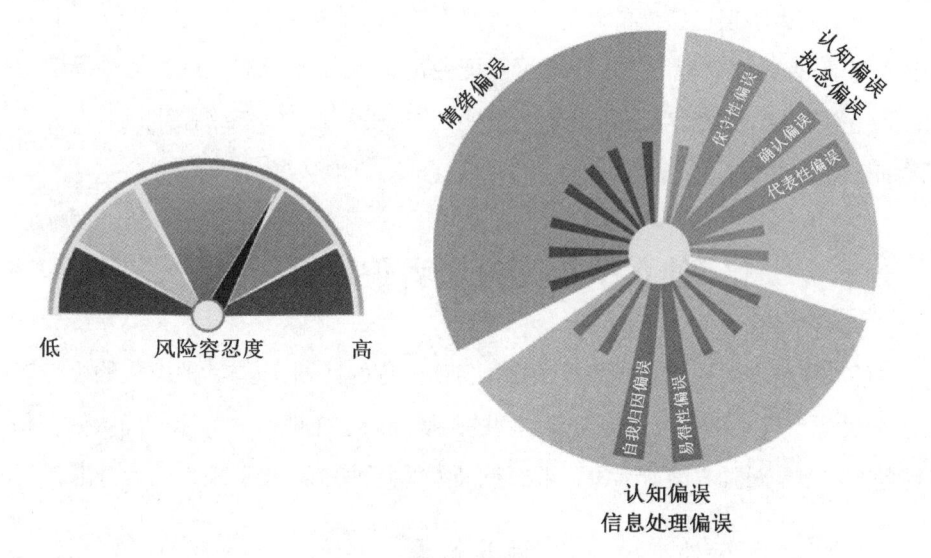

图 27.1　独立型行为投资者特征

接下去会对独立型行为投资者的积极面和消极面进行简要分析(正面/负面分析),对上文讨论过的偏误及其与独立型行为投资者是如何相联系的进行描述。

正面/负面分析

正面:独立型行为投资者会形成一定的优势。本质上来说,这类投资者都是理智的、意志坚定的、独立的思想者,勇于将自己的投资思想在投资组合上付诸实践。成功的投资者不仅要有提出原创性想法的勇气,还要有在必要时付诸实践的胆量。独立型行为投资者既能勇于承担风险,也能果断行动。由于大多数投资者是从众者,得到的结果往往不尽如人意,所以独立型行为投资者这类"逆势者"取得的成绩更为傲人。另外,由于他们天生具有分析精神,所以能自行找到费用最低的服务提供商。他们会成为思考者和实干家,而不是跟风者和梦想家。

负面:独立型行为投资者的负面性主要与那些会阻碍他们实现财务目标的偏误有关。正如我们将在下一节看到的,独立型行为投资者可能很冲动,在还没有对投资对象充分了解时就去投资了。他们还会寻找那些能佐证自己的决策,而不是可能与他们的假设相矛盾的信息。这类投资者会非理性地固执己见,不愿意听取能证明自己错误的新想法。他们的分析精神会时不时让其陷入纠结。举个例子,有些独立型行为投资者可能把税费看得太重,而对挑选合适的投资策略关注得不够。用行话来说,就是所谓的"将税费和投资本末倒置"。下一节将详细探讨这些缺点。

独立型行为投资者偏误分析

任何投资者的一大目标都是认真执行所制订的计划,但与其他类型的投资者一样,独立型行为投资者也会由于偏误的阻挠而无法实现这一目标。确认偏误和易得性偏误是对独立型行为投资者影响最大的两种偏误,接下来会进行讨论。

确认偏误

偏误类型:认知偏误

独立型行为投资者在确认偏误方面的表现：

人们都会坚持自己的决定，这是人性。由于认为自己做了正确的决定能让我们感觉良好，所以我们只会关注那些能支持自己的决定和观点的事情，而无视那些会造成冲突的事情。这就是确认偏误的本质。它让我们觉得自己愿意相信的事情都是对的，从心底里对能支持我们希望发生的情况的因素看得更重。这种做法对我们的财富是有害的，因为我们会忽视自己没有考虑到的事情。确认偏误会让投资者觉得自己做的投资决策似乎比实际效果更好，从而影响投资者。上一轮投资周期的例子就提供了有力的证明。

假设有一个名叫杰克的投资者，今年43岁，单身，从21世纪初开始拼命囤积油气资产。过了几年后，他看到私募基金和其他投资机构都在抢购能源资产，由此，他相信能源股会成为他致富的"敲门砖"。随着水力压裂技术变得普及，能源价格节节攀升，确认偏误在杰克身上一年年强化。他也读到了一篇又一篇关于能源爆发的文章。虽然有些经济学家和持异议者表达了不同的看法，但杰克对相反观点置若罔闻。他身上的确认偏误让他无法做出客观的判断，这导致他看不到自己投资中存在的潜在缺陷，只关注到好的一面。同许多人一样，他只看到了页岩油横空出世的积极一面，却没有察觉到这是一个可能破灭的泡沫。

由于存在确认偏误的投资者只会寻求一些能佐证自己对已经或将要做出的投资的观点的信息，所以与杰克一样，他们的大局观较差。杰克可能隐隐感觉到正出现坏账，新能源的库存开始超出需求——这两个因素都应该提醒他所做的决策存在问题——但他会说服自己别把这些太当回事，找借口说只有个别油田会受到影响。

不幸的是，对于杰克和其他许多被20世纪头10年的能源繁荣冲昏头脑的人而言，他们的投资组合中都配置了大量能源资产，而当市场崩盘时，他们都遭受了严重损失。如果杰克能察觉到自己的确认偏误，选择倾听不同的观点让自己保持客观，那么他就有可能不会亏得这么惨。

易得性偏误

偏误类型：认知偏误

独立型行为投资者在易得性偏误方面的表现：

还有一种偏误会对独立型行为投资者的投资决策造成重大影响，那就是易得性偏误。作为一种认知偏误,易得性偏误会造成投资者认为自己在生活中所熟悉的因素,就是对投资成功最重要的因素。对他们而言,信息有多么"容易获得",就决定了它有多可靠。当存在这种偏误时,我们最熟悉从而也最容易回想起来的可能情形,就会比那些不太熟悉的情形显得更为真实。每天我们都要面对海量信息,很难妥善处理每一条信息。因此,我们会处理一些自己看得懂的信息,而对其他信息则置若罔闻。

在投资时,这种表现通常会变成只根据过去的经历和容易识别的结果,而不是靠难以掌握的统计数据来做出判断。有些人在解读信息时会带有主观偏见,而不是客观看待冷冰冰的事实。一个典型的例子是,人们会投资那些广告满天飞的经纪公司或共同基金。这种公司的信息满大街都是,人们难以抗拒。但它们真的是最好的吗?尽职调查可能给出不一样的答案。

下面是对易得性偏误的一组简单测试。请回答:

1. 你觉得中风和谋杀,哪一种死亡人数更多?

2. 你觉得被天上掉落的飞机零部件砸死和被鲨鱼咬死,哪一种死亡人数更多?

3. 在英文单词中,K 这个字母是在第一位还是第三位出现得更多?

4. 在美国,哪种自然现象夺走的生命更多,是闪电还是龙卷风?

解析:

1. 由于新闻里播报谋杀案比播报中风致人死亡的频率高,所以大多数人相信谋杀造成的死亡更常见——但其实中风导致的死亡人数可能是谋杀案的 11 倍。

2. 由于鲨鱼袭击事件骇人听闻,因此人们会觉得这种事更常见,但其实飞机零部件掉落所导致的死亡人数可能是鲨鱼袭击的 30 倍。

3. 字母 K 出现在第三位的次数是第一位的 2 倍,但我们通常是根据首字母对单词进行分类的。

4. 在美国,每年闪电比龙卷风夺走的生命更多,不过发布的警告、演习以及其他报道让人在印象中觉得龙卷风更易致人死亡。

正如我们已经看到的,确认偏误和易得性偏误是对独立型行为投资者影响很大的两种偏误。然而,可以发现还有其他偏误会以某种规律在独立型行为投资者身上发生,它们分别是:自我归因偏误、保守性偏误和代表性偏误。我们接下来就探讨一下。

自我归因偏误

偏误类型：认知偏误

当我们所做的决策效果很好时，我们喜欢将成功归功于自己的天资和远见。但当事情并不像规划的那样发展时，我们喜欢归咎于运气糟糕或者其他难以掌控的事情。如果你在考试中得了高分，你是否会觉得这是自己刻苦努力和天资聪颖的结果？但如果考得很差，你是否会埋怨考试的打分系统有问题？如果你相信自己的成功要归功于天资和能力，而自己的失败永远不可能是自己的弱点所造成的，那么你就有可能犯自我归因偏误。

当独立型行为投资者的财务决策取得成效时，他们喜欢为自己的精明而沾沾自喜。但是，当盈利情况不理想时，独立型行为投资者会通过归咎于他人或其他事情的方式来宽慰自己。这两种做法都有问题。通常来说，当事情进展顺利，存在自我归因偏误的人在评估自己的投资组合时，会高估自己的真实选股能力，结果造成他们承担了本不该承担的风险。你是否听说过这句话："一知半解害死人。"在投资时，这种事很严重。

投资最终能盈利其实要归功于诸多因素，而身处牛市是最重要的；同时，股价的下跌也是随机而复杂的（有时要归咎于财务造假或管理不善，有时则是运气不佳）。由于存在自我归因偏误的人会自以为对交易结果有很强的掌控力，所以当交易进展顺利时会相当膨胀；而当交易失败时，他们不会回过头来想一想自己哪里可能做错了，而是会频繁交易，从而造成投资组合表现不佳。

保守性偏误

偏误类型：认知偏误

存在保守性偏误的独立型行为投资者会固执地认为自己所知道的事情都是真实的，而不愿意掌握新的信息。接下来用一个例子来说明。假设一个名叫詹姆斯的投资者得知了一些关于某家公司盈利情况的坏消息，这与他一个月前掌握的盈利预测信息相冲突，并且他已经参照之前的信息对这家公司开展了投资。由于詹姆斯存在保守性偏误，所以他对新消息没什么反应，坚持相信原来的盈利预测，而没有根据新的信息采取行动。结果，他就死守着这只会令他亏钱的股票,因为他不愿意去思考自己还能做些什么。与詹姆斯一样,那些存在保守性偏误的人由于"绕不出"原先的想法,所以会做出糟糕的投资决策。

代表性偏误

偏误类型:认知偏误

独立型行为投资者存在的最后一种偏误是代表性偏误。当我们希望自己要处理的信息能融入精心搭建的思维框架时,代表性偏误就深深根植于其中。不过,这种偏误还有更深远的影响:当存在这种偏误的人碰到一些与自己的分类方法不兼容的情况时,他们会尝试一种"最佳近似"的做法。

从好的方面来说,代表性偏误可以帮助我们快速消化和处理新的信息;但从坏的方面来说,它会让我们寸步难行,因为它让我们只能感知到那些我们的感知框架能接受的情形。想一想赌徒很看重的"运势"。从统计学来说,运势这种东西纯属无稽之谈,但在赌徒手气很好的时候,他们就会相信这种东西。赌徒都认为手气好的时候挡都挡不住,并把这种现象融入自己的思维框架——所谓的运势。但实际上,纯粹是靠运气罢了。

对于独立型行为投资者的建议

独立型行为投资者由于具备独立思想,所以会坚持自己的观点,但是当他们听到以尊重他们独立观点的方式表述出来的合理建议时,通常也能理性分析。正如我们已经知道的,独立型行为投资者会坚持自己的信念和决定,无视相反的看法。与跟风型行为投资者一样,教育对于改变独立型行为投资者的行为表现很重要。他们的偏误主要都是认知方面的,所以通常来说,切实遵循长期计划是最佳的行事方式。独立型行为投资者应该尽量用数据来支撑自己的投资决定,清晰无误地运用好数据是一种非常有效的方式,进而能产生理想的投资结果。

第二十八章　积累型行为投资者

财富并非供人拥有,而是供人享用。

——本杰明·富兰克林(Benjamin Franklin)

类型名称:积累型
基本倾向:对积累财富感兴趣并积极实践,对自己的投资能力很有信心
主要的偏误类型:情绪偏误,与过度自信有关,渴望对投资过程施加影响
发挥主要影响的偏误:过度自信偏误和控制幻觉偏误
投资风格:积极参与决策
风险容忍度:很高甚至非常高

积累型行为投资者描述的是一类对积累财富感兴趣并相信自己能做到的投资者。这类投资者通常在某些商业领域取得过成功,因此完全相信自己也会成为成功的投资者。他们往往喜欢根据市场情况来调整自己的组合配置和持仓,不愿意遵循结构性计划。此外,他们喜欢对决策施加影响,甚至要全权掌控决策过程,这可能会削弱财务顾问所扮演的角色。从本质上而言,积累型行为投资者是冒险者,坚定地相信无论自己选择哪种路径都是正确的。与保守型行为投资者不同,他们求胜心强——要干就干大的。而且与好相处的跟风型行为投资者

不同，他们喜欢靠自己，要做掌舵人。另外，他们也与个人主义者不同，他们通常会深挖细节，不会在必要的信息还不充分时就开展行动。

不幸的是，有些积累型行为投资者会犯那些导致他们无法取得投资成功的偏误。举个例子，积累型行为投资者可能对自己的能力太过自信；既然他们能在商业或其他领域取得成功，那么为什么不能也成为成功的投资者呢？并且，过度自信有时会导致他们觉得能掌控投资的结果。他们没有认清投资结果常常是随机的，充满了未知的风险。由于积累型行为投资者所创造的资产的"财富效应"，他们的开支常常会失控，导致生活风格过于浮夸、不够低调。这类投资者还会根据对投资机会是否熟悉，或者是否与自己的价值观相符来开展投资。

积累型行为投资者的风险容忍度很高，但是当情况"出问题"（比如他们亏钱了）时，他们会非常不安。财务亏损造成不安的同时，也会摧垮他们的自信，造成他们意识到自己掌控不了投资结果。这类投资者富有创业精神，通常是家族财富的开创者：他们的意志力和自信甚至比个人主义者还要强。在缺乏指导的情况下，积累型行为投资者往往会过度交易，从而拖累投资的表现。另外，他们都是果断的决策者，但与周围人相比，他们所做的投资风险更高。一旦取得成功，他们就很享受做了一笔好买卖所带来的刺激感。有些积累型行为投资者难以沟通，因为他们根本不相信像分散化和资产配置之类的基本投资原理。他们通常"事必躬亲"，要充分掌控投资决策过程。

积累型行为投资者的偏误主要是情绪方面的：过度自信偏误、亲密性偏误、自控力偏误、控制幻觉偏误以及结果偏误。图 28.1 描述了这些偏误和风险容忍度。

接下去会对积累型行为投资者的积极面和消极面进行简要分析（正面/负面分析），并对上文讨论过的偏误及其与积累型行为投资者是如何相联系的进行描述。

正面/负面分析

正面：积累型行为投资者会形成一定的优势。积累型行为投资者对自己的能力很自信，因此会将自己的投资想法付诸实践。正如我在前文说过的，投资成功不仅要求对自己的投资思路有信心，而且要勇于将其付诸实践。简而言之，积

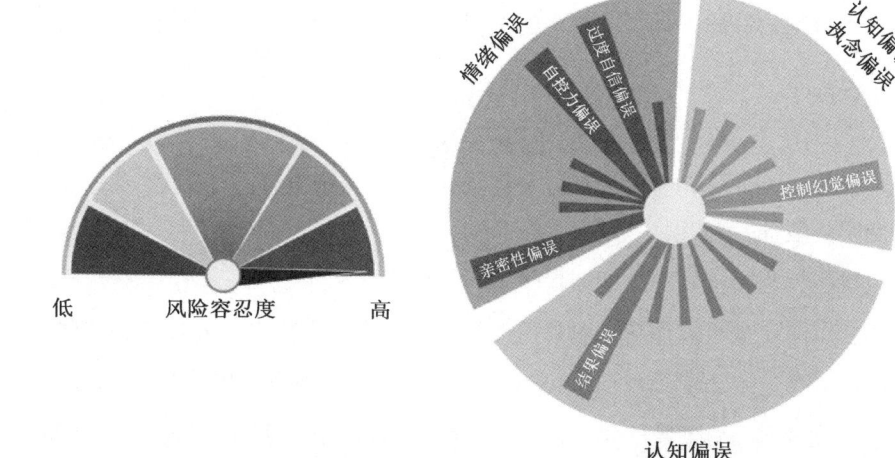

图 28.1　积累型行为投资者特征

累型行为投资者能自信地果断采取行动。他们也清楚成功靠的是什么：勤奋刻苦,不达目的不罢休的坚毅。因此,他们会花时间去了解投资机会,详细考察自己的投资项目。最后,他们明白要想积累财富就得冒风险；并不是所有的投资者都清楚冒险的意义。这并不是说当投资情况不理想时,积累型行为投资者也能欣然接受,但他们非常清楚,并不是每个决策都能取得理想的结果。

负面：积累型行为投资者的负面性主要与如下偏误有关,即当事情的发展如他们所料时,他们会过度自信,认为无论发生什么情况,自己都能对投资结果施加某种程度的控制。但实际上,过度自信往往会导致糟糕的投资结果——要么是因为这类投资者常常觉得自己比市场上大多数人聪明,要么是因为他们过度交易。同样地,以为投资结果可控也是一种谬误：投资者以为结果可控的几乎所有投资工具都充满了不确定性,实际情况根本不是他们所想的那样。我们将在下一节看到,积累型行为投资者还会在控制开支方面存在障碍,根据自己的人生经历开展投资,并总以为在投资这件事上付出就会有回报。

积累型行为投资者偏误分析

任何投资者的一大目标都是认真执行所制订的计划,但与其他类型的投资者一样,积累型行为投资者也会由于偏误的阻挠而无法实现这一目标。过度自信偏误和控制幻觉偏误是对积累型行为投资者影响最大的两种偏误,接下来会进行讨论。

过度自信偏误

偏误类型:情绪偏误

积累型行为投资者在过度自信偏误方面的表现:

过度自信完全可以理解为对自己的想法和能力没理由地过分相信。这种偏误在投资者身上则表现为对自己判断能力的高估。许多激进的投资者相信,他们在挑选投资方面有着超乎常人的天赋。然而,其实同其他类型的投资者一样,在市场低迷期时,他们也会焦躁不安,并做出非理性的决定。举个例子,在2018年第四季度,曾有不少过度自信的激进投资者承受不住那段时间的剧烈震荡——在错误的时间割肉离场,但市场在相对较短的时间内就走出了低谷。而那些获得建议将投资计划坚持下去的人——虽然这很难——凭借远见和勇气熬过了这段动荡期,最终迎来自己投资组合的大幅反弹。当然,从事后来看,这其实是一个百年难遇的建仓机会。

那些在商业和其他领域取得过成功的人都很自信——这也是他们能取得成功的原因。但在投资领域,过度自信会成为一件很危险的事。市场会在很长一段时间里处于非理性状态,这是因为证券价格本身的高低并不意味着它在短期内会发生调整。关于投资者过度自信的一个经典例子,发生在像美国银行、安然还有雷曼兄弟之类的公开上市公司的前高管或家族继承股东身上。这类投资者由于认为自己掌握公司的"内幕消息"或存在情感羁绊,所以往往拒绝对持股进行分散化。他们无法将那些有历史意义的股票理解为存在风险的投资。然而,有许多响当当的美国企业——比如上面所提到的这些——最终陨落或被历史遗忘。

下面的问题是对过度自信偏误进行简单的诊断。

问题1:你觉得预测出2008—2009年房贷泡沫破灭的难度如何?

a. 很困难

b. 比较困难

c. 比较容易

d. 很容易

问题 2：从 1926 年到 2010 年，股票的复合年收益率约为 9％。在任一年份，你预期能从自己的股票投资上获得多少收益？

a. 低于 9％

b. 约为 9％

c. 高于 9％

d. 远高于 9％

问题 3：你认为在让自己挑选的投资的表现优于市场这件事上，自己有多大的掌控力？

a. 完全无法掌控

b. 几乎没什么掌控力

c. 有一定的掌控力

d. 相当有掌控力

下面是 3 道问题的答案。在任何一道问题中选择"c"或"d"的人，会犯过度自信偏误。

问题 1：如果答题者觉得预测出 2008—2009 年房贷泡沫破灭似乎挺容易的，那么就有可能表现出对预测能力过度自信偏误。如果答题者认为不太容易预测出泡沫破灭，就不太可能犯对预测能力过度自信偏误。

问题 2：预期自己的表现能明显高于长期市场平均水平的人，有可能犯对预测能力过度自信偏误。认为自己的收益水平处于或低于市场平均水平的人，不太可能犯对预测能力过度自信偏误。

问题 3：宣称自己对投资有很强的掌控力的人，有可能犯过度自信偏误。承认自己几乎没有或完全没有掌控力的人，不太可能表现出过度自信的症状。

控制幻觉偏误

偏误类型：认知偏误

积累型行为投资者在控制幻觉偏误方面的表现：

当人们认为自己能控制或至少是影响投资结果时，控制幻觉偏误就发生了，事实上他们做不到。存在控制幻觉偏误的激进型投资者相信，管理投资组合最好的办法就是不断地进行调整。举个例子，那些风险容忍度很高的频繁交易型投资者会认为自己对投资结果具有更强的"掌控力"——其实并没有,因为他们很享受在每一次决策中"扣动扳机的快感"。控制幻觉偏误会导致投资者在交易时不够谨慎。研究者发现,特别是线上交易者会觉得自己能掌控交易结果,但实际并非如此。最终造成的结果是,过度交易导致回报降低。控制幻觉偏误还会导致投资者始终持有分散度不够的投资组合,因为他们都把"赌注"压在寥寥数家公司上。有些投资者会对一些股票持仓度很高,因为他们很看重那些他们觉得能在一定程度上掌控其命运的公司。然而,所谓的掌控毫无根据,分散度不够会对投资者的组合造成损害。

总之,控制幻觉偏误会导致投资者过度自信。投资者需要意识到投资成功往往是一个概率事件。正确的第一步是先回过头来想想,美国和全球的资本市场其实有多么复杂。即便是最聪明的投资者也完全无法掌控他们所做的大多数投资的结果。你在购买一只股票时自信满满,但你真的能掌控这只股票的走势或者交易的结果吗?理性来说,显然有些所谓的联系是随机发生的,而不是真的存在因果关系。不要让自己去做那种从逻辑上就能察觉出是很随意的财务决策。

另外,建议投资者去了解一下相反的观点。当你考虑做一笔新的投资时,花点时间想一想所有反对这笔交易的观点。问一问自己:我为什么要做这笔投资?存在什么风险吗?我什么时候应该抛掉?哪里可能会出问题?这些重要的问题能帮助你在实施决策之前,先厘清其背后的逻辑。最后,做记录是很好的想法。一旦你决定开展投资,克制住控制幻觉偏误的一种很好的办法就是保持对自己的交易做记录,包括对每笔交易背后的理由写备忘录。要写下自己所做的每笔投资的重要特点,突出自己所决定的这些特点对投资成功有何帮助。

接下来是对控制幻觉偏误的简单诊断,用几道问题对这种偏误进行测试:

问题1:当你玩那种用掷骰子来拼运气的游戏,比如双陆棋、大富翁或掷双骰子时,你是否觉得亲自摇骰子的赢面更大?

a. 我感觉自己摇骰子,赢面更大

b. 谁来摇骰子,对我来说无所谓

问题2:打牌时,你是否觉得如果某一局是由自己来发牌,往往赢面更大?

a. 由我来发牌时,赢面更大

b. 谁来发牌,对我来说无所谓

问题 3：你去买彩票时，如果彩票号码是你自己选的，而不是靠电脑随机选择，你是否觉得自己中奖的机会更大？

a. 我觉得自己选的号码，中奖概率更大

b. 号码如何选，我觉得都差不多

测试结果分析：

问题 1：那些觉得自己摇骰子比让别人摇骰子赢面更大的人，有可能犯控制幻觉偏误。

问题 2：这道题与问题 1 类似。那些觉得由自己来发牌时更能掌控结果的人，有可能犯控制幻觉偏误。

问题 3：选"a"的人，表明他们觉得自己选号码比接受随机号码的中奖概率更高，有可能犯控制幻觉偏误。

正如我们所看到的，过度自信偏误和控制幻觉偏误是对积累型行为投资者影响很大的两种偏误。然而，还有其他几种偏误会以某种规律在积累型行为投资者身上发生，它们分别是：亲密性偏误、自控力偏误和结果偏误。接下去我们来探讨一下。

亲密性偏误

偏误类型：情绪偏误

亲密性偏误是指人们会根据他们觉得某种产品或服务能否反映自己的信念或价值观，来非理性或非经济地做出消费决策或投资决策。这种想法看重的是产品或服务的表达性收益，而不是它们真正能为自己带来什么（功利性收益）。在消费品领域，有关这种现象的一个很常见的例子是买酒。消费者会在饭店或酒店花几百美元购买一瓶包装精美的名酒，为的是给吃饭的客人留下美好的印象，但其实一瓶包装普通的酒也能提供相同的口感，只不过体现不了那种地位感。

自控力偏误

偏误类型：情绪偏误

自控力偏误表现为寅吃卯粮。存在这种偏误的投资者最要注意的一点是对风险容忍度很高，而且花钱大手大脚。举个例子，假设某位投资者的投资风格激进,眼下有很大的开支需求,突然金融市场发生了剧烈的震荡,那么这位投资者可能就被迫要抛掉那些收益稳定但由于当前市场环境而出现下跌的长期投资,仅仅为了满足眼下的开销。

结果偏误

偏误类型:情绪偏误

结果偏误是指人们会根据过去发生的事情的结果(比如过去 5 年的收益),而不是通过观察结果的形成过程(比如共同基金经理过去 5 年所采取的投资流程)来决定是否做一件事——比如是否投资一只共同基金。投资者可能认为,"这名基金经理干得很棒,我要把钱交给她",但没有想过这么亮眼的收益是如何得来的,或者为什么其他基金经理过去 5 年没有取得这么好的成绩。

对于积累型行为投资者的建议

积累型行为投资者本质上来说很情绪化,这通常很难改变。这类投资者需要学会反省,因为他们很喜欢掌控,或至少是事无巨细地插手投资决策。他们会乐观地以为自己的投资能进展顺利,即便这种想法毫无依据。有些积累型行为投资者花钱大手大脚,开支失控会造成他们实现不了长期投资目标。有些积累型行为投资者会根据自己的世界观来开展投资,比如投资一些能体现自己生活风格的股票,但从长期来看,这可能并非最理想的投资。对于积累型行为投资者来说,最佳策略是写一份投资策略报告,不要情绪化地管理投资组合。遵守纪律才是长期投资成功的关键。

第二十九章　对每一类行为投资者的资产配置案例研究

散户应该坚持做一个投资者,而不是投机者。

——本杰明·格雷厄姆(Ben Graham)

首先恭喜你！如果读到了本书的这一部分,那么你应该对行为投资者类型(BITs)有了切实的认知。在本章,我将对目前为止有关特定行为偏误的所有讨论进行整合,并探讨四个虚构的投资研究案例。

显然,每一名投资者都有自己的特点,在诊断和克服行为偏误方面,并没有完全明确的方法。作为一名投资者或投资顾问,在阅读本章时,请想一想当面临类似的情形时,你会如何处理。要特别留意对概括出的方法流程的运用,即问题诊断、影响评估、反应确定,以及最佳的配置措施。

接下来的案例研究讨论了四个假想的投资者,有三个是个人投资者:吉娜·弗莱明女士、加里·罗辛顿先生和托尼·海史密斯先生;剩下的一个是高净值家庭——马斯特斯一家。每一个案例分别探讨了四类行为投资者中的一种,并从财务顾问的视角给出观点。借助顾问的观点,或许有助于读者对各种情形做出更透彻的思考。

本章的案例研究是设计用来回答以下几个关键问题,以确立投资者的修正组合：
- 投资者身上存在哪些偏误，会驱使他们做出这种行为和决策？
- 投资者属于哪一类行为投资者？
- 投资者身上的偏误可能对投资决策和解决方案的决定造成怎样的影响？
- 投资者应该如何减轻或适应偏误所造成的影响？
- 对于具体的投资者而言，什么才是最好的投资策略和解决方法？

假定每一个案例研究都处在一个"正常的"市场环境中。例如，美国股市的估值是公允的，不存在高估或低估。利率稳定地维持在低位。市场存在波动，但不存在极端情况。在阅读案例的时候，请读者试着根据实际情况来识别所察觉到的偏误。在构建投资策略时，为简单起见，假定所有的投资组合只按照三类资产进行配置：股票、债券和现金。

在思考案例的时候，一定要记住，每个投资者都有自己的特点，在了解并对行为和偏误做出应对时，不存在唯一的答案。下面的案例都是从财务顾问的视角来设计的，但如果你是散户，也可以自行想一想你会如何处理类似的情形。读者一定要特别留意关于行为分析、投资策略和解决方案的方法运用，将自己的投资思路与特定的市场环境相结合。在阅读案例时，请试着思考一下，每个案例是要识别出哪一类行为投资者。

案例研究 1

案例研究对象：吉娜·弗莱明夫人（个人投资者）。

弗莱明夫人 70 岁，已经退休，独自一人生活。她每年的生活开支约为 40 万美元（含税）。不过，她唯一的收入来源是一个 500 万美元的投资组合，收益率为 2%。但她的开支率达 8%，所以她在透支自己的本金。你已经认识她 3 年了。通过为弗莱明夫人提供咨询服务，你得知她的首要投资目标，就是让她的资产足以支撑她安然度过余生（假设还有 20 年），并且她对风险容忍度不高。如果有可能的话，她还有一个目标，就是为动物慈善机构捐赠 200 万美元。

尽管弗莱明夫人对自己资金管理的细节没什么兴趣，但她还是会一次次告诫你，无论发生什么情况，都不想遭受亏损，她始终记得自己的亲戚在 1987 年大崩盘中损失惨重。你注意到，相比投资组合盈利所带来的喜悦，亏损让她感受到的痛苦要强烈得多。你还发现,尤其是在谈到金融市场时,弗莱明夫人的思想相当顽固僵化。她喜欢用老眼光看事情,即便她周围的世界已经发生了翻天覆地的变化。尽管她不是金融市场的专业人士,但她会定期研究市场,并拿当前市场所处的趋势作为预测未来趋势的依据。当市场下跌时,她会说"市场在下跌呐,现在去投资不是疯了嘛";而当市场上涨时,她会说"我们是不是错过机会了?"

在对弗莱明夫人的投资组合进行审查时,你发现尽管多次提出过建议,但她一次都没有调整过自己的投资组合结构。在她的组合中,国库券和高等级市政债券的比重很高(占50%)。弗莱明夫人的股票配置(占10%)集中持仓埃克森美孚的股票。她是从自己的亡夫(于2011年过世)那里继承了这只股票。她将持股凭证锁在当地银行的保险柜里。对股息的安排是自动再投资,以购买更多的股票。这是她亡夫决定的,她不想打破丈夫为自己所做的规划。剩下的是现金(占40%)。

你担心弗莱明夫人如此保守的配置方式将无法维持她的生活水平,也实现不了她的财务目标。你怀疑由于她存在不止一种行为偏误,因此让她对投资组合进行重新配置会造成她的不安。

分 析

不管你是投资者还是投资顾问,先假设你是弗莱明夫人的顾问。你现在的工作是根据她特定的情况和行为特点,来建议她采用你认为适合她的最佳配置方案。你要尽力确保她能完全接受你的投资方案,不会在6个月内提出调整。要做到这一点,回答以下几个问题对你会有所帮助。在下一节,我们将探讨这些问题的答案,并对如何改善弗莱明夫人的这种投资情况提出建议。

1. 哪些行为偏误驱使弗莱明夫人做出这种行为和决策?是哪些特别的证据让你做出这种诊断的?
2. 她属于哪一类行为投资者?
3. 弗莱明夫人身上的偏误可能对资产配置决定造成怎样的影响?
4. 她应该如何减轻或适应偏误所造成的影响?
5. 对于弗莱明夫人而言,什么才是合理的配置方案?

简单起见,先对案例的要点总结如下:
- 吉娜·弗莱明夫人70岁,已经退休,独自一人生活。

- 她每年的生活开支约为 40 万美元（含税）。
- 她唯一的收入来源是总计 500 万美元的投资组合，收益率为 2%。
- 她的开支率达 8%，所以她在透支自己的本金。
- 她的目标是让自己的资产足以支撑她安然度过余生（假设还有 20 年），并且她对风险容忍度不高。如果有可能的话，她还有一个目标，就是为动物慈善机构捐赠 200 万美元。
- 相比盈利所带来的喜悦，亏损让她感受到的痛苦更强烈。
- 当谈到金融市场时，弗莱明夫人的思想相当顽固僵化。
- 她喜欢用老眼光看事情，即便她周围的世界已经发生翻天覆地的变化。
- 当市场下跌时，她会说"市场在下跌呐，现在去投资不是疯了嘛"；而当市场上涨时，她会说"我们是不是错过机会了？"
- 从 3 年前你与她开始合作算起，她一次都没有调整过自己的投资组合结构。
- 她投资组合的 50% 是国库券和高等级市政债券。
- 她投资组合的 10% 集中持仓埃克森美孚的股票，她之所以不想抛掉，是因为这是她几年前过世的丈夫留下的。
- 剩下的 40% 是现金。

无论你是一名投资者还是投资顾问，都先假定你是弗莱明夫人的顾问。作为她的顾问，你比较担心根据她目前这么保守的配置方式，她将无法维持自己的生活水平或实现自己的财务目标。你怀疑由于她存在不止一种行为偏误，因此对投资组合进行重新配置会造成她的不安。你要尽力确保她能完全接受你的投资方案，不会在 6 个月内提出调整。

问题解析

弗莱明夫人所表现出的偏误完全符合保守型行为投资者。请回忆一下，我们在第 25 章讨论过这类投资者的特点。根据案例研究中的描述，我们能知道她是一名保守型行为投资者，因为她存在如下偏误：

- 损失厌恶偏误——相比盈利所带来的喜悦，亏损让她感受到的痛苦更加明显。
- 锚定偏误——在考虑做一笔投资时，会紧盯着套利价格水平。

- 安于现状偏误——希望事情能四平八稳。
- 禀赋偏误——尽管预期结果可能很糟糕,但仍会非理性地死守着投资不放。

保守型行为投资者的行为特点会导致在对投资组合进行配置时明显偏保守。由于她无法忍受风险(厌恶损失),不愿做出改变(安于现状),所以她自然更偏好自己当前所拥有的资产配置结构(90%的债券和现金、10%的股票)。另外,由于市场近期涨势良好,所以弗莱明夫人可能对当前的和预期的股价(锚定效应)得出错误的结论,因此会对股票仓位很警惕。弗莱明夫人拒绝了过去所有顾问(包括你)想让她提高股票头寸的建议。

如果她固守自己当前的配置,那么可能人还健在,但钱已经花光了,并且你的财务规划也证明了这种担忧。尽管她的财富水平目前让她衣食无忧,但从长期来看,完全不足以支撑她通过这种不均衡的资金配置方式继续过奢华的生活(非常令人怀疑)。所以,如果你接受弗莱明夫人的这些偏误——认可她继续将90%的资金配置在债券和现金上,只留10%给股票,那么她非常严苛的财务目标就难以实现。但是,她的偏误主要都是情绪型的(安于现状偏误、损失厌恶偏误),根本不可能通过提供建议和信息的方式来消除。如果你试图去消除她的这些偏误,那会是一件很棘手的事。但说到底,你还是得试一下,既然你现在知道她是保守型行为投资者,可能事情还有转机。

因此,你的任务是提出一个考虑周全的建议——既将她的财务目标考虑进去,同时也考虑到她的情绪偏误(虽然难以消除)。因此,你可以决定合理的配置方案是35%的股票、20%的现金和45%的债券。你还可以考虑,她应该按一种节税的方式降低对埃克森美孚股票的仓位集中度。

案例研究 2

案例研究对象:加里·罗辛顿先生(个人投资者)。

罗辛顿先生58岁、单身(离异),风格强势,是一名科技行业高管,每年能赚到150万美元。他过着奢侈的生活(开豪车、爱旅游,还玩艺术品收藏),每年要花掉年收入的近3/4,但他还是设法存下了2 000万美元。他之所以能存下这笔钱,很大程度上靠的是他的高收入和一些股票期权——还有激进的投资风格,这造富了一批"勇者"。应该说,多方面因素共同造就了他的财富。此外,他还获得过几笔遗产。去年,罗辛顿先生得了一次轻微的心脏病,目前看起来已经差不多痊愈了。他的主要财务目标是能在65岁时安然退休,然后向一家医疗保健基金会捐赠500万美元。他剩下的资产将用于自己的生活开支(包括支付离婚扶养费),以及给三个儿子留下300万美元的遗产:他有两个儿子是做生意的;还有一个是搞艺术的,搞艺术的这个儿子一直要看病,所以偶尔得花些钱。说到他原本的家庭,他的父母都已经去世了,有一个姐姐已经结婚,家境不错。

你已经与罗辛顿先生打了两年多的交道。考虑到他的健康状况和财务目标,你提出了一个相对保守的开支和投资计划。但是,罗辛顿先生拒绝接受你的计划,因为他更喜欢及时行乐,不愿为今后的目标进行规划和储蓄,也不想在风险可以承受的水平上开展投资。你已经与罗辛顿先生形成了良好的合作关系,但是你知道之所以能有这种良好的关系,可能是因为你没有强迫他去遵守财务计划。他目前的资产配置包含了近85%的股票、10%的债券和5%的现金。你担心一旦市场发生严重的持续下跌,或者罗辛顿先生的身体再突发什么状况,可能会导致他在退休之后无法满足日常的生活开支,包括医疗开支、想做的捐赠、希望留下的遗产,以及可能需要对他搞艺术的儿子提供一些支持。但经验告诉你,只要让投资组合更平衡一些,罗辛顿先生其实可以维持自己的生活水平,并能实现他主要的财务目标。但是,你很担心罗辛顿先生不会全然接受这个想法。他告诉你,既然他能成为自己行业里的成功人士,那么肯定也能成为一个相当成功的投资者。他很清楚,对自己而言最佳的投资策略是什么:去冒险。你还担心一件事,过去的两年里,他对两家科技初创企业做了风险投资,这是他在网球俱乐部的球友同时也是科技业的同行介绍给他的。他已经晋升为其中一家企业的董事会成员,由于企业需要开展第二轮融资,所以他又往里面追加了一笔钱。

分 析

不管你是投资者还是投资顾问,先假设你是罗辛顿先生的顾问。你现在的工作是根据他特定的情况和行为特点,来建议他采用你认为适合他的最佳配置方案。你要尽力确保他能完全接受你的投资方案,不会在6个月内提出调整。要做到这一点,回答以下几个问题将对你有所帮助。在下一节,我们会探讨这些问题的答案,并对如何改善罗辛顿先生的这种投资情况提出建议。

1. 哪些行为偏误促使罗辛顿先生做出这种行为和决策？是哪些特别的证据让你做出这种诊断的？
2. 他属于哪一类行为投资者？
3. 罗辛顿先生身上的偏误可能对资产配置决定造成怎样的影响？
4. 他该如何减轻或适应偏误所造成的影响？
5. 对于罗辛顿先生而言，什么才是合理的配置方案？

简单起见，先对案例的要点总结如下：

● 罗辛顿先生 58 岁、单身（离异），风格强势，是一名科技行业高管，每年能赚到 150 万美元。

● 他过着奢侈的生活，每年要花掉年收入的近 3/4，但还是设法存下了 2 000 万美元。此外，他还获得过几笔遗产。

● 去年，罗辛顿先生得了一次轻微心脏病，目前看起来已经差不多痊愈了。他的主要财务目标是能在 65 岁时安然退休，然后向一家医疗保健基金会捐赠 500 万美元。他没有想过在退休之后降低自己的生活水平。

● 他剩下的资产将用于自己的生活开支，以及给三个儿子留下 300 万美元的遗产：他有两个儿子是做生意的，还有一个是搞艺术的，搞艺术的这个儿子一直要看病，所以偶尔得花些钱。

● 你提出了一个相对保守的开支和投资计划。但是，罗辛顿先生拒绝接受你的计划，因为他更喜欢及时行乐，不愿为今后的目标进行规划和储蓄，也不想在风险可以承受的水平上开展投资。

● 他目前的资产配置包含了近 85% 的股票、10% 的债券和 5% 的现金。你担心一旦市场发生严重的持续下跌，或者罗辛顿先生的身体再突发什么状况，可能导致他无法实现自己的财务目标。

● 他对两家科技初创企业做了风险投资，这是他在网球俱乐部的球友同时也是科技业的同行介绍给他的。他已经晋升为其中一家企业的董事会成员，这让他感觉很不错，但由于企业需要开展第二轮融资，所以他又往里面追加了一笔钱。

● 鉴于他激进的资产配置，并且花钱大手大脚，你很担心一旦市场发生下跌，他可能不得不抛售资产，从而无法维持自己的生活水平或实现自己的财务目标。你还怀疑，由于他存在不止一种行为偏误，所以让他对投资组合进行重新配置会造成他的不安。

问题解析

罗辛顿先生所表现出的偏误完全符合积累型行为投资者。请回忆一下，我们在第二十八章讨论过这类投资者的特点。根据案例研究中的描述，我们能知道他是一名积累型行为投资者，因为他存在以下偏误：

- 过度自信偏误——高估自己的投资智慧。
- 亲密性偏误——不是出于经济上的考虑，而是因为你对某笔投资更熟悉（比如朋友的因素、亲切感等）来做投资。
- 自控力偏误——喜欢及时行乐，而不是为明天做些储蓄。
- 控制幻觉偏误——觉得自己能对事情施加影响，但其实无法掌控。

积累型行为投资者的行为特点会导致在进行资产配置时明显倾向于冒险。由于这类投资者的风险容忍度很高，花钱大手大脚（过度自信偏误），会对风险很高的项目进行风投（亲密性偏误），并且只图眼前享乐，而不愿意为明天储蓄（自控力偏误），所以他在进行资产配置时，自然喜欢冒险。另外，罗辛顿先生认为自己能控制投资的结果（控制幻觉偏误），可能去冒超出自己理解能力的风险；他拒绝了过去所有顾问（包括你）想让他减少风险资产头寸的建议。

如果罗辛顿先生继续这么"大手大脚"地花钱，那么可能人还健在，但钱已经花光了，并且你的财务规划也证明了这种担忧。尽管他的财富水平目前让他衣食无忧，但从长期来看，可能维持不了多久，特别是他会被迫在错误的时间——比如市场发生暴跌的时候——抛售资产。所以，如果你接受他的这些偏误——认可他继续按这么高的风险进行资产配置，对他大手大脚花钱视若无睹，那么罗辛顿先生的财务目标可能难以实现。他的偏误主要是情绪型的（自控力偏误、过度自信偏误和亲密性偏误），根本不可能通过提供建议和信息的方式来消除。如果你试图去消除他的这些偏误，那会是一件很棘手的事。

因此，你的任务是提出一个考虑周全的建议——既将他的财务目标考虑进去，同时考虑到他的情绪偏误（虽然难以消除）。因此，你可以决定合理的配置方案是65%的股票、10%的现金和25%的债券。你还可以考虑，让他把钱省着点花，想一想如何在具体做法上提供一些建议。

案例研究 3

案例研究对象：托尼·海史密斯先生(个人投资者)。

托尼·海史密斯 29 岁，是一家房地产公司优秀的销售高管。他目前单身，手头挺有钱的(出生于一个上中产家庭，有着很好的教育背景)，生活过得很滋润。他在波士顿市中心有一套昂贵的公寓，社会交际广泛。尽管他花钱如流水，但还是会从自己的收入中存下 20% 用于长期投资。他最近刚与克洛伊订婚。克洛伊今年 28 岁，是一名牙医助理。他俩打算过两年组成一个家庭，克洛伊到时做一名全职太太。托尼的投资组合很激进——全部是股票。他是从 2011 年开始投资的，只经历过牛市。由于他从未经历过一轮完整的市场周期，所以他认为牛市将持续下去——因此他继续投资风险较高的股票。他现在也开始投资指数型 ETF，如 SPY(标普 500 的 ETF)，但还是会继续投资一些科技股，如苹果、亚马逊、脸书、谷歌和奈飞。他的同事和朋友在这些股票上都大赚了一笔，所以他认为自己也应该跟进。他觉得如果自己没有买入这些股票，那么以后肯定会后悔。他把设法存下来的 25 万美元都投在了这些股票上。他的短期目标是与自己的未婚妻在波士顿郊区买一套房，然后留一笔钱用于举办婚礼；长期目标是把小日子过好，能在 60 岁时退休。

你已经与托尼打了两年交道。在你刚开始与他合作时，让他做过一份风险容忍度测试问卷，结果表明，他的投资组合应该把约 65% 的钱投在风险资产上，还有 35% 配置给债券和现金。虽然他很年轻，还有很长的路要走，但他的短期目标，即为婚礼留一笔钱、为郊区的房子筹一笔首付款，让你明白他应该配置一些债券和现金。你为他准备了一份财务规划，推荐了一个符合他风险特点的资产配置方案：65% 的股票、25% 的债券和 10% 的现金。但托尼选择了一种更激进的方案：全部是股票，不要债券和现金。

托尼之所以会选择这种激进的配置方案，很大程度上是因为他没有意识到股票会有熊市这回事。他只经历过牛市，难以接受自己的想法会一错再错。他之所以选择从事房地产行业，就是因为他喜欢这一行的高风险性——但你发现，他还没有吃过苦头；他的整个职业生涯都处在经济的繁荣期。你还想起，他提到过常常会与朋友聚在一起交流对投资的看法。所有朋友都在做的投资，他也要做,比如买有风险的科技股。在见面讨论时,你指出 2000 年科技股曾损失惨重——但这并不妨碍他将投资组合中的 40% 押在 5 只科技股上。他存在错失恐惧症(FOMO)——害怕掉队。你觉得他有点儿高估了自己的风险容忍度。

当你告诉托尼,你觉得他应该对投资组合进行分散化投资时,他并不以为然。你比较担心的是,由于托尼在工作上一帆风顺,会造成他不把风险当回事。你认为,对于为婚礼和房子的首付存一笔钱的短期目标,可能还有为孩子的学费存些钱以及实现提前退休的长期目标的关键几年,他得想好万全之策。

分　析

不论你是投资者还是投资顾问,先假设你是托尼的顾问。你现在的工作是根据他特定的情况和行为特点,来建议他采用你认为适合他的最佳配置方案。你要尽力确保他能完全接受你的投资方案,不会在 6 个月内提出调整。要做到这一点,回答以下几个问题将对你有所帮助。

1. 哪些行为偏误促使托尼做出这种行为和决策?是哪些特别的证据让你做出这种诊断的?
2. 他属于哪一类行为投资者?
3. 托尼身上的偏误可能对资产配置决定造成怎样的影响?
4. 他应该如何减轻或适应偏误所造成的影响?
5. 对于托尼而言,什么才是合理的配置方案?

简单起见,先对案例的要点总结如下:

- 托尼·海史密斯 29 岁,是一家房地产公司优秀的销售高管。
- 他目前单身,手头挺有钱的(出生于一个上中产家庭,有着很好的教育背景),生活过得很滋润。他在波士顿市中心有一套昂贵的公寓,社会交际广泛。
- 他会从自己的收入中存下 20% 用于长期投资。他的投资组合里全部是股票。
- 他最近刚与克洛伊订婚。克洛伊今年 28 岁,是一名牙医助理。他俩打算过两年组成一个家庭,克洛伊到时做一名全职太太。
- 他是从 2011 年开始投资的,由于他从没经历过一轮完整的市场周期,所以他认为牛市将持续下去——因此他继续投资风险较高的股票。他现在投资的是指数型 ETF 和一些存在风险的科技股,如苹果、亚马逊、脸书、谷歌和奈飞。

他觉得如果自己没有买入这些股票，那么以后肯定会后悔。

- 他把设法存下来的25万美元都投了出去。他的短期目标是与自己的未婚妻在波士顿郊区买一套房，然后留一笔钱用于举办婚礼；长期目标是把小日子过好，能在60岁时退休。
- 你已经与托尼打了两年交道。在你刚开始与他合作时，让他做过一份风险容忍度测试问卷，结果表明，他应该把约65％的钱投在风险资产上，余下的35％配置给债券和现金。
- 虽然他很年轻，还有很长的路要走，但他的短期目标，即为婚礼留一笔钱、为郊区的房子筹一笔首付款，让你明白他应该配置一些债券和现金。
- 你为他准备了一份财务规划，推荐了一个符合他的风险特点的资产配置方案：65％的股票、25％的债券和10％的现金。但托尼选择了一种更激进的方案：全部是股票，不要债券和现金。
- 所有朋友都在做的投资，他也要做，比如买有风险的科技股。在见面讨论时，你指出2000年科技股曾损失惨重——但这并不妨碍他将投资组合中的40％押在5只科技股上。他存在错失恐惧症——害怕掉队。你觉得他有点儿高估了自己的风险容忍度。
- 当你告诉托尼，你觉得他应该对投资组合进行分散化投资时，他并不以为然。你比较担心的是，由于托尼在工作上一帆风顺，会造成他不把风险当回事。你认为，对于为婚礼和房子的首付存一笔钱的短期目标，可能还有为孩子的学费存些钱以及实现提前退休的长期目标的关键几年，他得想好万全之策。

问题解析

不论你是投资者还是投资顾问，先假设你是托尼的顾问。托尼所表现出的偏误完全符合跟风型行为投资者。请回忆一下，我们在第二十六章讨论过这类投资者的特点。根据案例研究中的描述，我们能知道他是一名跟风型行为投资者，因为他存在以下偏误：

- 近因偏误——容易回忆起或看重近期发生的和/或观察到的事情，并从中臆想出根本不存在的趋势。
- 后见之明偏误——发生在当投资者自以为过去实现的投资结果正如他们所预测的时候。

- 框架偏误——根据选项的不同表述方式（框架），投资者会做出不同的回答。
- 认知失调偏误——表现为当自己所相信的某件事被证明是错误的时候，仍固执己见，因为不想承受发现自己的信念出错所造成的不适感。
- 后悔厌恶偏误——由于投资者害怕从事后来看，无论自己选择哪种做法都有可能后悔，所以他们避免采取果断行动。

跟风型行为投资者的行为特点会导致这类投资者去冒险，即便他们没有承受超高风险的容忍度。在本案例中就出现了这种情况，托尼太急于加入最近的投资风潮（案例中所提到的苹果等 5 只科技股，简称 FAANG），并没有意识到其中的风险。在近因偏误（认为股市会永远繁荣下去）和后悔厌恶偏误（觉得如果自己没有买入 FAANG 这几只股票，肯定会后悔）的共同作用下，导致托尼承受了超出自己容忍度的风险。此外，他不愿意接受科技股也有表现糟糕的时候这一事实，说明他存在认知失调偏误。

现在应该决定如何为托尼准备资产配置建议了。你已经与托尼合作了两年，你给他的第一份资产配置建议是 65% 的股票、25% 的债券和 10% 的现金。但他选择的是一种更激进的配置方案：全部是股票，不要债券或现金。你决定为他制订一份折中方案——设计一个既将他的财务目标考虑进去，同时考虑到他的偏误的配置方案。因此，你可以决定合理的配置方案是 75% 的股票、10% 的现金和 15% 的债券。

案例研究 4

案例研究对象：马斯特斯一家（家庭投资者）。

提示：本案例涉及一对夫妇，不过在分析案例时将他们按一位投资者来处理；在努力识别偏误和行为投资者类型时，要将他们视为一个人。

马斯特斯一家包括一对颇懂金融、受过良好教育的夫妇，两人今年都是 43 岁，还有两个孩子，分别是 4 岁和 6 岁。这个家庭家境不错，但他们的收入由于马斯特斯先生所从事的行业——能源——近来的经营和经济环境而出现了一些困难。这对夫妇目前的年收入合计为 60 万美元，不过相比这个行业平均每年逾 100 万美元的收入水平而言，他们已经有十多年不及格了。他们自己开了一家能源服务公司,但所服务的区域的资本开支出现下降。将来情况应该会有所好转,但他俩不确定还得等多久。同时,他们手里有一些值钱的服务合同,能够为公司提供稳定可靠的现金流。

马斯特斯一家有400万美元的积蓄。马斯特斯夫人想在曼哈顿购买一套公寓。她多次提到在纽约房地产上赚了多少钱,她相信纽约房地产会是一笔好投资。马斯特斯一家的首要财务目标是把孩子的学费存好,其次是提前退休——希望是在55岁时——安享晚年。

你已经与马斯特斯一家合作10年了,正好是从2008年金融危机发生之后开始的。马斯特斯先生喜欢在见面沟通时主导话题,而他的夫人也会积极参与进来。你曾经为他们准备过一份财务规划,并推荐了一个符合他们风险特点的资产配置方案:70%的股票、25%的债券和5%的现金。不过,在你刚开始与马斯特斯一家合作时,他们选择的是一种更为保守的方案:40%的股票、40%的债券和20%的现金。

当时之所以选择这种更为保守的配置方案,一定程度上是因为马斯特斯一家认为即将发生另一场金融危机。他们在与你见面时常常会带上一些文章,上面提到的都是债务水平很高的公司以及2008年金融危机时的惨状。而你在沟通时会指出,央行所采取的行动能帮助修复全球经济,之后的经济形势会好转。但马斯特斯一家不同意这种说法,他们表现得更为悲观,这种表现会导致其在危机发生之后股票被低估时,没有及时重仓投资股票,而错失了建立财富的机会。他们始终坚信,另一场金融危机即将来临。

当你建议这对夫妻"执行"自己的计划时,他们完全不以为然。他们相信自己对当前经济环境的看法是对的,想等到能确认"一切明朗"时再放手投资。你所担心的是,如果他们不在自己的投资组合上多冒点风险,就可能无法实现他们的长期目标。

分 析

不论你是投资者还是投资顾问,先假设你是马斯特斯一家的顾问。你现在的工作是根据他们家特定的情况和行为特点,来建议他们采用你认为适合的最佳配置方案。你要尽力确保他们能完全接受你的投资方案,不会在6个月内提出调整。要做到这一点,回答以下几个问题将对你有所帮助。

1. 哪些行为偏误可能促使马斯特斯一家做出这种行为和决策？是哪些特别的证据让你做出这种诊断的？
2. 他们属于哪一类行为投资者？
3. 马斯特斯先生身上的偏误可能对资产配置决定造成怎样的影响？
4. 他应该如何减轻或适应偏误所造成的影响？
5. 对于马斯特斯一家而言，什么才是合理的配置方案？

简单起见，先对案例的要点总结如下：

- 马斯特斯一家包括一对颇懂金融、受过良好教育的夫妇，两人今年都是43岁，还有两个孩子，分别是4岁和6岁。

- 这对夫妇目前的年收入合计为60万美元，不过相比这个行业平均每年逾100万美元的收入水平而言，他们已经有十多年不及格了。

- 他们自己开了一家能源服务公司，但所服务的区域的资本开支出现下降。

- 马斯特斯一家有400万美元的积蓄。

- 除了马斯特斯夫人想在曼哈顿买一套公寓外，他们一家的首要财务目标是把孩子的学费存好，其次是提前退休——希望是在55岁时——安享晚年。

- 你已经与马斯特斯一家合作了10年，正好是从2008年金融危机发生之后开始的。你曾经为他们准备过一份财务规划，并推荐了一个符合他们风险特点的资产配置方案：70%的股票、25%的债券和5%的现金。

- 不过，在你刚开始与马斯特斯一家合作时，他们选择的是一种更为保守的方案：40%的股票、40%的债券和20%的现金。当时之所以选择这种更保守的配置方案，一定程度上是因为马斯特斯一家认为即将发生另一场金融危机。

- 他们在与你见面时常常会带上一些文章，上面提到的都是债务水平很高的公司以及2008年金融危机时的惨状。这种表现会导致他们在危机发生之后股票被低估时，没有及时重仓投资股票，而错失了建立财富的机会。他们始终坚信，另一场金融危机即将来临。

- 当你建议这对夫妻"执行"自己的计划时，他们完全不以为然。他们相信自己对当前经济环境的看法是对的，想等到能确认"一切明朗"时再放手投资。

- 你所担心的是，如果他们不在自己的投资组合上多冒点风险，就可能无法实现他们的长期目标。

问题解析

不论你是投资者还是投资顾问,先假设你是马斯特斯一家的顾问。你现在的工作是根据他们家特定的情况和行为特点,来建议他们采用你认为适合的最佳配置方案。马斯特斯一家所表现出的偏误完全符合独立型行为投资者。请回忆一下,我们在第二十七章讨论过这类投资者的特点。根据案例研究中的描述,我们能知道他们家属于独立型行为投资者,因为存在以下偏误:

- 保守性偏误——当人们做出一种预测后,即便有信息证明这种预测是错的,他们仍会非理性地坚持自己的预测。
- 确认偏误——表现为寻找能佐证已有观点,而不是会造成冲突的信息。
- 易得性偏误——相信容易回忆起的事更有可能发生。
- 代表性偏误——让已有的观点过度影响新信息的处理过程。
- 自我归因偏误——将成功归功于天生才智,而将失败归咎于外界的影响。

独立型行为投资者的行为特点会导致这类投资者在进行资产配置时,表现出明显的风险偏好,他们对风险的容忍度很高。在马斯特斯一家的例子中,在易得性偏误(觉得另一场危机即将来临)和保守性偏误(非理性地坚持自己先前的预测)的共同作用下,导致他们对风险表现出明显的规避。另外,确认偏误强化了他们的这种观点,造成他们在进行资产配置时不愿意去冒险。

现在该决定如何为马斯特斯一家准备一份资产配置建议了。你已经与这家人合作了10年,对他们非常了解。你回忆一下与这家人最初合作时的情况——那时,你为这家人准备了一份财务规划,建议按70%的股票、25%的债券和5%的现金比例开展资产配置。但他们选择了一种更为保守的配置方案:40%的股票、40%的债券和20%的现金。他们没有按你建议的方式去做。你决定为他们家制订一份折中方案——设计一个既将他们的财务目标考虑进去,同时考虑到他们的偏误的配置方案。因此,你可以决定合理的配置方案是60%的股票、10%的现金和30%的债券。

案例研究总结

我希望读者能将上面这些案例研究活学活用到自己的投资问题中。关键的一点是，在对自己的投资组合进行配置时，要弄清楚自己的行为偏误。作为投资者，我们要做的最重要的一件事是，搞清楚自己在长期可以接受的风险水平。如果你能明确自己的风险水平，并在市场的涨跌中控制好自己的情绪，那么你就能让自己的投资取得长期的成功。下一章将探讨退休话题，涉及退休人员在投资时的关键问题。

第六篇

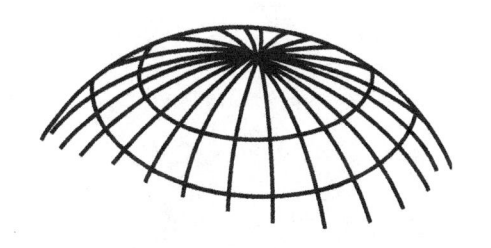

行为金融学视角下的投资组合构建

在本书的最后一部分中，我们将从行为金融学的视角出发，全面探讨投资组合的构建。我们首先将在第三十章讨论行为金融学视角下的主动与被动之争，包括主动管理的潜在优势，以及如何对自己的投资组合开展最佳配置。第三十一章将探讨行为金融学优化投资组合的构建，涉及心理账户的优点、以目标为导向的资产配置方法，以及我自己所采用的投资组合构建方法。第三十二章探讨的则是行为金融学与市场修正。我们会聊一下为什么投资者会出现恐慌，并从行为金融学的角度阐释这会造成何种情况。

第三十章　行为金融学视角下的主动与被动之争

人性有时候似乎很执拗，喜欢把简单的事情搞复杂。

——沃伦·巴菲特

正如许多投资者所知道的，关于主动型资金管理是否比简单地运用被动型指数投资更高效，一直存在争议。主动型投资经理在做决策时，会努力让自己的表现超过基准标的，而被动型投资经理仅仅会跟踪一个指数，承担某个市场、国家或市场中某一板块的系统性风险。主动型投资经理为了让自己的表现始终优于市场，需要掌握丰富的技巧；但事实上，许多主动型经理并不能做到这一点。由于很难做到这一点，再加上主动管理比被动管理的费用更高，导致有大量资金从主动管理型基金流入被动管理型指数基金。不过，对于长期投资者来说，这并不意味着真的能降低成本。行为金融学表明，尽管被动型基金在长期表现更优异，但如果始终只投资指数型产品也存在问题，尤其是在发生极端市场波动的时期。这就是第二章讨论过的"行为金融学缺口"。

从根本上说，主动管理是为了挑选出存在定价错误的证券并加以利用，或是创建一篮子证券，以实现譬如降低波动性的效果。而被动型投资则假定市场是有效的，证券的定价始终是公允的。主动管理和被动管理各有优劣。许多主动与被动之争都聚焦于"谁才能打败市场",主动型基金经理提出,他们能在市场下跌时开展对冲,并对市场进行抄底,这让他们能够打败市场。但买入并持有的投资思路则奉行这样一种说法:"如果你错过了过去 10 年中的黄金 10 天,那么你在收益上就翻不了身。"也就是说,想踩准市场时机是不可能的。实际情况是,以上两种说法都有道理,但也有一定偏颇。最佳的策略是找到我所谓的"最佳的配置措施",其中融合了主动投资和被动投资。接下来会对这一概念进行探讨。

被动管理的逻辑

由标普道琼斯指数公司开展的年度业绩分析——SPIVA 美国计分卡(SPIVA U. S. Scorecard),对主动管理的缺点提供了最有说服力的证据。该计分卡跟踪了 13 种不同风格的数千只美国股票型基金的短期和长期表现。[1] 计分卡揭示了主动型基金经理的表现随时间所发生的变化。正如图 30.1 所展现的,2019 年时有 70% 的主动型基金经理的表现不及他们的基准标的。这是从 2001 年以来,表现第四差的年份。根据这些统计数据,很容易想明白为什么被动管理如此受欢迎。那么,为什么主动管理没有被彻底抛弃呢?

主动管理的潜在优点

我们在第二十九章中学习了近因偏误,当投资者过分看重近期所发生的事情时,这种偏误就会发生。在过去的十多年里,被动投资备受追捧。但当市场剧烈震荡,比如新冠疫情时的情形,这种流行趋势还能延续吗?在本书撰写之时,我们尚处在新冠疫情所造成的熊市之中,所以还没法做出评判。但有合理的证据表明,主动型基金经理在熊市中的表现会更好。

案例思考

先锋集团(Vanguard)分析了自 1980 年以来所发生过的 6 轮熊市,得出结论

---

[1] https://www.spglobal.com/_assets/documents/corporate/us-spiva-report-11-march-2019.pdf.

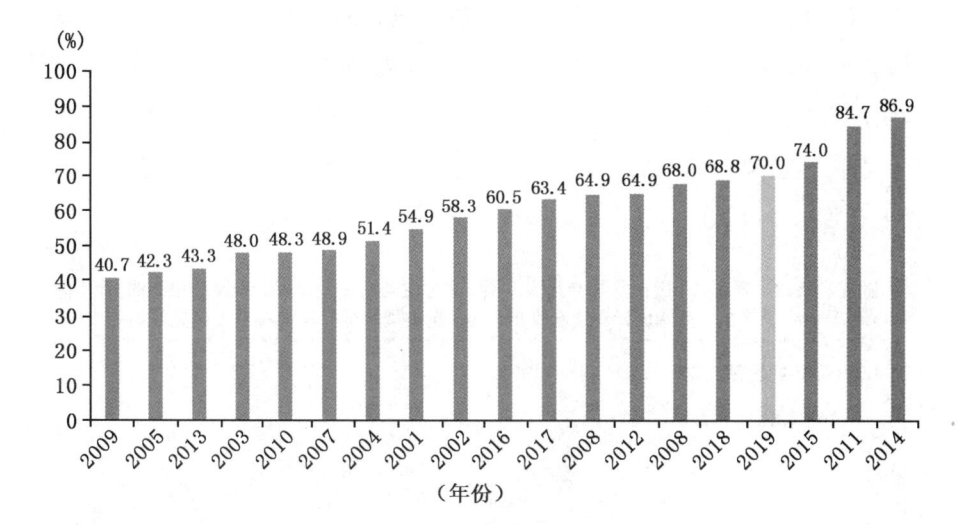

```
(%)
100
 90                                                                    84.7  86.9
 80                                                              74.0
 70                                                        68.8 70.0
                                               64.9 64.9 68.0
 60                                  58.3 60.5 63.4
                                54.9
 50                    48.9 51.4
            43.3 48.0 48.3
 40   40.7 42.3
 30
 20
 10
  0
     2009 2005 2013 2003 2010 2007 2004 2001 2002 2016 2017 2008 2012 2008 2018 2019 2015 2011 2014
                                       （年份）
```

资料来源：标普道琼斯指数公司。

图 30.1　美国股票型基金表现不及标普 1500 指数的百分比

认为，在这 6 次中有 3 次，主动型基金经理的平均表现更好。[1]研究公司晨星（Morningstar）分析了自 1998 年 2 月起的 20 年时间里的 3 年期滚动收益，发现在市场下跌过程中，有近 60％的主动型基金"平均而言"表现得更优异。[2]哈特福德基金（Hartford Funds）也曾开展过一项类似的研究，观察了 26 次幅度在 10％～20％的市场修正（也就是说，不是那种已经完全展开的熊市），揭示了在这 26 次市场修正中，有 15 次主动管理表现得更好。[3]尽管上述研究算不上是 100％的铁证，但所提出的结论可以佐证，一般来说，主动管理至少有机会在市场下跌时期提供保护。如果这有助于投资者将投资开展下去，那就是一件好事。

尽管我们看到了主动管理的潜在优点，但要指出的是，大多数指数型 ETF 或其他指数是按市值加权的，这意味着，实际上随着牛市达到其估值的顶峰，被动型投资者手中持有的最昂贵的股票会越来越多。这方面的案例有：1999—2000 年，当纳斯达克的泡沫达到顶峰进而破灭时，标普 500 中科技股板块的权重非常高；而在 2006 年，当住房/次贷金融的泡沫达到顶峰时，金融股板块的权

---

[1]　"Myth: Active Management Performs Better in Bear Markets", Vanguard, 2018.
[2]　"Will Active Stock Funds Save Your Bacon in a Downturn?" Jeffrey Ptak, CFA, Morningstar, February 28, 2018.
[3]　"The Cyclical Nature of Active and Passive Investing", Hartford Funds, 2019.

重也非常高。[1] 在这两种情况中，被动型投资者的亏损会因为对估值过高的板块分配的权重过高而放大。有关主动投资和被动投资之争问题的另一个方面是，可以观察到主动型基金在利率上升环境中表现得更好，被动型基金在利率下降环境中表现得更好（如图30.2所示）。鉴于当前的市场环境，即利率正在下跌（接近于零），被动管理可能占一段时间的上风。

> 随着利率的上升，整体股市往往会出现下滑，这时主动型基金经理的表现会很亮眼；而当利率下降时，主动型基金的整体优异表现会消退，这时指数型基金的表现看上去会更好。

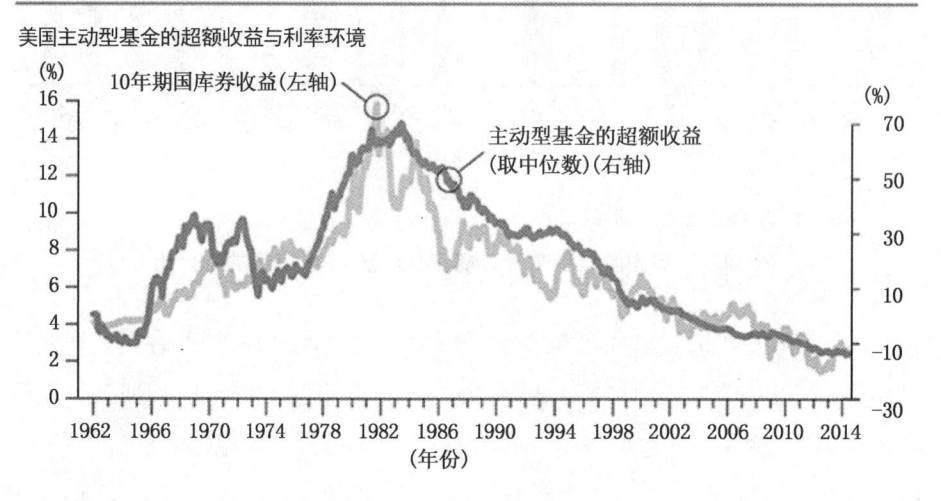

美国主动型基金的超额收益与利率环境

资料来源：Nomura Securities。

图30.2 主动型基金表现更优异的时期与利率的关系

风险容忍度测试问卷的局限性

对投资策略正确的测试方法是，投资者是否真的能坚持自己的规划，以实现他们的投资目标。要对行为进行充分的反思，以确保采取的是正确的投资组合配置方案。不幸的是，大多数投资者使用的评估工具是错的。本节会指出风险容忍度测试问卷的局限性。在尝试对资产配置过程进行标准化的过程中，金融服务公司在拟订资产配置方案之前，可能出于合规方面的原因，要求自己的投资者先完成风险容忍度测试问卷。在缺乏其他诊断分析手段的情况下，这种方法

---

[1] https://seekingalpha.com/artical/3972436。

肯定是有用的,能形成重要的信息。不过,有一些因素限制了风险容忍度测试问卷的有效性。

风险容忍度测试问卷除了会忽视行为方面的问题外,还会在对同一个人反复使用时,由于格式的微调而产生了差别巨大的结果。这种不准确性主要是由问题的文字表述不一致所引起的。另外,大多数风险容忍度测试问卷只会做一次,不会重复使用。但风险容忍度会由于人一生中所经历的变故而直接产生变化。风险容忍度测试问卷的另一个关键问题是,许多顾问在解释测试结果时太看重字面意思。举个例子,有些投资者可能会提到他们在一年中能忍受的最大亏损可以占到其总资产的20%。那是不是意味着一个理想的投资组合可以将投资者置于亏损20%的境地呢?当然不是!顾问在任何时候设定组合参数时,都应该防止投资者出现这种他虽然可以承受的最大亏损。根据这些因素,风险容忍度测试问卷可以尽量为资产配置提供广泛的指导,但必须同其他行为测评工具结合使用。

建议:对你的投资组合采取最佳的配置措施

投资者的关注点是通过他们天生的心理偏好产生的——这种偏好可能无法通过均值-方差模型的最优结果(比如在风险容忍度测试问卷中会包含这类问题)得到最理想的揭示。投资者可以通过将自己的情况在有效性边界上进行上下移动,或根据自己的行为倾向调整风险和收益水平来更好地满足自己的偏好。更简单地说,投资者的最佳配置措施(也可以理解为行为金融学修正配置方案)的表现,可能稍微不及那些投资者能顺利坚持下去的长期投资规划,为的是避免投资者"在赛马比赛中途去换马"的冲动。还有一种情况是,最佳的配置措施可能与投资者的天生心理倾向相冲突,这时投资者可以跨出自己的舒适圈多接受一些风险,以使预期收益最大化。总之,能帮助投资者实现财务目标,同时能让他们获得足够的心理安全感、晚上能睡得踏实的配置方案才是适合的。创建这种最优投资组合的能力也是投资者们应该努力从本书中掌握的。

在大多数情况下,投资者综合运用主动投资和被动投资才能实现最大收益。主动管理和被动管理各有优劣。大多数投资者应当采取折中的做法,看到主动管理和被动管理的优点。根据我自己的经验,当主动管理策略和被动管理策略融合在一起使用时，能为投资者提供更高的总体收益。主动管理策略可以借助其管理策略或通过对市场情况的变化做出应对，来提升价值并帮助控制风险。在同被动管理策略结合使用时，主动管理策略可以发挥分散化的优势。主动的资金管理，再加上被动管理的核心要素，是帮助投资者实现其投资目标的很好的策略。此外，还有其他的工具能用于帮助投资者在资金成本高昂的市场上摊平美元成本，始终做好再平衡，以及实现节税收益。所有这些方法都是基于将常见的投资者行为偏误考虑在内的逻辑规则，以建立新的投资组合，并帮助投资者将投资开展下去。

第三十一章　行为金融学优化投资组合构建

> 普通成功人士和超级成功人士的区别在于,超级成功人士几乎不会对任何事说不。
>
> ——沃伦·巴菲特

引言:基于心理账户的行为金融学资产配置方法

为了实现财务目标,借助心理账户的力量会很有用。我们身上的偏误并不一定都是有害的。本章将探讨两个重要话题:首先,我们将探讨在进行资产配置时,行为金融学或"以目标为导向"的方法将如何提供帮助,这能让我们在创建投资组合时始终将财务目标牢记在心。我发明了以下这种方法(在图31.1中进行了概括),根据投资者的行为倾向将资金放入独立的心理账户中,有时可以产生巨大的价值。虽然并不是每个投资者在投资时都会喜欢或需要这种方法,但有些人真的很喜欢。其次,我将介绍以一种不同的方式利用心理账户进行资产配置的方法,这将在本章稍后的内容中进行探讨。

一般来说,投资者需要做的就是将精力集中在自己的需求和责任上,确保自

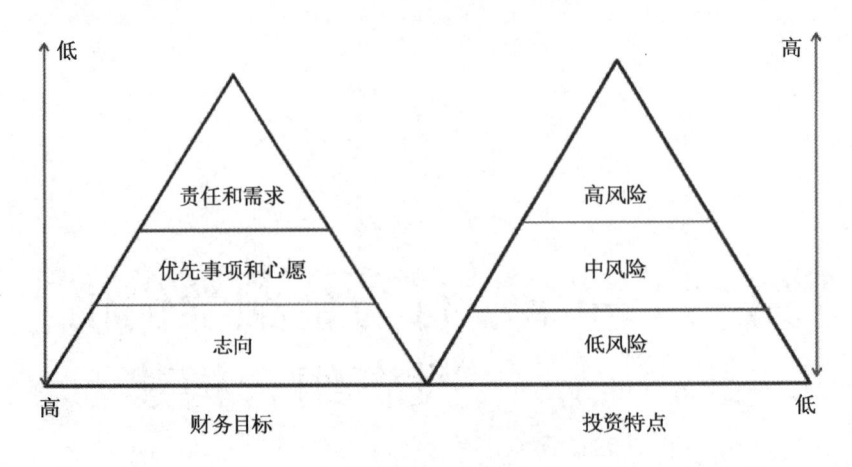

图 31.1　借助行为金融学或以目标为导向的方法进行资产配置

己的投资组合中留足保本性资产,以满足这种需求和责任。接下来,如果需要的话,可以多承担一些风险以实现自己的优先事项和期望。更进一步地,还可以多冒点风险以实现自己的心愿和志向。在这个过程的最后一步中,投资者通常需要构建一个分散化的投资组合,而且有可能与按照传统的均值-方差模型构建的组合不一样。不过,根据需求和责任、优先事项和期望,以及心愿和志向,投资组合的构成会因人而异。

以目标为导向的投资策略

对分属不同"账户"的资金制定特定的目标,可以发挥心理账户的优点。以目标为导向的规划强调对投资组合的运用,从而实现投资者的财务目标,而不是只想着达到某个收益率。由于每个目标都有不同的收益要求和风险特征,所以从理论上说,你需要采用不同类型的投资方式来实现不同的目标。有些投资者会采用这种方法,但他们可能并没有意识到他们使用的正是心理账户或行为金融学方法。举个例子,如果某位投资者开立了 3 个账户:一个是为退休生活存钱(如 IRA 等),一个是用于存大学学费(如 529 计划),还有一个存的钱是用于支付账单——这就是一种以目标为导向的投资。一种典型的做法是,投资者会在退休金账户里持有较多的股票,比如风险资产;但在应急账户里持有风险较低的资产,比如债券或现金(如图 31.1 所示)。这种现象背后的想法是,如果一些账户被视为"动不得的"(比如大学学费或养老金),那么投资者就不太可能去调整长期投资计划,以免对长期积累造成影响。对于风险规避型投资者来说,心理账户可以帮助投资者为了实现特定目标而去冒险时,能觉得更安心。

这种"分类"做法对于那些快要退休的人而言非常有用。因为他们的关注点将从储蓄转移到开支上,许多退休人员需要开启他们的退休金账户来维持自己的生活。许多采用这种方法的人在这段转型期会利用3个相互独立的资金池:(1)一个现金账户,以满足安全需要;(2)一个短期固定收益账户(期限较短),这样既能有一笔收入,又比较安全;(3)一个持续期较长的资金池,目的是跟上经济增长和通胀的步伐。

将心理账户整合进投资组合中

心理账户的一个主要"问题"是,如果过多的账户装的都是"安全"资产,比如现金,那么就会造成无效性。举个例子,如果有人总是过得战战兢兢或只有储蓄账户,那么他会因为只握有现金、没有去构建投资组合而失去长期获利的机会。为了纠正这种情况,一旦你察觉正发生这种心理账户现象,就可以将目标相同——比如都是为了退休——的多个账户整合起来。例如,你有多个IRA和401(k)养老金账户,这是由于多年的工作变动造成的,可以尝试将这些账户整合为一个账户,这样你就可以将其作为一个投资组合进行审核和管理。如果没有这样去做,那么当投资过于分散时,就很难监控资金和配置情况,甚至是风险。赶紧安排起来吧!

强烈建议读者根据账户的目标进行整合,这样能让自己的财务情况井井有条。

总之,投资者在运用这种方法时,首先,需要评估应该在低风险(保本型)资产上投入多少,以满足自身的需求和责任;其次,应考虑一下有一定风险的资产,以满足优先事项和心愿;最后,再添加一些风险性更强的资产,以实现自己的志向目标。值得一提的是,采用这种方法的投资者最终会构建出一个分散化的投资组合,但在传统金融学看来,这样一个组合可能不是有效的。之所以说是缺乏有效性的,是因为这种投资组合的构成因人而异,而不是根据现代投资组合理论进行构建的,后者考虑的是投资之间的相关性。但是,投资者借助行为金融学方法能更好地认识风险。最终,投资者会发现用这种方式做出的投资决策和组合配置更容易开展。

投资组合的构建

我自己的公司 Sunpointe Investments 会按照一种稍微不同的方式利用心理账户。我们的方法是将资产分为两大类,即风险资产和风险弱化资产;而每一大类进一步被分为两个小类。风险资产包含成长型资产和混合/收入型资产。风险弱化资产也包含两个小类,即防御型资产和灵活型资产。两个大类(风险资产和风险弱化资产)可以让投资者对风险形成直观的理解,比如 60%/40% 或 70%/30%。这就利用了人们会根据心理账户对资金进行分类,这是将事情简化的一种很有效的方法,能让沟通变得简洁。

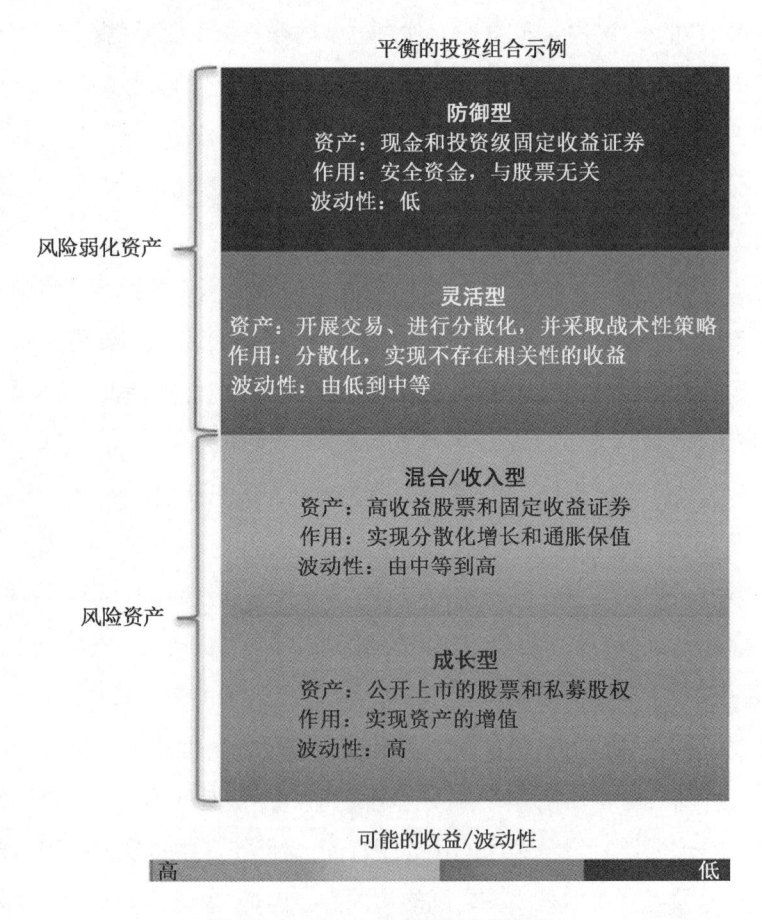

平衡的投资组合示例

风险弱化资产
- **防御型**
  - 资产:现金和投资级固定收益证券
  - 作用:安全资金,与股票无关
  - 波动性:低
- **灵活型**
  - 资产:开展交易、进行分散化,并采取战术性策略
  - 作用:分散化,实现不存在相关性的收益
  - 波动性:由低到中等

风险资产
- **混合/收入型**
  - 资产:高收益股票和固定收益证券
  - 作用:实现分散化增长和通胀保值
  - 波动性:由中等到高
- **成长型**
  - 资产:公开上市的股票和私募股权
  - 作用:实现资产的增值
  - 波动性:高

可能的收益/波动性
高　　　　　　　　　　低

图 31.2　Sunpointe 资产配置框架

每一个账户都可以根据投资者的目标来调整规模的大小。在根据具体的收益目标和风险容忍度建立起模型之后，投资者可以按此进行配置。我们在这些模型中采用了一种能放大标准参数的风险概念，并结合了一些对组合管理非常有用的概念，比如投资组合有可能发生的最低回报率、夏普比率，以及下跌风险（在一段给定的时间内，对达不到约定的收益目标的概率的评估）。这种方法对投资组合中各种资产类别增减所带来的价值增加（或减少），提供了更为全面的观点。如果你想要更多了解有关这方面的信息，请访问 www.sunpointeinvestments.com。

第三十二章　行为金融学与市场修正

> 投资要做的就是在对的时机去购买优质股,只要它们还是好公司,就应该坚定持有。
>
> ——沃伦·巴菲特

　　市场恐慌和之后的熊市会以一种相对可以预测的方式发生。首先,恐慌存在触发机制。就拿最近的情况来说,新冠疫情就造成了我们的恐慌。但我们知道,这种情况还有很多:1987年大崩盘,1998年亚洲金融危机,2008—2009年雷曼兄弟在房市泡沫破灭中轰然倒下。在这些例子中,股市往往都发生了难以预料的暴跌。而其他一些资产,比如存在风险的信贷资产、房地产和大宗商品等也会出现下跌。这种时候,投资者会为了筹集现金而抛售优质资产,造成市场承受了更大的下跌压力。潜在的买家此时很害怕,会决定观望一下再出手。动物精神中的"消极"会展现出来,最终导致经济衰退。本章将会探讨,从行为金融学的视角,在这个时期会发生哪种情况。正确的做法是在恐慌时期保持投资,因为市场能够并且确实会恢复。

最近发生的恐慌事件

由于史无前例的新冠疫情的暴发,以2020年3月20日的股价表现作为标志,美国和全球股市正式步入"熊市"(跌幅达20%以上)。当时,所有的信号都表明,美国的GDP至少会出现一个季度的负增长。在一个月的时间里,股市相比其在2020年2月19日的峰值跌去了35%。当时的媒体头条都是星巴克将关闭其在全美的咖啡店,波音宣布其首席执行官和主席将放弃工资,股东价值亏损逾8万亿美元。可以对比一下,标普500指数在2019年的日跌幅从没有超过3%。在2020年3月20日之后的10个交易时段里,分别出现过-3.4%、-3.0%、-4.6%、-3.4%和-8%的亏损。这种震荡对市场参与者的心理造成了巨大的折磨。本节的目标是从行为金融学的角度对为什么会发生这种恐慌做出解释,并对熊市提出观点,目的是让投资者减少恐慌,做出理想的投资决策。

投资者为什么会出现恐慌:行为视角下的宏观经济学

庞皮恩在2006年出版的《行为金融学与财富管理》(*Behavioral Finance and Wealth Management*)中,探讨了在2000年股市泡沫破灭之际涌现出的偏误。在那之后,投资者又经历了数轮动荡,包括2008年的全球金融危机(GFC)和2018年的一轮类似于熊市的走势。从长期视角来看,在过去的20年里发生过10次市场修正(即跌幅达10%),如表32.1所示。但在这些修正中,只有两次最终发展成熊市——在2018年第四季度的快速修正中,跌幅近20%。

表32.1　　　　　　　　　　市场修正

起始日期	持续时间(日)	最高点	最低点	幅度(%)
1998年7月17日	45	1 186.75	957.28	-19.3
1999年7月16日	91	1 418.78	1 247.41	-12.1
2000年3月24日	929	1 527.46	776.76	-49.1
2002年11月27日	104	938.87	800.73	-14.7
2007年10月9日	517	1 565.15	676.53	-56.8
2010年4月23日	70	1 217.28	1 022.58	-16.0
2011年4月29日	157	1 363.61	1 099.23	-19.4

续表

起始日期	持续时间(日)	最高点	最低点	幅度(%)
2015年5月21日	96	2 130.82	1 867.61	−12.4
2015年11月3日	100	2 109.79	1 829.08	−13.3
2018年1月26日	13	2 872.87	2 581	−10.2
2018年9月20日	95	2 930.75	2 351.1	−19.8

资料来源：Yardini Research。

投资者偏误会以各种形式出现在所有投资者身上。这些偏误会在像2020年3月这样的市场显著下跌中被放大。当前景不明朗时，人们容易去模仿其他人的行为，股市中这样的例子比比皆是。其实，往往正是跟风行为导致了股市的剧烈震荡——在上涨或下跌中都存在，因为每个人都想让自己的步调与大部队保持一致。在20世纪90年代末科技股泡沫和21世纪10年代房地产泡沫这种时期，人们会听从他们所认为的"业内专家"或财经媒体包装出来的"先知"的意见。这就是所谓的羊群效应，也正是2020年所发生的情况。在这种情况下，羊群效应会导致某类资产的换手率极高，金融海啸就是这么造成的。盲从是一种条件反射现象（也就是说，是人们不动脑子做出来的）；但确实就有这种情况。当投资者跟风的时候，他们把常识都抛诸脑后，"进进出出"就是为了不掉队。他们都患上了"错失恐惧症"——害怕掉队，这是一种很典型的盲从行为。当其他人有输（熊市）有赢（牛市）时，那些没有参与市场的投资者也会想去随大流，因为他们觉得，相比那些在搏击市场的人，自己如果不参与，经济地位就会下降。这种做法会导致行为上越来越严重的趋同，泡沫就此形成，从而造成非理性的资产价格。

对市场崩盘期间个人投资者决策的解析：损失厌恶和后悔厌恶

丹尼尔·卡尼曼和阿莫斯·特沃斯基让我们对人是如何做出经济决策的认识发生了革命性的变化。[1] 重要的是，这两位学者发现了大多数人存在损失厌恶偏误。据他们估计，对亏损的规避程度差不多是对盈利的追求程度的两倍。从实际操作上来讲，要赢50美元才能弥补亏损25美元。因此，大多数人为了避

---

[1] Daniel Kahneman and Amos Tversky, "Prospect Theory: An Analysis of Decision under Risk", *Econometrica*, 47(1979):263−291.

免亏损,愿意放弃盈利,这种想法就是损失厌恶。当股市崩盘的时候,对损失的厌恶会不断加重。这一概念也解释了为什么股票的长期收益会比债券高,因为股票是有风险的。由于人们担心股票存在亏损的风险,所以他们会为债券支付一定的溢价(即保险费)。例如,当股市下跌近20%时,10年期美国国债收益率不到1%,这就是上述情况的一个关键证据。一般来说,即便是结果明确的选项所实现的价值不及结果不明确的选项,人们还是会选择结果明确的选项。卡尼曼和特沃斯基揭示了人们愿意为结果明确的选项做出很大的牺牲,而信奉理性的经济学家则认为,为了获得确定性,人们只愿意付出很小的代价。

后悔厌恶偏误是一种情绪偏误,它会造成人们由于害怕自己所做决策的结果糟糕而避免去做决策。简单来说,人们会极力避免糟糕决策所造成的后悔的痛苦感。后悔厌恶偏误会驱使某些投资者在完全错误的时机做出恐慌性抛售。他们害怕在市场近期已造成严重亏损的情况下,还会继续下滑,最终触发恐慌性抛售的按钮。举个例子,当投资者在决定是否应该在市场崩盘中抛售时,他们会本能地觉得如果市场进一步下滑,那么没有及时抛售会让自己懊悔不已。然而,从长期来看,股票终究会收复失地。几乎可以说,恐慌性抛售始终是一种错误的做法。

展望:流行病与股市的表现

有许多因素会影响股市的收益,但当今的投资者所关心的一件事是,一场严重的流行病的暴发会对股市造成怎样的影响。图32.1描绘了标普500指数在过去40年中几次流行病期间的历史表现。这次的新冠疫情终将过去。看一下市场在几次重大流行病期间所出现的反弹,可以让我们打开长期投资的视角。

行为金融学优化投资

标普500指数表现

流行病	时间	标普500指数6个月表现(%)	标普500指数12个月表现(%)
艾滋病	1981年6月	-6.6	-16.5
肺炎疫情	1994年9月	8.2	26.3
非典	2003年4月	14.6	20.8
禽流感	2006年6月	11.7	18.4
登革热	2006年9月	6.4	14.3
H1N1(猪流感)	2009年4月	18.7	36.0
霍乱	2010年11月	13.9	5.6
中东呼吸综合征	2013年5月	10.7	18.0
埃博拉病毒	2014年3月	5.3	10.4
麻疹	2014年12月	0.2	-0.7
寨卡病毒	2016年1月	12.0	17.5
麻疹	2019年6月	9.8	N/A
平均价格收益		8.8%	13.6%

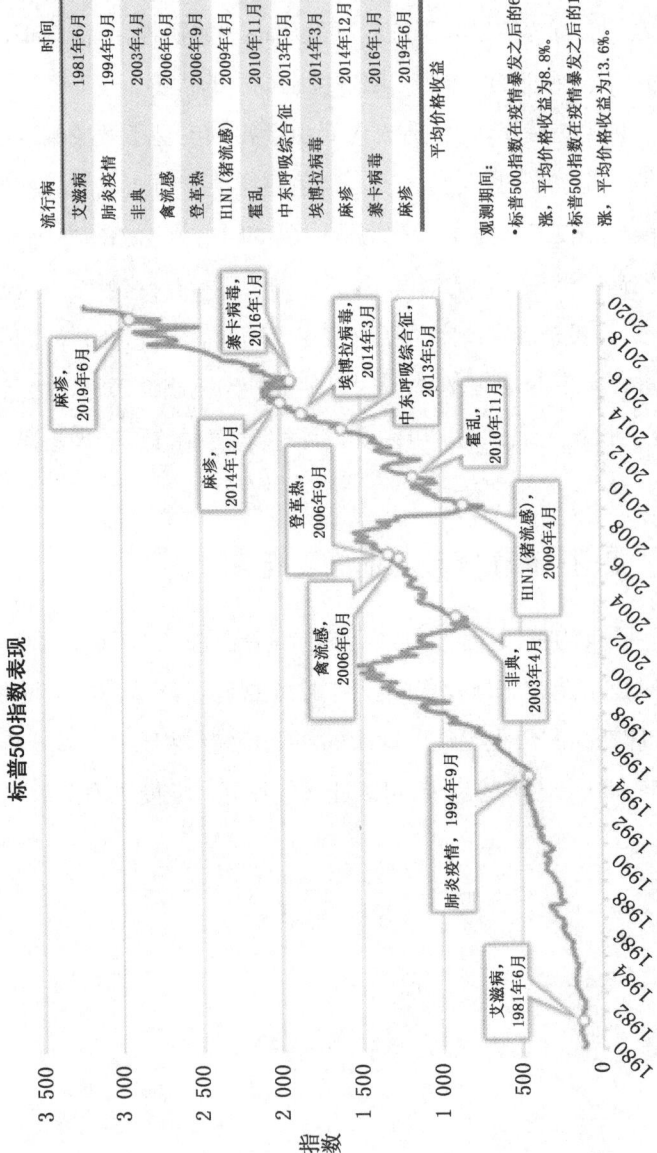

观测期间:
- 标普500指数在疫情暴发之后的6个月的表现,12次中有11次实现上涨,平均价格收益为8.8%。
- 标普500指数在疫情暴发之后12个月的表现,11次中有9次实现上涨,平均价格收益为13.6%。

图 32.1 市场从流行病中的修复

用月末数据来测算6个月和12个月的变动情况(%)。2019年6月麻疹疫情的12个月数据无法获得。过去的表现无法预示未来的结果。标普500指数包含了500只用于衡量美国股市大盘表现的股票,该指数未经托管。投资者无法对该指数直接进行投资。指数收益不反映任何费用、支出或手续费。收益仅根据价格计算得出,不包含股息。

这张图仅用于帮助解释,不可作为向实际投资的指导。相关信托(First Trust)虽然提供了这些信息,但不是以受托人的身份在《雇员退休收入保障法案》(ERISA)和《美国国内收入法典》的意义上。这里所提供的信息不构成对任何人的投资推荐或意见,未来不一定会再发生。财务顾问在评估投资风险时承担独立责任,并在决定投资是否适合自己的客户上做出独立判断。

资料来源:彭博社,2020年2月24日。

市场修复

如果历史会重演,那么每一次市场恐慌之后,投资者都应该看到股市的较快修复(如图 32.2 所示)。例如,在写作本书之际,美国联邦政府正在采取多种措施,比如对新冠疫情下的经济进行财政刺激,刚通过立法,注入逾 2 万亿美元。此外,美联储采取了与全球金融危机爆发之后相似的行动,将利率削减至零。衰退的持续时间,将决定修复需要用时多久。这已经成为对股市危机的普遍反应,有助于市场恢复平静。

26次修正平均在4个月里跌幅达13.7%,并用时4个月实现修复

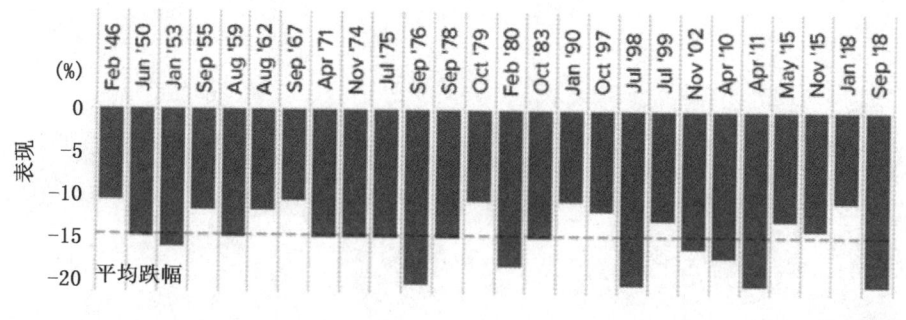

资料来源:Goldman Sachs and CNBC。

图 32.2　自 1946 年起的市场修复

总　结

人们很容易在市场造成亏损时做出本能反应。在 Sunpointe,我们的团队会在投资过程中同客户一起减轻行为偏误所造成的影响;并在市场动荡时期,比如当前新冠疫情期间,坚持把投资开展下去。简言之,我们会帮助客户关注再平衡,确保他们的长期策略性配置能始终与他们的目标和风险容忍度保持一致。尽管短期波动可能令我们不安,但不应该导致我们偏离自己的长期策略规划。